ESG Investment and Performance

ESG投資と
パフォーマンス

SDGs・持続可能な社会に向けた
投資はどうあるべきか

湯山智教 編著
Tomonori YUYAMA

一般社団法人 金融財政事情研究会

はじめに

　本書は、近年、潮流となっているESG投資について、①その投資パフォーマンスをめぐる考え方や論点・課題、②実証分析に関する既存研究のサーベイ、③筆者らが実際に行ったいくつかの実証分析についてまとめたものである。ESGとは、あらためて申し上げるまでもなく環境（Environment）・社会（Society）・ガバナンス（Governance）の3つの頭文字をとっており、これらに着目した投資のことをESG投資という。投資を行う際に、ESGに配慮して行うことは直感的に望ましいと感じるのは多くの方の見方であると思うが、しかしながら、投資である以上は、その投資パフォーマンスはどうなのかという点も気になるところだろう。ESG投資ははたしてリターンがあがっているのか、あがりうるのか、その際の考え方にはどのようなものがあるのか、既存の学術研究ではどう評価されているのか、実際にパフォーマンスを計測してみたらどうだろうか。本書の内容の多くは、こうした疑問について、筆者自身がその答えを知りたい、考えてみたいと思ったことが動機となって行った取組みの成果を取りまとめたものである。

　本書は第Ⅰ部と第Ⅱ部からなる。第Ⅰ部は、ESG投資のパフォーマンス評価に関する論点と課題について概説的にまとめたものであり、第Ⅱ部はやや専門的になるが、ESG投資パフォーマンスに関する実証分析について、その既存研究のサーベイや、筆者らが行った実証分析の成果についてまとめたものである。

　第1章は、ESG投資とは何か、その投資手法・対象といった概論的な内容や、近年、ESG投資が潮流となってきた背景や経緯、そしてパフォーマンス評価の重要性についてまとめている。国際連合の責任投資原則（PRI）の提唱、コーポレートガバナンスに対する意識の高まり、パリ協定に代表される気候変動問題への取組み、そして国連SDGs（持続可能な開発目標）の提唱などの環境変化をふまえて、ESG投資に対する意識が高まった。そしてわが国

ではGPIF（年金積立金管理運用独立行政法人）によるESG投資への取組みが最も大きなインパクトを与えたといえよう。従来からCSR（企業の社会的責任）やSRI（社会的責任投資）などの似たような概念は存在したにもかかわらず、なぜESG投資という新たなキーワードが潮流となったのだろうか。

　第2章では、ESG投資のパフォーマンスを考える際の考え方や理論的な背景、計測手法、課題などについてまとめている。ESG投資も、投資である以上、従来から考えられてきた投資理論を当てはめてそのパフォーマンスを考えることができるであろう。現代ポートフォリオ理論や効率的市場仮説、アノマリーの存在といった行動経済学的視点、さらには最近の適応的市場仮説、社会全体のパフォーマンスを向上させるという考え方まで、広くESG投資に適用して考えてみた。そして、投資パフォーマンスを計測する際に用いられる手法やその際の課題についても検討している。パフォーマンスを計測する以上は、優れたESGとは何なのかという概念は必要であるが、はたしてそれは何なのか、計測できるものなのか、適切な指標はあるのか、計測できたとしても統計的な手法問題により因果関係まで認定できるのか、といった課題について議論している。

　第3章は、前章に関連してESGパフォーマンスの評価を示すESGスコアに関する課題を扱っている。ESGに対する取組みや効果の度合いをESGパフォーマンスと呼ぶとして、しばしばESG投資に際して利用されるものが、ESG評価機関が出しているESGスコアである。ただし、ESGスコアについては、優れたESGとは何かといった根本的な問題をはじめ多くの課題があり、実際にGPIFも、同じ企業であってもESG評価機関によってESGスコアがまったく異なることがあると指摘している。本章では、ESG評価機関のESGスコアに焦点を当てて、わが国上場企業を対象として取得可能であったESGスコアについて、その違いや評価メソドロジー、ESGスコアが付与される企業の特徴や課題についてまとめた。同時に、ESGスコアの違いに関する学術研究のサーベイと、ESGパフォーマンス評価の先端事例としてのインパクト評価の課題も取り上げた。

　第4章は、ESG投資と受託者責任（フィデューシャリー・デューティー）に

関する議論をレビューしたものである。ESG投資は、年金基金などの機関投資家が行うことが多いが、これらの機関投資家は、通常、受託者責任を担っており、受益者（年金の例でいえば、年金受給者）からの委託を受けている以上は、勝手な運用をすることは許容されない。このため、仮にESG要素に着目した投資の結果として、通常投資で想定される以上の損失を出してしまった場合には受託者責任に反するのではないか、という指摘を受けることがある。これが、まさに、「ESG投資と受託者責任のジレンマ」であり、わが国の機関投資家にとっては、ESG投資と受託者責任の関係は最も議論の多い点であったといえる。しかし、近年では、むしろESG要素を考慮すること自体が受託者としての責任ではないか、ESG要素を考慮することは義務ではないか、といった議論が欧州を中心に聞かれるところであり、わが国におけるスチュワードシップ・コードにおけるESG要素の考慮などもあわせて、こうした議論とその考え方について、議論の状況をレビューし、まとめている。

　第5章以降は、第Ⅱ部として、ESG投資に関する実証分析についてまとめている。まず第5章は、これまでの内外の既存研究を総括的にレビューしたものである。筆者自身が実証分析を始めるにあたり、まず既存研究サーベイを行ったのだが、ESG投資に関する実証分析は、わが国における研究はそれほど多いとはいえないものの、海外においては数千近く存在していることがわかった。それならば、まずは自ら分析を行うよりも、むしろその研究動向をサーベイするほうがESG投資パフォーマンスの状況を把握するには価値があるだろうと考え、さまざまな視点からのESG投資パフォーマンスに関する研究をサーベイしたものである。むろん、すべての研究を見渡すことはできないものの、総じていえば、ESG投資のパフォーマンスは、ポジティブとネガティブ（もしくは無相関）の2つの相反する結果が示されており、その見方に統一的な見解を見出せていないように思われる。ESG投資パフォーマンスに関する内外の研究について、その分野別に、株式投資リターン、株価急落リスク、危機時のリスク耐性、資本コスト、ESG情報開示とESGパフォーマンスの関係、ESGに関する債券投資と負債コストの関係に分けて整理し、既存研究の概要をまとめている。

第6章は、「ESG開示スコアとパフォーマンス」という、証券アナリストジャーナルに掲載された湯山・白須・森平（2019）の実証分析の成果を一部修正のうえで転載したものである。筆者らの分析は、まさに大量にある実証研究のうちの1つにすぎないわけであるが、わが国市場を対象とした数少ない研究の蓄積の1つに資するべく行ったものである。個別論文をほぼそのまま転載している関係上、やや統計的な専門性を必要とするが、行った実証分析は比較的単純である。すなわち、BloombergのESG情報開示スコアと株式超過リターンの関係について、(1)Fama-Frenchモデルによる a の有無の検証、(2)ESGファクターモデルを構築して、そのESGファクターの有意性の検証、そして(3)傾向スコアマッチングという医療効果の有効性などを検証する際にしばしば用いられる手法の3つの手法を用いてESG投資パフォーマンスの検証を行った。結論は、ESG情報開示と株式リターンとの関係は、統計的に必ずしも有意にポジティブともいえないが、マイナスともいえないとするものである。

　第7章は、ESG投資と信用格付の関係に関する実証分析を行った成果である。本章も、個別論文である湯山・伊藤・森平（2019）を一部修正して掲載したものであり、やや専門的な統計的分析である。従来のESG投資パフォーマンスの研究は株式投資リターンを対象としたものが多かったため、負債側である融資・債券に着目して、ESGに対する取組みやディスクロージャーが、負債調達コストのメルクマールとしての信用格付にどのような効果をもたらしているかを検証したいという点がそもそもの問題意識であった。結果は、2015～2017年の3年間をみる限り、ESGスコアは、信用格付とプラスの関係にある可能性を示唆するものが多く、これは諸外国の研究成果とおおむね同様であった。わが国金融市場においても、ESGに対する取組みやディスクロージャーに優れた企業は、負債調達コストのメルクマールとしての信用格付も優れていたことが示唆される。しかしながら、統計的な因果関係の検証については、一定の処理は行ったもののやはり第2章でも指摘するとおりでむずかしいものがあり、諸外国の研究も含めてこの点で課題は多いと思われる。

第8章は、今回のコロナ禍による金融市場の混乱とESG投資の関係について検証した分析結果である。ESG投資については、危機時におけるリスク耐性を有するという有名な研究があり（Lins *et al.* 2017）、これが今回のコロナ禍における株価急落時にどの程度当てはまったのだろうかという疑問がそもそもの出発点であった。このため、入手可能なESGスコアや金融市場データを用いてコロナ禍期間の株価下落時におけるESGスコアとの関係について検証した。結果をみると、一部のESG評価機関のESGスコアについては、業種・銘柄特性を補正した後であっても、高ESG評価の銘柄群の下落率は、マーケット対比で小さいといえるが、すべてのESG評価機関のESGスコアにおいて該当するわけではなかった。ESGスコアに統一性がみられないことからすると、ある意味で当然の結果であるといえるが、ではその一部のESGスコアはどういうスコアだったのか、なぜリスク耐性があったのか、そのESGスコアがもつ特徴をより掘り下げてみていくことが必要であろう。

　いずれにせよ、単純に、ESG投資だからといって、必然的に高いパフォーマンスを生む、あるいはリスク耐性を有することはないといえるだろう。もっとも、だからといって、ESG投資が重要でないわけではない。SDGsに代表されるような持続的な社会への方向性を考えれば、むしろ、さらに進化を遂げていくべきものともいえる。地球が抱えるさまざまな課題やSociety 5.0を担う課題解決イノベーションにも貢献し、長期的な観点からESG課題の解決と経済的価値が両立するものとなっていくことでもって、金融面からSDGsにも貢献していくことが期待される。

　以上が本書の概要である。本書を読み進めるにあたっては、若干の留意点がある。本書のうち、筆者はすべての章の執筆を担当しているが、第6章は森平爽一郎名誉教授（慶應義塾大学）、白須洋子教授（青山学院大学）と、第7章は森平名誉教授、伊藤晴祥准教授（青山学院大学大学院）との共同研究である。このため、第6・7章部分は、それぞれ独立した実証分析の個別論文を、若干の修正のうえで掲載したものであり、その前後の部分との重複や見解の違いもありうることに留意されたい。また、基本的に論文執筆時まで

の情報をもとにしている。もっとも、それぞれ単独の論文として完結しているものであるので、個別に取り上げて読んでいただいても差しさわりない。

また、それ以外の章については、2020年春時点までの情報をもとに加筆修正しているが、それでも執筆時点の情報が残されていることがあることは留意されたい。ESG投資の現状はいま現在においても日々進化しており、当然そのすべてを把握することはできず、また、本書も1つの見解にすぎない。至らぬ点や異なる見解を有する場合もあるかもしれないが、ご容赦いただきたい。

また、本書で示された見解は、筆者と共同研究者の見解であり、金融庁・東京大学その他の組織とはいっさい関係がないことも申し上げておく。当然のことながら、ESG投資を勧誘するものでもない。なお、筆者の東京大学公共政策大学院での勤務は2020年夏までであり、本書出版は金融庁への帰任後となるが、執筆はすべて東京大学に在籍している時点のものである。

筆者は、2017年夏以降の3年間にわたり、東京大学において教育・研究活動を行う機会に恵まれたことから、多くの方々との交流・協力を得ながら、本書のもととなるESG関連の研究を進めることができた。もっとも筆者はESG研究の専門家ではないことは申し上げておかなくてはならないだろう。かつてシンクタンクに勤務していた際に気候変動やエネルギーに関する調査研究を行ったことがあり、多少の関心は持ち続けていたが、金融庁に入って以降はしばらくこうしたテーマから離れていた。このため、そもそも筆者が最近のESG投資の潮流に直接的に接することになったのは、東京大学着任直前に、金融機関監督を行う金融庁監督局の総務課において、企画調整・国会答弁審査などを担当していたときであった。当時、環境省からESG金融に関する勉強会を行うので金融庁とも意見交換を行いたいという依頼があったが、当時の金融庁ではESG金融などを扱うセクションは当然存在せず、環境省がESGを扱いたがるのは十分に理解できるが、金融監督の面からは何があるのだろうかというのがおそらく多くの職員の率直な認識であり、筆者も含

めてあまりピンとこなかったものと思われる（もっとも、現在は気候変動リスク等を含むESG要素が大きなリスクと認識されていることはいうまでもない）。そして、庁内でどこにも所管のない案件は、通常、総務課企画調整がその他の多くの業務の1つとして担当するのが役所組織であり、この時のESG金融も例外ではなく、筆者がかかわることになった。ちょうどその頃（2017年6月）、本書でも少し取り上げた気候関連財務情報開示タスクフォース（TCFD）提言がなされ、それも情報展開を行ったことは記憶にある。さらに、その1年前には証券取引等監視委員会事務局でESG投資について、市場監視的な視点からやや警戒的に眺めていた時期もあった（第4章内のコラム「市場監視の立場からみたESG投資」でも触れている）。

　東京大学に移った後には、通常の授業はもちろん行うのだが、その他にもなんらかの取組みの成果をまとめることが望ましく、そこで取り上げたテーマの1つがESG投資であった。これは、ESG投資に関する上記のような疑問を金融庁在職中から有していたことに加えて、データにも比較的恵まれていたこと、実証分析という比較的土地勘のある分野が生かせそうであったことが主な理由であった。さらに、当時の認識では、直接的には金融監督業務とは関係が薄そうであり、仮に無調整な提言をしたとしてもあまり影響はなさそうに考えたのも実はひそかな理由の1つでもある（もちろん本書の内容は、金融庁とはいっさい関係がないことはいうまでもない）。いずれにせよ、あくまでも金融市場的な観点から眺めた結果をまとめたものである。当初はESG投資もここまで広がるとは思わなかったが、その流れに乗じるかたちで、幸運にもESG投資研究に関連して学会報告や講演・執筆の機会にも多く恵まれ、関係する研究者や実務家との意見交換などを通じていくつかの個別研究成果をまとめることができた。それらをあらためて取りまとめることで、東京大学在任中になんとか本書をまとめることができたのは幸いであった。むろん、ESG投資は論点も幅広く、現在進行中でもあり、筆者の能力の至らぬ点や分析不足も多々残されていることはいうまでもなく、この点もご容赦いただきたい。

　本書のもととなった研究を進めるにあたっては多くの方々のお世話になった。本書には、筆者が大学院でご指導いただいた森平爽一郎名誉教授（慶應義塾大学）との共著論文が2本（第6・7章）含まれている。森平名誉教授の先進的な研究姿勢には、常に学ぶことが多くあらためて御礼申し上げたい。また、筆者がこのようなかたちで、教育・研究活動に従事し、金融市場に関する分析を行うことができるようになったのは、早稲田大学において博士号（商学）を取得したことも大きい。この際、ご指導いただいた岩村充教授（早稲田大学）にも御礼申し上げたい。共同研究を行った白須洋子教授（青山学院大学）、伊藤晴祥准教授（青山学院大学）との共著論文もそれぞれ1本ずつ（第6・7章）含まれており、御礼申し上げたい。

　また、本書のもととなった研究は、東京大学公共政策大学院の寄付講座「資本市場と公共政策」（みずほ証券寄付講座）の活動の一環として行ったものである。神作裕之教授には、寄付講座の運営をはじめ、研究・教育活動全般にわたり大変親切にご指導・激励いただき、厚く御礼申し上げたい。公共政策大学院の大橋弘院長、高原明生前院長、飯塚敏晃元院長をはじめとした東京大学の教職員・学生の皆様にも大変お世話になり、厚く御礼申し上げたい。寄付講座の活動においては、みずほ証券株式会社の幸田博人氏（元代表取締役副社長、現京都大学特別教授）、柴崎健氏（市場情報戦略部長）、笹嶋佐知子氏（産官学連携室長）をはじめとした皆様、客員教授である小野傑氏（西村あさひ法律事務所弁護士）、大崎貞和氏（野村総合研究所シニアフェロー）、寄付講座担当職員である開田牧氏、木村恵美氏、奥原純子氏にも大変お世話になり、厚く御礼申し上げたい。前任者であり、筆者の派遣時にもご尽力ご助言いただいた天谷知子氏、石田晋也氏、今泉宣親氏のほか、遠藤俊英前長官、永見野良三長官をはじめとした金融庁の皆様にもいろいろな場面でご協力いただき御礼を申し上げたい。

　本書の出版に際しては、きんざいの堀内駿氏に多大なるご協力をいただいた。この場を借りて、厚く御礼申し上げたい。

　最後に、すべてのお名前をあげることはできないが、東京大学における研究・教育活動に際しては、まさに産官学の分野をまたがり、多くの皆様にご

指導ご協力いただいた。お世話になったすべての皆様に心より御礼申し上げ
たい。

2020年7月

東京大学公共政策大学院特任教授

湯山　智教

目　次

第 I 部
ESG投資のパフォーマンス評価に関する論点と課題

第Ⅱ部
ESG投資に関する実証分析

第 I 部

ESG投資の
パフォーマンス評価に
関する論点と課題

第 1 章

ESG投資の潮流[1]

● 本章の要約

　近年、ESG投資というキーワードが潮流となりつつある。ESGとは、環境（Environment）・社会（Society）・ガバナンス（Governance）の3つの頭文字をとったものであり、ESG要素を考慮した投資を「ESG投資」という。その投資手法は、グローバルベースでみるといわゆるダイベストメントを含むネガティブ・スクリーニングによる方法、日本では議決権行使・エンゲージメントによる手法が多く、株式が最大の投資対象である。

　ESG投資への関心が高まった背景には、コーポレートガバナンスに対する意識の高まり、パリ協定に代表される気候変動問題への取組み、そして国連SDGs（持続可能な開発目標）の提唱などの環境変化をふまえたESG投資に対する意識の高まり、そしてわが国では特にGPIF（年金積立金管理運用独立行政法人）によるESG投資への取組みが最も大きなインパクトを与えた。

　従来からCSR（企業の社会的責任）やSRI（社会的責任投資）などの似たような概念は存在したが、ESG投資は、長期的にみた場合のリターン改善の効果も期待できるものとされたことが、投資家や企業などからおおいに支持されることとなった要因と考えられる。そして、機関投資家からみた場合、「ESG投資は、少なくとも投資期間における財務パフォーマンスを下げないのであれば、ESG要素をふまえた中長期的な視点をもった資産運用は受託者責任に矛盾しないとの認識が共通化しつつある」とされ、受託者責任の観点からも許容されるとの認識が高まったことも要因であろう。

1　第1章～第3章、および第5章の内容は、湯山（2019）の内容を、その後の状況変化などを経て大幅に改訂したものである。

1 ESG投資とは何か

　わが国の資産運用の分野では、近年、ESG投資というキーワードが潮流となりつつある。ESGとは、環境（Environment）・社会（Society）・ガバナンス（Governance）の3つの頭文字をとったものであり、ESG要素を考慮した投資を「ESG投資」という。ESGはそれぞれ具体的にどのようなものかというと、たとえば、Eは地球温暖化対策、Sは働きやすさ、女性従業員の活躍、Gは取締役構成などを示すものとされる。ESG投資は、これらを重視する企業への投資や、投資の際のこれらのESG要素を考慮するかたちでの投資をいう。

　ESG投資は、2006年に国際連合の責任投資原則（PRI：Principles for Responsible Investment）のなかで提唱された後、特に注目を集めてきた投資手法である（図表1－1）。2015年パリ協定採択や、最近の気候変動・サステナビリティに対する取組みなどを受けて、近年、責任投資原則（PRI）への署名機関数や運用資産残高も急増している（図表1－2）[2]。2019年9月には責任銀行原則（PRB：Principles for Responsible Banking）も策定され、わが国の3メガバンクを含む140近い金融機関が署名している[3]。

図表1－1　国際連合のPRIの6つの原則

| 1　私たちは**投資分析と意思決定のプロセスにESG課題を組み込みます。** |
| 2　私たちは活動的な所有者となり、**所有方針と所有慣習にESG問題を組み入れます。** |
| 3　私たちは、**投資対象の企業に対してESG課題についての適切な開示を求めます。** |
| 4　私たちは、資産運用業界において本原則が受け入れられ、実行に移されるよう働きかけを行います。 |
| 5　私たちは、本原則を実行する際の効果を高めるために、協働します。 |
| 6　私たちは、本原則の実行に関する活動状況や進捗状況に関して報告します。 |

（出所）　国際連合「責任投資原則」より抜粋（ただし、太字・下線は筆者）。

　2　国連責任投資原則（PRI）には、2020年4月20日時点で3,038社・機関が署名し、日本はGPIFを含めて82機関が署名している（PRIウェブサイトより）。また、そのアセットオーナーによる資産運用残高は2019年3月末で約20.1兆ドル（約2,200兆円）に達する。

図表 1 - 2　PRIへの署名機関数、運用資産残高の推移

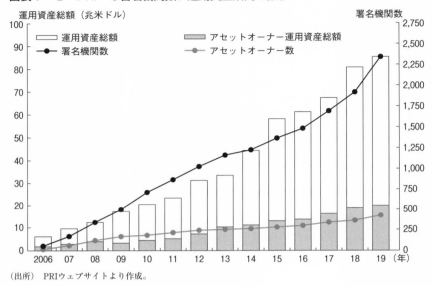

（出所）　PRIウェブサイトより作成。

2　ESG投資の投資手法

　では、具体的にどのような方法でESG要素を考慮した投資を実施しているのかを概観する。ESG投資の手法として、一般的には図表 1 - 3 に示す 7 つの方法があげられている。

　グローバルベースでみるとネガティブ・スクリーニングによる方法が多く、日本ではエンゲージメント・議決権行使による手法が多い。最近の傾向としては、グローバルでも日本でも 2 位につけているESGインテグレーションによる投資が大きくなってきている。また、わが国では、ネガティブ・ス

3　PRB（責任銀行原則）は、 6 つの原則からなり、SDGsにビジネス戦略を適合させ、ネガティブ・インパクトを減少させ、ポジティブ・インパクトを継続的に増やして、顧客・ステークホルダー・ガバナンスと文化の観点からも責任をもって行動していくことなどが内容となっている。

図表1-3 運用投資手法ごとの運用残高

	グローバル (US $Billion)		日本 (十億円)		
	2016年	2018年	2017年	2018年	2019年
ネガティブ・スクリーニング	15,063	19,770	14,309	17,328	132,232
ESGインテグレーション	10,363	17,543	42,966	121,511	177,544
エンゲージメント	8,386	9,834	88,037	140,754	218,614
議決権行使			55,007	132,048	187,435
規範に基づくスクリーニング	6,195	4,679	22,908	31,604	25,560
ポジティブ・スクリーニング	818	1,841	6,693	6,425	11,685
サステナビリティ・テーマ型投資	331	1,017	1,384	2,014	3,454
インパクト・コミュニティ型投資	248	444	372		
サステナブル投資残高 (全体投資に占める割合)	22,890	30,683	136.6兆円 (35.0%)	231.9兆円 (41.7%)	336.0兆円 (55.9%)

(注) 重複もあるため、合計は一致しない。
(出所) グローバルについてはGSIA「Global Sustainable Investment Review 2018」、日本については日本サ
ステナブル投資フォーラム「サステナブル投資残高調査2018」「サステナブル投資残高調査2019」より
作成。

クリーニングは、海外と異なりあまり多くなかったが、2019年になって大幅
に増加（前年の7倍）したことが注目に値する[4]。

　ネガティブ・スクリーニングは、いわゆるダイベストメント（投資撤退）

4　「サステナブル投資残高調査2019」によれば、この理由はネガティブ・スクリーニン
グの定義の理解にやや混乱がみられるためではないかと指摘されている。すなわち、ネ
ガティブ・スクリーニングと回答した回答者は、ESGのさまざまな項目によるスクリー
ニングで相対的に望ましくない銘柄を除外しているという意味で回答したと推測される
が、そうであれば、本来のネガティブ・スクリーニングの定義（何に投資するかを決め
るスタートの段階となる投資ユニバースの決定で除外）には当てはまらず、ポジティ
ブ・スクリーニングあるいはESGインテグレーションに分類される投資と考えられるた
めである。このため、次回調査ではネガティブ・スクリーニングについて、よりわかり
やすい定義とするよう検討するとのことであった。

を含むものであり、宗教系財団から始まった最も古い投資手法である。具体的には、道徳的・倫理的に望ましくないような対象、たとえば、軍需・たばこ・ギャンブル・人種差別など特定の業界や企業を投資対象から除く方法である。ネガティブ・スクリーニングでは、投資スタート段階の投資ユニバースの決定段階ですでに除外されるため、その銘柄はESGスコアなどによるスクリーニングの対象にもならない。

　ポジティブ・スクリーニングは、ESG評価の高い企業は中長期的にも業績が高いはずだという発想のもとで、ESG評価の高い企業を投資対象に選ぶことによる投資手法である。規範に基づくスクリーニングも同様であり、ESG分野での基準に照らして、その基準をクリアしていない企業を投資先から除外する方法であり、ポジティブ・スクリーニングよりは投資対象が広いとされる。

　しかしながら、これらのスクリーニング手法の場合には、投資対象が狭くなることが欠点として指摘されることが多い（第2章第1節(3)において後述）。

　ESGインテグレーションは、最近最も普及しつつあり、財務分析などの従来の投資分析方法に加えて、ESGなどの非財務情報を含めて分析することで、年金基金などの長期投資家が将来のリスクを考慮して積極的に非財務情報を活用していく投資手法である。また、エンゲージメント・議決権行使による投資もおおむね似ているが、株主として積極的にESGへの考慮を投資先に働きかける投資手法であり、ESGに関するアクティビスト型の投資家もこれに含まれる。

　投資残高は少ないが、サステナビリティ・テーマ型投資は、太陽光発電・再生エネルギーやグリーン・ボンドなどのサステナビリティを前面に掲げたファンドへの投資である。また、インパクト・コミュニティ型投資は社会・環境に貢献する技術・サービスを提供する企業に対する投資であり、小さな非上場企業を対象とすることが多く、ベンチャーキャピタルなどが担っているとされる。社会的弱者などのコミュニティを対象とするものもコミュニティ投資に含まれる。このうち、社会的インパクト投資と呼ばれる分野は、最近、特に注目を集めてきており、「財務的リターンと並行して、ポジティ

ブで測定可能な社会的および環境的インパクトを同時に生み出すことを意図する投資」をいうが、ESG投資のなかでも特に、明示的に社会的・環境的インパクトの実現を投資目標にしていることが特徴であるといえる[5]。

3 ESG投資の対象

投資対象としては、従来から株式投資が最も一般的であったが、最近、債券や不動産なども投資対象として増加しつつある。図表1－4は日本の例について示したものであり、やはり株式が圧倒的に多いが、債券投資も増加し2019年には前年比5倍近く増加した。これは、ESG債やグリーン・ボンドなどのサステナブル・ファイナンスの増加を反映しているものと思われる。ESG債券投資の場合、株式購入とは異なり、プロジェクトなどを通じて使途

図表1－4　資産クラスごとのサステナブル投資（ESG投資）残高

投資対象	2017年3月末	2018年3月末	2019年3月末
日本株	59,523	137,385	127,883
外国株	31,842	80,482	81,545
債券	18,301	28,891	146,178
プライベート・エクイティ（PE）	190	281	1,732
不動産	2,666	4,637	6,755
ローン	2,504	10,236	10,455
その他	4,759	4,718	6,321

（注）　単位：10億円。
（出所）　日本サステナブル投資フォーラム「日本サステナブル投資白書2017」「サステナブル投資残高調査2018」「サステナブル投資残高調査2019」より作成。

5　Global Social Impact Investment Steering Group（GSG）国内諮問委員会「日本における社会的インパクト投資の現状2019」に示されているGlobal Impact Investing Network（GIIN）の定義。

が明確に示されることをメリットに感じる投資家も多いという。また、割合は小さいが不動産投資も増加している。

4 ESG投資への関心が高まった背景

　近年、ESG投資への関心が急速に高まった背景としては、気候変動やSDGsなどを背景としたＥ（環境）関連の動きが大きな推進力となったことは間違いないが、Ｇ（ガバナンス）要素が入っていることがESG投資を従来のSRI（Socially Responsible Investment：社会的責任投資）と区別する大きな要因となっていることもあり、ガバナンス関連の取組みの進展も大きな推進要因と思われる。以下で、これらの背景について概観する。

(1) コーポレートガバナンスの重視
　第１に、2012年12月に発足した安倍政権におけるアベノミクスのもと、コーポレートガバナンスを重視した政策が実施され、これが海外投資家の評価を得たこともあり、コーポレートガバナンスをめぐる気運が大きく高まったことがあげられる。いうまでもなく、ESGのうちのＧはガバナンスを意味し、従来のSRIとは異なり、わが国でガバナンスも含まれるESG投資が注目されるきっかけともなったと考えられる。2015年には、金融庁・東京証券取引所が、上場企業を対象として「コーポレートガバナンス・コード」を策定し、持続的な企業価値向上に向けた企業自身の体制整備を求めた。また、これとほぼ同時期に、経済産業省や環境省でもESGに関する検討会が開催され、関連する報告書等がまとめられており、政府全体としてESGを盛り上げていく一助となったといえる[6]。

---

[6]　経済産業省では、「価値協創のための統合的開示・対話ガイダンス─ESG・非財務情報と無形資産投資─（価値協創ガイダンス）」（2017年５月29日）を策定し、環境省でもESG検討会（2017）やESG金融懇談会（2018）における提言等を行った。

（2）　スチュワードシップ・コードへの明記

　コーポレートガバナンスに関連するものとして、2017年には「責任ある機関投資家の諸原則（日本版スチュワードシップ・コード）」の改訂版において、ESG要素の考慮が明記された。スチュワードシップ・コードは、英国の動きなどを背景として2014年にわが国でも策定されたものであり、持続的な企業価値向上に向けた機関投資家と企業の対話を求める指針である。

　ESG要素の考慮に関して、具体的には、「ESG（環境・社会・ガバナンス）要素のうち、投資先企業の状況をふまえ重要と考えられるものは、事業におけるリスク・収益機会の両面で、中長期的な企業価値に影響を及ぼすのではないか」との指摘を受けて[7]、ESG要素を含む非財務情報を把握すべきとして、ESGという用語が明記された[8]。

　さらに、英国のスチュワードシップ・コード改訂や国際的なサステナビリティ考慮の動きなどを背景に、2020年3月の同コードの3年ごと見直しのための再改訂においても、ESG要素が強調されることとなった。具体的には、冒頭および原則1の指針内で「運用戦略に応じたサステナビリティ（ESG要素を含む中長期的な持続可能性）の考慮」が強調され、「運用戦略に応じて、サステナビリティに関する課題をどのように考慮するかについて、検討を行ったうえで当該方針において明確に示すべきである」と指摘されている[9]。

7　2017年にスチュワードシップ・コードの見直しを検討した「スチュワードシップ・コードおよびコーポレートガバナンス・コードのフォローアップ会議」において指摘された。

8　具体的には、2017年改訂後のスチュワードシップ・コードの原則3において、「〜当該企業の状況を的確に把握すべきである」とされたが、そのなかで具体的に把握すべきであるとされた内容の例として、「事業におけるリスク・収益機会（社会・環境問題に関連するものを含む）」と明記され、ガバナンスとともにESG要素が把握すべき項目のなかに含まれることとなった。

9　2020年3月のスチュワードシップ・コード再改訂におけるESG記載の変遷については、神作ほか（2020）や、東京大学公共政策大学院「第6回金融資本市場のあり方に関する産官学フォーラム」（テーマ：ESG投資とフィデューシャリー・デューティー）（東京大学公共政策大学院（2020））における議論を参照。

(3) GPIFによるESG指数の採用

わが国でESG投資への関心が高まった最大の要因として考えられるのが、世界最大の年金基金であるGPIF（年金積立金管理運用独立行政法人）の動きである。2015年にGPIFがPRIに署名し、あわせて多くの機関投資家・運用会社もPRIに署名した。さらにGPIFが、その運用に際して「ESG指数」（以下、ESGインデックスともいう）を採用するとともに[10]、2017年10月に投資運用原則を改正し、すべての資産でESGの要素を考慮した投資を進めることを表明したことは大きな注目を集めた。ESG指数とは、ESG要素に優れた企業の株式などをポートフォリオにして投資対象群とすることであり、そのウェイトや選別された企業は指数ごとにさまざまである。多くの企業がこの指数に含まれることを念頭に、ESG投資に取り組んだ可能性がうかがわれる（図表 1 - 5）。

(4) SDGsに対する意識の高まり

国際社会におけるSDGs（Sustainable Development Goals：持続可能な開発目標）の動きも重要な要因としてあげられる。2015年 9 月に国連加盟193カ国すべてがSDGsに合意・採択し、貧困撲滅、格差是正、気候変動対策など17の目標を掲げ、わが国でも、安倍政権のもとで、2019年のG20開催を念頭にSDGsへの積極的な取組みが行われ、「SDGsアクションプラン2018」を策定した（2017年12月）[11]。

GPIFは、SDGsとESGの関係については、企業がSDGsに取り組み、ESG投資によって企業に投資することで、それぞれ表裏一体にあるものと指摘している（図表 1 - 6）[12]。すなわち、企業がSDGsに取り組み、こうした企業に対する投資がESG投資であり、これにGPIFが取り組むとしている。また、同じような趣旨ではあるが、SDGsは文字どおりゴール（目的）であり、そ

10　2017年 7 月 3 日GPIFプレスリリース「ESG指数を選定しました」参照。
11　その後もSDGsアクションプランは毎年策定され、2020年 6 月の執筆時点で最新のものは「SDGsアクションプラン2020」となっている。
12　GPIFウェブサイトにおける説明より抜粋。

れを達成するための「手段」がESGへの取組みであるとの指摘もあり（渋澤 2020）、この枠組みで考えれば、やはりSDGsという「目標」を掲げて、ESGという「手段」で取り組む企業への投資が「ESG投資」となると考えられる。

図表１－５　GPIFが採用しているESG指数一覧（2019年３月末時点）

	FTSE Blossom Japan Index	MSCIジャパンESGセレクト・リーダーズ指数	MSCI日本株女性活躍指数（愛称「WIN」）	S&P/JPXカーボン・エフィシェント指数	S&Pグローバル大中型株カーボン・エフィシェント指数（除く日本）
指数のコンセプト	●世界有数の歴史を持つFTSEのESG指数シリーズ。FTSE 4 Good Japan IndexのESG評価スキームを用いて評価 ●ESG評価の絶対評価が高い銘柄をスクリーニングし、最後に業種ウエイトを中立化したESG総合型指数	●世界で1,000社以上が利用するMSCIのESGリサーチに基づいて構築し、様々なESGリスクを包括的に市場ポートフォリオに反映したESG総合型指数 ●業種内でESG評価が相対的に高い銘柄を組み入れ	●女性活躍推進法により開示される女性雇用に関するデータに基づき、多面的に性別多様性スコアを算出、各業種から同スコアの高い企業を選別して指数を構築 ●当該分野で多面的な評価を行った初の指数	●環境評価のパイオニア的存在であるTrucostによる炭素排出量データをもとに、世界最大級の独立系指数会社であるS&Pダウ・ジョーンズ・インデックスが指数を構築 ●同業種内で炭素効率性が高い（温室効果ガス排出量/売上高が低い）企業、温室効果ガス排出に関する情報開示を行っている企業の投資ウエイト（比重）を高めた指数
対象	国内株	国内株	国内株	国内株	外国株
親指数（銘柄数）	FTSE JAPAN INDEX（513銘柄）	MSCI JAPAN IMI TOP 700（694銘柄）	MSCI JAPAN IMI TOP 500（498銘柄）	TOPIX（2,124銘柄）	S&P Global Large Mid Index (ex JP)（2,556銘柄）
指数構成銘柄数	152	268	213	1,738	2,199
運用資産額（億円）	6,428	8,043	4,746	3,878	12,052

（注）　データは2019年３月末時点。
（出所）　GPIF「2018年度ESG活動報告」より抜粋。

図表1-6 ESG投資とSDGsの関係に関するGPIFの説明

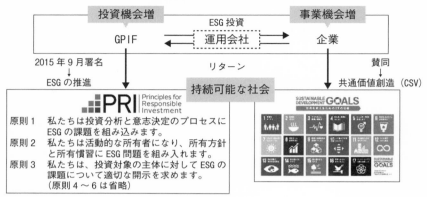

（出所）　GPIFウェブサイトより抜粋。

(5)　気候関連財務情報開示タスクフォース（TCFD）提言等

　2015年パリ協定締結や最近の気候変動への関心などを背景に、2017年6月に気候関連財務情報開示タスクフォース（TCFD）提言がなされたこともESG投資の潮流に関連すると思われる。TCFDは金融安定化理事会（FSB）によって設置された民間主体で構成されたタスクフォースであり、マイケル・ブルームバーグ氏が議長を務めた。同提言は、企業に対し、2℃目標等のシナリオ分析を行い、自社の気候関連のリスク・機会を評価し、その財務的インパクトを把握し、「ガバナンス」「戦略」「リスク管理」「指標と目標」という4つの項目での開示を推奨している。

　わが国でも、TCFD研究会発足（経済産業省、2018年8月）、TCFDガイダンス公表（経済産業省、2018年12月）などがなされ、TCFDコンソーシアム設立（2019年5月、経済産業省・金融庁などと企業の官民連携）などを機に企業の間での賛同が急増し、2019年6月末現在で日本が178組織で世界全体の2割と最大になった[13]。

5 ESG投資における投資パフォーマンスの重要性

(1) CSRやSRIとの違い

ESG投資と似たものとして、企業の社会的責任（CSR：Corporate Social Responsibility）を考慮した社会的責任投資（SRI：Socially Responsible Investment）がある。ESG投資は、SRIの一手法でありほぼ同一であるとの見方もあるが、近年はその相違も指摘されている。具体的には、SRIは、より倫理的な側面を重視しており、たとえば、軍需・たばこ・ギャンブル・人種差別などに関連する企業を投資先から除くなどのスクリーニングを通じて投資先を絞り、社会的価値への貢献を企業に対して求めていく。これに対し、ESG投資は、ESG要素は全企業における課題であることから、全企業が投資対象になり、長期的にみた場合のリターン改善の効果も期待できるものとされる。すなわち、ESG投資では、「財務情報としては直接的に表れ難い様々な情報が、時間の経過とともに売上や利益などの財務数値に転化する「企業の成長力の源泉」として、考慮の対象」となる[14]。もっとも、SRIのうちで、ESG要素を重視した投資がESG投資であるという意味では両者には重複する要素も多いと考えられる。

(2) CSVという概念

CSRやSRIとESG投資を区分したうえで、さらに、新たにPorter and Kramer（2011）の掲げたCSV（Creating Share Value）概念とおおむね同様のものとの見方もある。伊藤（2018）によれば、CSVとは、その本業において、社会価値（社会貢献）と経済価値（利益）の創出を同時に達成することであるとされ、2000年代に流行したSRI投資・SRIファンドとESG投資・CSV投資はやや異なる。伊藤（2018）では、単なるCSRの実施だけではな

13　TCFD提言やTCFDコンソーシアム等については、TCFDコンソーシアムウェブサイト（https://tcfd-consortium.jp/）を参照。
14　ESG検討会（2017）7頁より抜粋。

く、CSVを実現し、企業の経済的価値向上にも取り組んでいる企業の具体例として、オリエンタルランド（顧客に幸せを届けている）やトヨタ自動車（プリウスで環境と経済価値の両立を実現）をあげている。SRIファンドは社会貢献している会社に投資するファンドだが、運用利回りははかばかしくなく、時間の経過とともに消滅してしまったため、ESG投資（CSV投資）は、ESGに注力している企業に投資するものの、あくまでも投資リターンも同時に追求するということを基本とすべきであると指摘している。CSR活動を否定するつもりはまったくないが、社会貢献活動に注力している「いい会社」であることでもって、企業価値が向上し、その会社への投資リターンが高くなる論理的根拠がないためとされる（伊藤2018）。

コラム　なぜESG投資は支持されたのか

　なぜESG投資が支持されてきたのだろうか。この理由にはさまざまな要因が指摘されている。たとえば、昔から日本には近江商人の「三方よし」の精神があり、「商売において売り手と買い手が満足するのは当然のこと、社会に貢献できてこそよい商売といえる」という考え方があったとされ、売り手、買い手、そして世間もよし、とする考え方には親和性があったとの指摘はしばしば聞く[15]。また、小田原の二宮尊徳は、「経済なき道徳は戯言であり、道徳なき経済は犯罪である」といったとされており、これも自社と社会的な利益の両立を図る考え方といえるだろう[16]。このほかにも、渋沢栄一の『論語と算盤』では利潤と道徳を調和させることが重要であり、かつ「士魂商才」として生きていくうえでの商才の部分の重要性も指摘していることは有名である（渋沢（守屋訳）2010）。

　これらのいずれの考え方にも共通することであるが、やはり本業を通じた社会貢献という側面が支持されたのではないかと思われる。従来のCSR（企業

15　「三方よし」の説明は、伊藤忠商事ウェブサイト（https://www.itochu.co.jp/ja/about/history/oumi.html）（2020年6月5日最終閲覧）より抜粋したもの。

16　伊藤（2018）で指摘。ただし、実際に二宮尊徳がこの言葉をいったかは不明であり、小田原城内報徳二宮神社内の掲示によれば、「当時、一字一句この通りに言ったのでなく、後に弟子たちによって形成されたものだが、ひたすらに「経済と道徳の一元」を説いていた二宮尊徳翁の報徳思想を、一言で理解するうえで、一番分かりやすい言葉のひとつとして、また、現代にも通じる、今の時代に必要な言葉」とされている。

の社会的責任）という考え方は、やはりどうしても本業以外の取組みとして意識されがちであったということは否定できない。またそれを意識した投資であるSRI（社会的責任投資）は、伊藤（2018）なども指摘するように、そのパフォーマンスが芳しくなかったために投資家からはあまり支持されたとはいえない。ESG投資は、SRIの延長的な側面を有することは間違いないにしても、GPIFが指摘するように、企業がSDGsを意識して本業に取り組み、そうした企業への投資を通じてSDGsを図ることがESG投資であるとするならば（本章第4節）、まさに本業を通じた取組みとなる。SDGsについても、どのような企業の本業であっても、なんらかの17のSDGsの目標に貢献できるはずであり、このような側面が幅広く支持された一因ではないかと思われる。ちなみに、筆者が勤務する東京大学でも、SDGsの17目標に基づいてプロジェクト・授業を登録・公表しており、筆者の担当科目もそのなかの1つとして含まれている[17]。

　同時に、ESG投資が支持された理由には、CSR的側面に加えて、ガバナンスが重視されていることがやはり大きいだろう。ガバナンスの優劣は、企業収益や株価急落リスクにも直結する項目であることから、ガバナンスを構成要素として含めることは通常の投資でも同様であり、親和性が大きかったと思われる。

(3)　フィデューシャリー・デューティーとの関係

　年金基金などの受託者責任（フィデューシャリー・デューティー）を有する投資家にとってみれば、あくまでも投資効果が得られることがESG投資の大前提とならざるをえない。たとえば、GPIFが2017年にESG指数を公募した際には、「ESGの効果により、中長期的にリスク低減効果や超過収益の獲得が期待される指数であり、かつ過去のパフォーマンスやバックテストの結果がおおむねそれを裏付けるものであること」がその必要要件とされた[18]。

　フィデューシャリー・デューティーとの関係については、第4章でも詳しく紹介するが、米国でも、2015年10月に米国労働省がERISA（従業員退職所得保障法）の解釈通達を改訂し、ESG要素は年金運用上の経済的価値と直接

17　東京大学SDGs登録プロジェクト（https://www.u-tokyo.ac.jp/adm/fsi/ja/projects/sdgs/）（最終閲覧日2020年6月5日）。
18　2016年7月22日GPIFプレスリリース「国内株式を対象とした環境・社会・ガバナンス指数の公募」参照。

に関係をもちうるとして、ERISAは、運用の際にESG要素を考慮すること
を禁止してはいないということを明確化した。それ以前は、フィデューシャ
リー・デューティーの観点から、ESG投資はERISAに反するという見方も
あったため、この見方を明示的に否定したわけである[19]。もっとも、トラン
プ政権後の2018年に入り、米国労働省はこの見解を一部修正し、過度にESG
要素を重視し、経済的リターンを犠牲にすることには慎重になっているよう
である[20]。

　いずれにせよ、ESG投資は、「少なくとも投資期間における財務パフォー
マンスを下げないのであれば、ESG要素をふまえた中長期的な視点をもった
資産運用は受託者責任に矛盾しないとの認識が共通化しつつある」とされる
（ESG金融懇談会（2018））。では、ESG投資は、通常の株式投資と比べて投資
パフォーマンスにどのような影響を与えるのだろうか。次章以下で考えてみ
たい。

19　ESG検討会（2017）10頁より。具体的な通達は、U.S. Department of Labor（2015）
　　"Interpretive Bulletin Relating to the Fiduciary Standard Under ERISA in Consider-
　　ing Economically Targeted Investments" October 26, 2015。なお、2016年にも同様の
　　見解を示している。U.S. Department of Labor（2016）"Interpretive Bulletin Relating
　　to the Exercise of Shareholder Rights and Written Statements of Investment Policy,
　　Including Proxy Voting Policies or Guidelines" December 28, 2016。
20　U.S. Department of Labor, Field Assistance Bulletin 2018-01, dated April 23, 2018を
　　参照。

第 2 章

ESG投資パフォーマンスの考え方

●本章の要約

　ESG要素と企業価値の関係については、過去にはミルトン・フリードマンに代表されるような否定的な見方もあったが、最近では、企業のESG活動は、①ステークホルダーとの関係向上、②周囲との関係改善による情報の非対称性の低下、③反社会的活動を招きかねないリスク減少、などを通じた企業活動リスク軽減やサステナビリティ向上により、むしろ結果的に企業価値向上や資金調達コスト低下などに資するとの指摘も多くなってきている。

　ESG投資のリターンに対する考え方には、ポジティブとネガティブの双方の見方が考えられる。ポジティブとなる結果に対する考え方は、①高いマネジメント能力を有する会社がスクリーニングされて高いパフォーマンスにつながる、②リスク低減を通じて、リスクプレミアム（資本コスト）も低下し企業価値向上につながる、とするものであろう。

　逆に、ESG投資のリターンがネガティブとなる結果に対する考え方には、①スクリーニングの過程で、いわゆるダイベストメント（投資先からの除外）が行われて分散効果が働かずリスクが上昇する、②そもそもスクリーニングのコストが発生する、といった理由が考えられる。ダイベストメントは投資対象となる銘柄数を市場全体よりも絞ることになるのだから、現代ポートフォリオ理論によれば、リスク分散が十分にできなくなることを意味するわけである。

　伝統的な現代ポートフォリオ理論の観点からみれば、市場が十分に効率的であれば、マーケットに対して継続的に超過収益を得ることができないという効率的市場仮説が成立するわけであり、ESG投資に継続してポジティブ（またはネガティブ）なリターンがあるというのはこれに反するわけだ。他方で、行動経済学の観点からは、効率的市場仮説は成立せず、市場にはアノマリーがありうるわけで、ESG投資もこれに該当するかもしれない。ESG投資にどちらの理論が当てはまるのかというと、これはなかなかむずかしい問題である。

　他方で、現代ポートフォリオ理論から一歩進んで、ベータの向上という考え方もあり、市場全体に対するESGエンゲージメント（対話、働きかけ）を

通じて、市場全体のリターンの向上を目指すことをいう。特にGPIFなどのユニバーサル・オーナーといわれる、全上場企業の株式を所有するような投資家にとってはベータの向上を目指すことは合理的であろう。

　投資パフォーマンスの計測には、ESG指数の単純比較から、Fama-Frenchモデルを用いた手法、ESGファクターモデルを用いた手法などさまざまであるが、いずれにせよ課題としては、そもそも優れたESGとは何か、評価データの有無、統計的な因果関係の特定のむずかしさ、といった点がある。

1 ESG投資のリターンの背景に対する考え方

(1) ESG投資パフォーマンスがポジティブとする考え方

　ESG投資のパフォーマンスが、ポジティブまたはネガティブ（もしくは無相関）となる背景には、それぞれ以下のような理論的背景があるとする説明がみられる（Renneboog *et al.* 2008 a、Leite and Cortez 2014、2015等）。

　ESG投資のパフォーマンスがポジティブとなる結果に対する考え方は、

① スクリーニングの過程でCSRに積極的に関与する企業が選別されるので、結果的に高いマネジメント能力をもつ会社のスクリーニングにつながり、高い投資パフォーマンスにつながる、

② ESGを考慮した企業への投資は、将来の収益向上をもたらし、長期的な企業価値を高めることにつながる、

③ ESGを考慮することを通じてステークホルダーとの関係向上などにより、リスク削減効果がもたらされ、リスクが低下するため、リスクプレミアムが低下し、資本コストも低下する[1]。これによって、一般的な株価理論価格算定に用いられる、将来キャッシュフローを割引率（資本コスト）で割り引いて企業価値を評価するDCF法で評価する際の割引率も低下す

1　資本コストとは、株式に関していえば「投資家が要求していると想定される収益率」である。資本コストとリスクの関係については、一般にはリスクが高いと考えられる企業における資本コスト、すなわち投資家の要求収益率は高くなり、リスクが低いと考えられる企業の資本コスト（投資家の要求収益率）は低くなる。ただし資本コストは直接的な手段で観察することはできないものである。岩村（2013）などを参照。

ることから、企業価値が向上し、もって投資リターンも向上する、とするものがあげられる。

　すなわち、企業価値を V、来期キャッシュフローを c_1、キャッシュフローの成長率を g、資本コスト（割引率）を r として、一般的なDCF法の算出式を示すと、以下の式のとおりとなる。上記②は成長率 g を高め、③は資本コスト（割引率）r を低下させ、いずれも分母の低下となるため、企業価値 V の向上につながることとなる。つまり、資本コストの低下は、将来の収益（キャッシュフロー）を現在価値に割り引く際の割引率の低下をもたらすので、企業価値向上につながるわけである。

$$V = \frac{c_1}{(1+r)} + \frac{c_1(1+g)}{(1+r)^2} + \frac{c_1(1+g)^2}{(1+r)^3} + \frac{c_1(1+g)^3}{(1+r)^4} + \cdots + \frac{c_1(1+g)^{N-1}}{(1+r)^N}$$

$$= \frac{c_1}{(r-g)}$$

　ESG活動と企業価値をめぐる関係について、理論的にはさまざまな考え方が示されたが、過去1970年代にはマネタリストの大御所であった経済学者ミルトン・フリードマンに代表されるような否定的な見方もあった（Friedman 1970）[2]。すなわち、経営者は株主価値の最大化が唯一の目的であり、社会的活動は政府や自治体などが行えばよい。そもそも環境投資や社会的活動などのCSR活動は、追加的なコストを要することから企業価値にはマイナスに働き、利益を第一に追求する会社に太刀打ちできなくなり淘汰されるとする見方であった。

　しかしながら、近年はESG要素が企業価値にプラスの影響を与えるとの考え方が多くみられる。比較的有名なものとしては、Freeman（2010）に代表されるようなステークホルダーとの関係を重視したアプローチである。すなわち、企業にとって、株主、負債提供者（銀行等）、従業員、地域社会、顧客などのステークホルダーの満足度がCSR活動等を通じて向上し、より効果

2　Friedmanが、"The business of business is business." と述べたのは有名である。

的な契約関係の成立などを通じて、企業のさらなる成長やリスク低減効果に資し、これにより企業価値向上につながるとする見方である（Fatemi and Fooladi 2013、Fatemi *et al.* 2015等）。

　また、ESGの一要素であるガバナンスの観点からも、従来からのコーポレートガバナンスの理論であるJensen and Meckling（1976）等による「エージェンシー理論」に代表されるように、エージェンシー・コストを最小化するという観点からガバナンスの向上は企業価値に影響を与えるとの見方がある。すなわち、株式・債券などの外部資本を導入すると必ず、経営者を監視するためやステークホルダーとの関係を強化するためのエージェンシー・コストが発生し、企業価値が減少する。このため、これを最小化するためのインセンティブを有するようなガバナンスの仕組みを構築し、よいガバナンスを構築していくことが企業価値向上につながると考えるわけである[3]。さらに、契約論の立場から、企業とステークホルダーの関係を定義し、長期的な投資家は株主価値を最大化する契約の度合いを選択し、企業はこうした社会的な契約により適切なコーポレートガバナンスを確保するように監視されることなどを通じて、結果的にはCSR（ESG）活動は企業価値向上にもつながるとする指摘もみられる（Grossman and Hart 1986、Sacconi 2006、Bénabou and Tirole 2010等）[4]。

　このように、最近では、ESG要素と企業価値の関係について、企業のESG活動は、①ステークホルダーとの関係向上、②周囲との関係改善による情報の非対称性の低下、③反社会的活動を招きかねないリスク減少、などを通じた企業活動リスク軽減やサステナビリティ向上により、むしろ結果的に企業価値向上や資金調達コスト低下などに資するとの指摘が多くみられる。

　ただ、リスクが低く、企業側の資本コストが低いということは、逆に投資家側からみた場合には、期待リターンが小さいことを意味することには留意が必要であるだろう。資本コストは、投資家が要求する期待リターンも意味

3　コーポレートガバナンスにおけるエージェンシー理論の考え方については、江川（2018）を参照。
4　CSRの契約論等の理論的な考え方については、Shirasu and Kawakita（2020）も参照。

するからである。しばしば指摘されるような、単純にESG投資が高い投資パフォーマンスを生むという見方には、直感的にはそのとおりだと感じなくもないが、理論的にはどう考えればよいかやや疑問が残る。すなわち、現にESGへの取組みに積極的な企業に対する投資が、リスクが低い企業への投資としてローリスクであり、かつ高いパフォーマンスを生みハイリターンだとすれば、そのロジックは謎（パズル）なわけである。通常のファイナンス理論に従えば、ローリスクならローリターン、ハイリスクならハイリターンであって、フリーランチはありえないわけで（＝ノーフリーランチ）、少なくともこのような状況が長く続くことはないと考えるのが妥当かもしれない。

　もし、ESG投資が高いパフォーマンスをもたらすとしたら、現状はともかく、ESGへの取組みを通じて、将来の資本コスト（リスクプレミアム）が低下に向かうような企業への投資、つまり将来の企業価値向上が見込めるような企業への投資として、よりダイナミックに考えればよいのかもしれない。投資リターンは、企業価値の変化を意味するからである。こう考えると、すでに高いESGパフォーマンスを発揮している企業よりも、改善ポテンシャルが多く、たとえば、省エネや低炭素化に対する高度な技術開発や、疫病などの社会課題解決に資する技術開発などに取り組む企業などが、その取組みに成功することで課題解決にも成功した場合などが、高いパフォーマンスをあげうる例となるかもしれない。実際、ESGの改善モメンタムが投資パフォーマンスと関係が大きいとする研究も指摘されている（PRI 2018）。

　株式投資ではないが、ESG債の世界では、最近、似たような観点から興味深い例がみられる。たとえば、省エネ・高効率化によって低炭素化に資するものを投資対象とするトランジション・ボンドの議論がグローバルでなされてきているようである。うまく移行（トランジション）できれば、まさにESG課題解決にも企業価値向上にも資するだろう。ただ、むずかしいのは、グリーン・ボンドを発行できないのでトランジション・ボンドを発行するのではないかと思われたり、発行した場合にブラウン企業とみなされたりするリスクもあることだそうである[5]。

(2) ESG投資パフォーマンスがネガティブ・無相関とする見方

　次に、後者のESG投資のパフォーマンスがネガティブであるとする結果に対する考え方は、

① スクリーニングの過程で投資対象に制約が加えられるため（いわゆるダイベストメント（投資撤退）等のため）に現代ポートフォリオ理論の観点から十分に分散投資ができない、

② 加えてスクリーニングの際の銘柄選択等のためのコスト負担も低いパフォーマンスにつながる、

とするものである。

　こうした観点から、GPIFも、ESG投資にあたってはダイベストメントの考え方はとらないとしており、環境指数選定に際する評価ポイントに、「石炭採掘企業や電力会社などの環境負荷の大きい企業について、形式的に銘柄除外を行う指数（ダイベストメント）は、「ユニバーサルオーナー」を志向するGPIFの方針と合致せず、ポジティブ・スクリーニングによる指数、業種内での相対評価を行う指数が望ましい」と明記している[6]。さらに、ダイベストメントは、「負の外部性が大きいESG課題については、課題を抱える企業に改善を促す取組みが重要。ダイベストメントはむしろ「責任ある投資家」から、ESG課題に「無関心な投資家」に株主の権利を移転することになりかねない」とも指摘している[7]。また、最近では米国年金基金カルパースでも、それまでのダイベストメントの方針により運用パフォーマンスが悪化したとして、幹部が交代することとなったといわれている[8]。米国の年金基金では、ERISA（従業員退職所得保障法）のもとで分散投資を義務づけるプ

5　この議論については、神作ほか（2020）で紹介されている「第6回金融資本市場のあり方に関する産官学フォーラム」（テーマ：ESG投資とフィデューシャリー・デューティー）の議論をもとにしているので東京大学公共政策大学院（2020）も参照されたい。

6　GPIFプレスリリース「グローバル環境株式指数を選定しました」（2018年9月25日）より抜粋。

7　GPIF「2018年度ESG活動報告」。

8　2018年12月3日付日本経済新聞「ESG投資、変調の兆し　旗振り役の米年金幹部交代」を参照。

ルーデント・インベスター・ルール（思慮ある投資家の準則）に従う運用が課されており、ダイベストメントは明確にこれに反すると考えられているようである（第4章で後述）。

コラム　　ダイベストメントと機関投資家[9]

　ダイベストメントは、もともとは宗教的な観点から非人道的な企業活動を行う企業を、そもそもの投資判断の母集団となる投資ユニバースから外すこととされてきたと思われるが、最近では、石炭火力発電への投資撤退などの問題で議論されることが多い。石炭火力は、非人道的とまでいえるわけではないが、気候変動問題に対する関心の高まりとともに、温暖化の二酸化炭素排出の観点からは問題が多いとして投資除外される動きが多くなったわけである。

　石炭火力発電へのダイベストメントは、地球環境問題を考える立場からすれば、金融機関を自らの活動の味方に引き入れる方法となりうるが、議論が多いこともまた事実であろう。すなわち、石炭火力のダイベストメントについては、ESG投資は、プロジェクトの資金調達を左右することを通じて、プロジェクトの可否を左右することもでき、ESG投資は金融の力でもっていわば石炭火力を絶滅させることだってできるわけである。ただ、こういった判断を、政治や行政でも、エネルギーの専門家でもなく、こうした問題の専門家でもない機関投資家の運用担当者に負わせるのはやや荷が重いかもしれない。通常の融資や投資でも同じような判断が必要ではないかと思われるかもしれないが、通常の純粋な投資判断からすれば、ダイベストメント対象となるような銘柄は、実は真の投資価値よりも割安であり、むしろバリュー株投資には適した銘柄だったりすることが問題を複雑にするわけである[10]。機関投資家の

9　この議論についても、神作ほか（2020）で紹介されている「第6回金融資本市場のあり方に関する産官学フォーラム」（テーマ：ESG投資とフィデューシャリー・デューティー）の議論をもとにしているので東京大学公共政策大学院（2020）も参照されたい。

10　たとえば、Hong and Kacperczyk（2009）は有名な研究であるが、アルコール・たばこ・武器などの罪（Sin）銘柄への投資は、そうでない銘柄よりもパフォーマンスが高く、リスクが高い分だけ高い期待リターンをもっており、これらの銘柄への投資を回避（ダイベスト）している投資家は、財務的なコストを支払っていると指摘する。そして、これらのSin銘柄は、規範の制約がある年金基金よりも、普通のアービトラージャーであるヘッジファンドや投資信託によって保有されていると指摘している。

運用担当者には、さまざまなダイベストメント要請への対応に困惑している
ものも多いとも聞く。ESG投資は、たしかに政府の資金不足を民間資金で補う
という側面もあると考えられるが、こうした長期のエネルギー政策などに代
表される重要政策の方向性を、機関投資家によるダイベストメントに過度に
負わせることには慎重であるべきかもしれない。

　他方で、石炭火力については、近年では、太陽光などの再生可能エネルギー
コストの低下見通しを背景に、座礁資産化のリスクなども一部で指摘されて
いることも事実である。カーボントラッカーほか（2019）は、風力・太陽光
発電などの再生可能エネルギーコストが、近い将来に石炭火力を下回ること
になり、石炭火力の座礁資産リスクは7.1兆円との試算を公表した。従来、石
炭火力は、二酸化炭素排出というデメリットはあるが、それは技術進歩で補
うこととして、経済性や埋蔵量の観点から、特に東日本大震災後には原子力
を補う電源として推進されてきたといえる。もちろん、カーボントラッカー
ほか（2019）による試算や仮定の妥当性の検証はあらためて専門家が行う必
要があることはいうまでもないが、仮にこの見通しが正しいとするならば、
純粋に経済的な視点から、そしてエネルギー経済的な観点からも、石炭火力
への投資の魅力は薄れてきているとも指摘可能であろう。

　いずれにせよ、最近の石炭火力をめぐるダイベストメントの動きは、非常
に複雑で不確実な要素が絡んでおり、機関投資家などの金融の専門家だけで
は議論できない大きな問題であるといえる。

(3)　現代ポートフォリオ理論からの視点

　図表2－1は、本節(2)①の現代ポートフォリオ理論の観点からスクリーニ
ングを行うことによる十分な分散効果が得られない結果、リスク低減効果も
十分に得られなくなることを示したものである。スクリーニングによって市
場ポートフォリオ全体よりも銘柄数が絞られることから、固有リスク（非シ
ステマティック・リスク）が十分には低減しないことが示されている。この
場合、分散効果が十分に発揮できる市場インデックスで運用するパッシブ運
用が結果的には最も有効ということになる。ちなみに、この分散効果に基づ
く現代ポートフォリオ理論に関する功績等により、ハリー・マーコヴィッツ
氏は1990年にノーベル経済学賞を受賞した。

　そして、ESG投資によりポジティブな投資効果が得られるということは、
現代ポートフォリオ理論における基本的な考え方である、市場が十分に効率

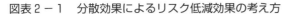

図表２－１　分散効果によるリスク低減効果の考え方

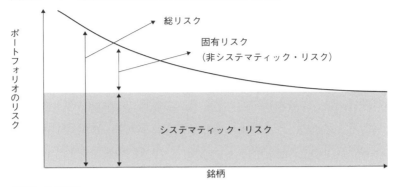

（出所）　筆者作成。

的である場合には、マーケット（市場平均）に対して超過収益を継続的に得ることはできない、つまり継続的にα（超過収益）を得ることはできないという考え方である効率的市場仮説（EMH : Efficient Market Hypothesis）にも反することになる[11]。

　『ウォール街のランダム・ウォーカー』というバートン・マルキール氏の著書がロング・ベストセラーとして有名であるが[12]、この本のなかでは2013年にノーベル経済学賞を受賞したユージン・ファーマ氏（米シカゴ大学教授）による効率的市場仮説が唱えられている。効率的市場仮説は、株式投資によって超過収益（α）が得られるかどうかは、以下の３形態に分類して考えることができるとするものである。

① 　ウィーク・フォーム……過去データからの将来の価格予測は不可能、いわゆるランダムウォークするというものであり、多くの専門家によって肯定されている。

② 　セミストロング・フォーム……すべての公開情報はすぐに織り込まれてしまうため、新たな情報からは超過収益を生むことはできないとするものであり、ファンダメンタル分析が否定される。専門家のなかでもセミスト

11　効率的市場仮説については日本証券アナリスト協会編（2009）にも詳しい。
12　マルキール（井手訳）（2019）。

ロング・フォームが実際に当てはまるかは意見が分かれているようである。

③　ストロング・フォーム……非公開な情報も含めてすべてが直ちに現在価格に反映されるとするものであり、これはインサイダー取引でも利益をあげられず、専門家の多くも否定的である。

　ESG投資によって新たなESGファクターに注目した投資を行うのは、セミストロング・フォームの考え方に近いと考えられるが、効率的市場仮説が成立するのならば、その情報はすぐに反映されるため超過収益を生むことはできない。つまり、たとえ知識や技術をもつ専門家がESG要素で優れた銘柄を選別してアクティブ運用を行っても、市場平均を上回るリターンをあげるのはむずかしいということである。この場合、やはりTOPIXなどの市場平均の市場ポートフォリオに連動して運用することが最も効率的となることを示唆している。

(4)　現代ポートフォリオ理論に反対する立場からの視点

　しかしながら、逆にいえば、市場が効率的でない場合には超過収益を得られるのであり、多くの投資運用機関やファンドマネージャーが超過収益を得ることを目的として日々の資産運用を行っているのは、市場が必ずしも常に効率的ではないと信じているからにほかならない。ESG投資を含めたアクティブ運用がプラスの超過収益を生むと信じている人々も、この類に属すると考えられる。

　行動経済学の観点からは、効率的市場仮説は成立せず、市場にはアノマリーがありうるわけで、ESG投資もこれに該当するかもしれない。この考え方で、やはりロバート・シラー氏もまたノーベル経済学賞（2013年）を受賞している。よく知られたアノマリーには小型株効果、低PER効果、バリュー株効果、1月効果などがあり、ウォーレン・バフェット氏の投資哲学なども
これに該当するものと思われる。ESG投資によるアクティブ運用がプラスの超過収益を生むと信じている人々も、この類に属するのだろう。

　このほかにも効率的市場仮説の考え方には与しない人々がいる。たとえ

ば、ESG投資を含めたサステナブル・ファイナンスの重要性を主張するものののなかには、新たに適応的市場仮説（AMH：Adoptive Market Hypothesis）に基づいてESG要素が長期的な価値創造には不可欠の要素であり、いまやサステナビリティ要素もアノマリーになったと主張するものもいる（Schoenmaker and Schramade 2019）。2004年に初めて唱えられた適応的市場仮説（Lo 2004、2017）によれば、市場の効率性の度合いは、市場における競争者数、利益機会の大きさ、市場参加者の適応能力、リスク選好の多様さなどの環境要因にも大きく関連しているため、効率的市場仮説が仮定しているような市場の効率性はないとする。こうした要因のため、適応的市場仮説のもとでは、環境や社会などのESGに係る新しいリスクは、市場参加者によって十分に検証されて価格に織り込まれていないと指摘する。

　また、分散投資の効用についても、Statman（2004）の論文を根拠として、ポートフォリオ分散効果は、50〜100くらいの銘柄数を含めれば足り、100以上にした場合の分散効果はかなり小さくなり、さらに300を超えるような規模になった場合には分散メリットは保有コストを下回ると指摘する[13]。このため、より集中したポートフォリオをもつことを主張する。

　しかしながら、いずれにしても、ESG投資の参加者が増え、その参加者がESG投資に伴う超過リターンを競いあうほど、市場は次第に効率化することから、やはり超過収益を得ることは困難になる可能性も考えられる。

　なお、ESGへの取組みにはさまざまな費用がかかるため、単独では期待リターンがマイナスの投資ケースも考えられるが、現代ポートフォリオ理論の分散投資の観点からは許容されるのだろうかという疑問も生じる。議論もあるところだが、たとえばほかの商品が下落したときに上昇する、あるいは危機時に価格下落リスクに強い商品を組み込むことでリスク・リターン改善に資することがあり、統計的にいえば共分散がマイナスの場合にはありうると考えられるだろう。

13　同論文は、分散効果の謎（The Diversification Puzzle）というタイトルが示すように、300以上の分散効果に関する疑問を示している。

現代ポートフォリオ理論の限界への挑戦

　ESG投資に、効率的市場仮説とアノマリー（行動経済学）のどちらの理論が当てはまるのかというと、これはなかなかむずかしい問題である。2013年のノーベル経済学賞が、効率的市場仮説を唱えるユージン・ファーマ氏と、効率的市場仮説は成立せずにアノマリーの存在を主張するロバート・シラー氏に、まったく逆の学説であるにもかかわらず同時に授与されたことからも、この問題のむずかしさが垣間見える。むずかしいと悩んでいるのは投資家だけでなく、ノーベル財団も同じなのである。

　この点で、国連PRIが、2017年11月に、ESG投資促進のため現代ポートフォリオ理論の限界を示す研究テーマ募集をしたことは興味深い[14]。PRIは、この研究募集のために1万ポンドの賞金を提示している。ESG投資などの責任投資（Responsible Investment）が、超過収益を生むということは、これまでに説明したとおり、従来の現代ポートフォリオ理論とは相いれないものである。このため、PRIは、現代ポートフォリオ理論は1950年代にできたものでもう古く、現実の世界と投資家との間のギャップを埋めるために、現代ポートフォリオ理論の限界について実証的にも理論的にも示すことにより、新たな投資理論を打ち立てて、責任投資につなげたいと考えているとのことである。

⑸　ベータの向上という考え方

　以上は、マーケットリターンに対する超過収益であるアルファ（α）を得ることにより市場平均を上回るリターンを得ようとする投資に対する考え方である。これに対して、「ベータの向上」という観点からの、リターンの源泉に関する考え方もある（加藤編2018）。「ベータの向上」は最近の造語とのことであるが、通常、投資理論におけるベータ（β）とはCAPMでいう市場ポートフォリオに対する係数、つまり市場ポートフォリオ（たとえばTOPIX）が1％変化したときに、個別株式のリターンが何パーセント変化するかを表す係数を示し、個別株式の相対的なリスクを表すものである。他方で、「ベータの向上」でいうベータはやや意味が異なり、市場全体のリター

14　PRI press release "PRI announces plans to reimagine, look beyond modern portfolio theory," 14 November 2017.

ンを意味する。つまり「ベータの向上」とは、市場全体（あるいは市場平均）のリターンの底上げを意味し、TOPIXという市場ポートフォリオのリターンを向上させることにある。市場全体に対するESGに対するエンゲージメント（対話、働きかけ）を通じて、TOPIX自体のリターンの向上を目指すものであるとされる。現代ポートフォリオ理論の考え方で示せば、システマティック・リスク・リターンの改善自体を目指すことをいうと考えられる。

　わが国の例でいえば、第1章で説明したとおり、アベノミクスによってコーポレートガバナンスに対する注目が高まり、日本全体での企業のガバナンスが向上し、結果として日本企業の価値の向上に伴い市場ポートフォリオであるTOPIXも大幅に上昇したが、これが上記の趣旨でいう「ベータの向上」といえる。「ベータの向上」を目的として、ESGに対するエンゲージメントを行っていくことは、GPIFのように、日本の上場企業すべてが投資対象となるようなユニバーサル・オーナー投資家にとっては理にかなった方法であるといえる。このような考え方は、資産規模が大きく、幅広い銘柄に分散投資を行わざるをえない年金基金などのユニバーサル・オーナーである投資家は、市場全体の底上げを図ることが合理的であるとするユニバーサル・オーナーシップ理論からも導かれるものである（水口2019b、林2017）。

　いずれにせよ、投資パフォーマンスがポジティブもしくはネガティブ（もしくは無相関）のどちらの見方も十分に成立しうるものであり、どちらがより説得力をもつかについては、実証研究のさらなる蓄積を経る必要があると考えられる。

コラム　ESG投資でパッシブ運用の矛盾？

　ESG投資はアクティブ運用の一種と考えられるが、実際にはGPIFに代表されるようにESG指数を用いたパッシブ運用の形式を用いることも多い。典型的なパッシブ運用は、日本でいえばTOPIX（東証株価指数）に連動するETFなどが思い浮かぶことから、パッシブ運用とESG投資は一見矛盾するようにもみえる。もっとも、足下では、現代ポートフォリオ理論などを背景として、市場全体がパッシブ化の方向に動いており、たとえば米国では市場時価総額全体の45％程度がパッシブ運用となっている（図表2－2）。こうした環境下では、GPIFに限らず、ESG投資をパッシブ運用によって行うケースも多いと思われる。

図表2－2　米国におけるパッシブ運用とアクティブ運用の推移

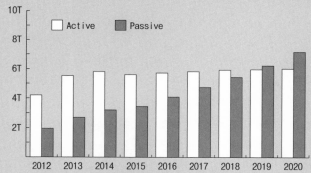

Note:Includes U.S. domiciled equity ETFs and mutual funds.
Estimated growth based on the average annual three year
growth rate.

（出所）　PRI "How Can a Passive Investor Be a Responsible Investor?"（2019）より
　　　　抜粋。予測はBloombergによる予測値。

　PRI（2019）によれば、パッシブ戦略にESG要素を含めるための方法としては、①ESGインテグレーションやスクリーニング、テーマ別投資による選別を指数に反映させて、ESG指数にして投資を行う方法（ESG要素の組入れ）や、②指数の構成企業に対するエンゲージメント（対話）や議決権行使などの方法がありうる。実際にGPIFはこうした方法を採用しているわけである。
　ただ、ESGパッシブ投資を行った場合には、パッシブ運用が通常目的として

いるメリットが得られなかったり、追加的なコストがかかったりするなどの課題も指摘されている。たとえば、①パッシブ運用のための指数（インデックス）やESGスコアの購入費用、エンゲージメントやリサーチのコストなどがかかり、通常のパッシブ運用に期待される低コストというメリットが小さくなる、②ESG指数によっては、意図せざるポートフォリオのゆがみが生じかねず、親インデックスとの連動性が大幅に損なわれる可能性もある、③ESG指数での運用の場合には、議決権行使など個別にエンゲージメントを行うインセンティブにコスト面から欠け、逆にエンゲージメントをしてもその果実を直接に得られるわけではないためメリットの面からも欠けることになり、フリーライド問題とそれに伴う囚人のジレンマ的な問題（結局はだれもエンゲージメントをしなくなる）が生じかねないといった課題が指摘されている。

2 投資パフォーマンスの計測手法

　ESG投資パフォーマンスはどのように計測することが考えられるのだろうか。本節では、しばしば目にする方法をもとに紹介する。

(1) ESGファンド・指数のパフォーマンス単純比較

　最も簡単でよく目にする方法は、ESG関連ファンドや指数の投資パフォーマンスを、当該市場におけるベンチマークとなる平均リターン、すなわちわが国でいえば日経平均やTOPIXなどの市場平均リターンと単純に比較する方法であろう。ESG投資といっても、多くの機関投資家は、市場全体のパッシブ化の流れのもとで、ESG指数（インデックス）に投資することによる運用が中心であると思われる。また、個人も、インデックスに応じた運用を行う投資信託やETFなどの金融商品を購入するかたちでのESG投資が多いものと推察される。

　代表的なインデックスは、MSCI、FTSE、Ｓ＆Ｐダウ・ジョーンズなどで、各社がESGを重視した銘柄をまとめたインデックスを作成し、これに基づき運用する方法である[15]。たとえば、GPIFがESG指数を公募したことは記憶に新しいが[16]、GPIFは、ESG投資のために選択したESG指数を、ベン

チマークと比較した結果を定期的に公表している。ちなみに、これらの指数選択に際しては、その過去のパフォーマンスがベンチマークと比較して劣っていないことが要件とされていることはすでに述べたとおりである（本章第1節）。

では、これらのESG指数のパフォーマンスは、ベンチマーク対比でどうなっているのかをみてみたい。

図表2－3は、GPIFが採用した5つのESGインデックスについてのこれまでのパフォーマンスを示している。これをみると、市場平均を上回っているものもあれば、下回っているものもあり、必ずしも一概にはいえないが、少なくとも大幅に下回っているわけではないようである。

図表2－4は、ESG指数の1つであるMSCI ACWI ESG Leaders Indexについて、その親インデックスであるMSCI ACWIとのパフォーマンスを比較したものである。右側の年ベースのリターンを比較すると、ややESG指数のほうが勝っているように思われるが、継続的に勝っているわけでもなく、もちろん大幅に負けているわけでもない。リスクやシャープ比でも親指数を上回るパフォーマンスを示すが、それは大幅にではなく、たとえば統計的に5％有意水準でも差が生じるレベルまではいっていないと思われる。なお、ESG指数といっても、その上位銘柄は時価総額が大きい銘柄（たとえば、マイクロソフトやアルファベット（Google）など）のウェイトを多くしているということは興味深く留意する点である。

このことから、少なくともGPIFが選択したESG指数に連動するかたちでのESG投資については、これまでのところをみると、市場平均リターンと同程度かやや上回る程度であり、少なくとも経済的リターンが大幅に毀損されたようなことはなさそうである。

---

15 FTSE 4 Good Index Series、MSCI Japan ESG Select Leaders Index、Dow Jones Sustainability Induces、Ｓ＆Ｐ/JPX カーボン・エフィシェント指数等々。
16 GPIFプレスリリース「ESG指数を選定しました」（2017年7月3日）参照。

図表 2 － 3　GPIFが選定したESG 5 指数のベンチマーク収益率

国内株式

	ベンチマーク収益率			超過収益率	
	当該指数 (a)	親指数 (b)	TOPIX (c)	対親指数 (a－b)	対TOPIX (a－c)
①　MSCIジャパンESG 　　セレクト・リーダー 　　ズ指数	5.17%	5.14%	4.90%	0.04%	0.28%
②　MSCI日本株女性活 　　躍指数	5.55%	5.15%	4.90%	0.40%	0.65%
③　FTSE　Blossom 　　Japan Index	3.90%	5.05%	4.90%	－1.15%	－0.99%
④　S＆P/JPXカーボ 　　ン・エフィシェント 　　指数	5.10%	4.90%	4.90%	0.21%	0.21%

外国株式

	ベンチマーク収益率			超過収益率	
⑤　S＆Pグローバ 　　ル・カーボン・エ 　　フィシェント 　　大中型株指数（除く 　　日本）	当該指数 (a)	親指数 (b)	MSCI ACWI ex J (c)	対親指数 (a－b)	対MSCI ACWI ex J (a－c)
	9.16%	9.11%	8.95%	0.05%	0.21%

（注 1 ）　ベンチマーク収益率は2017年 4 月～2019年 3 月までの収益率（配当込み、年率換算）。GPIFが実際に
　　　　　運用を開始した期間とは異なる。
（注 2 ）　①の親指数（指数組入れ候補）はMSCIジャパンIMIのうち時価総額上位700銘柄（2018年12月より上
　　　　　位500銘柄から変更）
　　　　　②の親指数（指数組入れ候補）はMSCIジャパンIMIのうち時価総額上位500銘柄
　　　　　③の親指数（指数組入れ候補）はFTSE JAPAN INDEX
　　　　　④の親指数（指数組入れ候補）はTOPIX
　　　　　⑤の親指数（指数組入れ候補）はS＆P大中型株指数（除く日本）
（出所）　GPIF「EGS活動報告2018年度」より抜粋。

図表2−4 MSCIのESG指数（MSCI ACWI ESG）

年間リターン（%）	(A) MSCI ACWI ESG Leaders	(B) MSCI ACWI	差 (A − B)	組入銘柄	Index Wt. (%)	Parent Index Wt. (%)
2018	− 8.11	− 8.93	0.82	MICROSOFT CORP	4.46	2.23
2017	23.77	24.62	− 0.85	ALPHABET C	1.66	0.83
2016	8.5	8.48	0.02	ALPHABET A	1.59	0.79
2015	− 1.72	− 1.84	0.12	JOHNSON & JOHNSON	1.47	0.74
2014	5.4	4.71	0.69	ALIBABA GROUP	1.38	0.69
2013	25.13	23.44	1.69	VISA	1.29	0.65
2012	15.87	16.8	− 0.93	PROCTER & GAMBLE	1.24	0.62
2011	− 5.77	− 6.86	1.09	DISNEY（WALT）	1.11	0.55
2010	13.26	13.21	0.05	MASTERCARD	1.07	0.54
2009	35.88	35.41	0.47	INTEL	1.04	0.52
2008	− 39.81	− 41.85	2.04	Total	16.32	8.16

2019年11月29日時点	グロスリターン（%）			標準偏差（%、リスク）			シャープレシオ（リターン/リスク）		
	3年	5年	10年	3年	5年	10年	3年	5年	10年
(A)MSCI ACWI ESG Leaders	12.82	8.04	9.59	11	11.44	12.79	0.99	0.63	0.73
(B)MSCI ACWI	12.55	7.83	9.21	11.29	11.76	13.16	0.95	0.6	0.68

（注） MSCIの代表的なESG指数（インデックス）であるMSCI ACWI ESG Leaders Indexについて、その親インデックスであるMSCI ACWI と比較したもの（網掛けが勝っているほう）。なお、ACWIはAll Country World Indexの略で、先進国と新興国を含む全世界株を代表する株式インデックス。
（出所） MSCI ACWI ESG LEADERS INDEX（USD） Performance資料（2019年11月29日版）より作成。

⑵ CAPM・Fama-Frenchファクターモデルの利用

　学術論文等でよく目にする手法は、CAPMやFama-Frenchの3ファクター・5ファクターモデルを用いて、ESGスコアの区分別の投資パフォーマンスの検証を行う方法である。

　CAPMは、資本資産価格決定モデル（Capital Asset Pricing Modelを略してCAPMという）の通称だが、その証明は他の教科書等に譲るとしてその基本的な考え方を説明する[17]。CAPMの理論のもとでは、市場参加者が等しく正しい情報をもっており、かつ分散投資にコストがかからないような市場では、分散投資によって解消可能なリスクはすべて解消することができるとする現代ポートフォリオ理論の基本的な考え方をもとにしている。この場合、個々の株式に投資する投資家が回避できないリスクは、市場ポートフォリオ（日本でいえばTOPIXなど）の変動によって生じる部分だけになる。ちなみに、分散投資によって解消できないこのリスクのことを「システマティック・リスク」といい、解消できるリスクのことを「非システマティック・リスク」ということはすでに説明したとおりである（本章第1節、図表2−1）。

　このモデルを考えることができる利点は、投資家が個々の株式を購入するときのリスクがわかりやすく表示できることにある。すなわち、合理的な市場で行動する投資家ならば、投資家は分散投資によって消すことができないリスク（＝システマティック・リスク）に対応するのみとなり、それ以外のリスクは分散投資によって消去可能であるため考慮する必要がなくなる。そして、このシステマティック・リスクは、市場ポートフォリオに連動するリスクなのであるから、市場ポートフォリオ価格が1単位変化したときに、当該株式の価格が何単位変動するかという意味でのリスクとなり、β（ベータ）と呼ばれる。システマティック・リスクが高いと市場で認識されている株式のβは高くなることになり、一般的な計測にあたっては、株式リターンを被説明変数にとり、市場ポートフォリオ（TOPIX）を説明変数にとった式について回帰分析をした結果で、市場ポートフォリオの係数として推計された値

---

[17]　CAPMやFama-Frenchモデルの説明は岩村（2005、2013）、日本証券アナリスト協会編（2009）をもとにしている。

がβとなる。そして、その際の定数項が市場ポートフォリオに対する超過リターンとして示されるα（アルファ）である。この推計されたαがプラスで有意となれば、超過リターンを得られたことを意味し、有意な値が得られずゼロと変わらないのならば超過リターンは得られていないことを意味する。

　他方で、Fama-Frenchモデルは、市場は必ずしもCAPMが想定するような効率的な世界ではなく市場ポートフォリオだけでは銘柄間格差を説明することはできないとして、このほかにいくつかのファクターを説明変数として追加したものである。具体的には、企業規模の差、簿価時価比率（スタイルファクター）、収益性ファクター、投資ファクターなどを加えている。

　次に、CAPMやFama and French（1993、2015）によるモデルを推計し、その推計されたαの値について、プラスの値が得られているか、マイナスか、あるいは有意ではないか、を検証する方法を示す（図表2-5）。CAPMは(1)式で示すとおりで株式の対リスクフリーレートに対する超過収益率を被説明変数として、市場ファクター（MKT_t）を説明変数とするモデ

図表2-5　CAPM・Fama-Frenchファクターモデル

$$R_{i,t} - R_{f,t} = a_{1,i} + \beta_{1,i} MKT_t + u_{i,t} \tag{1}$$

$$R_{i,t} - R_{f,t} = a_{3,i} + \beta_{3,i} MKT_t + S_{3,i} SMB_t + h_{3,i} HML_t + u_{i,t} \tag{2}$$

$$R_{i,t} - R_{f,t} = a_{5,i} + \beta_{5,i} MKT_t + S_{5,i} SMB_t + h_{5,i} HML_t + m_{5,i} RMW_t \\ + c_{5,i} CMA_t + u_{i,t} \tag{3}$$

$R_{i,t}$：i 企業株式の t 期間における株式収益率（株式投資リターン）
$R_{f,t}$：リスクフリーレート
MKT_t：市場ファクター（t 期間における市場ポートフォリオリターンとリスクフリーレート（$R_{f,t}$）の差）
SMB_t：規模ファクター（t 期間における大型株ポートフォリオと小型株ポートフォリオのリターンの差）
HML_t：スタイルファクター（t 期間におけるバリュー株ポートフォリオとグロース株ポートフォリオのリターンの差）
RMW_t：収益性ファクター（t 期間における高収益性株ポートフォリオと低収益性株ポートフォリオのリターンの差）
CMA_t：投資ファクター（t 期間における保守的な投資株ポートフォリオとアグレッシブな投資株ポートフォリオのリターンの差）
$u_{i,t}$：誤差項

ルであり、3ファクターモデルは(2)式で示すとおり、同様に、市場ファクター（MKT_t）、規模ファクター（SMB_t）、スタイルファクター（HML_t）の3つのファクターで説明する回帰モデルを推計し、aの有無と統計的な有意性を検証する[18]。

また、5ファクターモデルは、3ファクターに収益性ファクター（RMW_t）、投資ファクター（CMA_t）を加えた(3)式で示される。先行研究のなかには、これらの2ファクターのかわりに、モメンタム要因を加えた4ファクターモデル（Carhart 1997）を用いる例もあり、最近のファクターモデルについての論文ではモメンタム要因を含むものが多いとする指摘もある（たとえばBarillas and Shanken 2018等）。いずれにせよ、効率的市場仮説や現代ポートフォリオ理論からすれば、一時的なアノマリーを除けば、継続的にはプラスの超過収益（a）を得ることはできず、aは有意な値を得られないはずである。

Fama-Frenchファクターモデルを用いる方法は、海外市場におけるESG投資パフォーマンスを計測する際に一般的であり（Renneboog *et al.* 2008b等）、わが国においても、いくつかの研究がみられる（Shirasu and Kawakita 2020、湯山・白須・森平 2019、小方 2016等）[19]。

宮井（2008）は、分析手法のサーベイとして、ESGファクターと投資パフォーマンスの関係を先行研究がどのように扱っているかについて検証しており、①ESG評価機関によるESGスコア等が企業の財務効果（CFP：Corporate Financial Performance）に及ぼす影響を分析するもの、②ESGスコアを用いて株式ポートフォリオのパフォーマンス比較を行うもの、③ESGスコアを用いないでSRIファンドを用いてベンチマークとの比較を行うもの、の3

---

18 ファクターを示すデータはFrenchのウェブサイトで提供されている。（http://mba.tuck.dartmouth.edu/pages/faculty/ken.french/data_library.html）（最終閲覧日：2020年6月5日）。

19 同モデルの共同開発者であるユージン・ファーマ氏（シカゴ大学ビジネススクール教授）も、2013年にノーベル経済学賞を受賞した。ただし、効率的市場仮説に批判的で、行動経済学を主張するロバート・シラー氏（米イエール大学教授）もノーベル経済学賞を同時受賞していることは興味深い（本章コラム：現代ポートフォリオ理論の限界への挑戦も参照）。

種類のうちいずれかの方法を用いているケースが多いと指摘している。

(3) ESGファクターが有意であるか否かを検証

　被説明変数に株式投資リターンをとり、説明変数にESGへの取組みを示す変数（ESGスコア等）に加えて、ROEなどの利益指標やレバレッジ、自己資本比率などの財務指標をコントロール変数（調整ファクター）として、統計的に分析する方法もしばしばみられる（前節(2)の宮井（2008）で示した②の方法）。株式投資リターンのかわりに、企業価値指標（たとえばトービンQ、PBRなど）や収益性指標（ROEやROAなど）などを使うこともある（同①の方法）。

　たとえば、以下の(1)式のように被説明変数としてPBR（株価純資産倍率）をとり、その説明変数として、ESGスコア（$ESG_{i,t}$）や、その他の銘柄ごとの差を説明するコントロール変数（$CTR_{i,t}$）をとって、そのESG要素に係る係数が統計的に有意であるか否かを検証する。この場合、コントロール変数としては、各個別銘柄の規模の影響を調整するための総資産や、収益性の違いを反映させるためのROA（総資産利益率）、リスクを示すベータ値や財務健全性を反映させるための自己資本比率指標などを用いるケースが多い。このほかに、業種による差や年別の影響を排除するためのダミー変数を入れることも多いといえる。

　また、ESGスコア（$ESG_{i,t}$）そのものを用いるかわりに、高・中・低などのいくつかの分位に分けて、ESGスコアの分位ダミー変数（$ESGdum_{i,t}$）をつくり、そのダミー変数が有意となるかどうかを検定することもある（(2)式）。たとえば、高ESGスコアのダミー変数（$ESGdum1_{i,t}$）の係数 β_1 が有意であった場合には、高ESGスコアの群が高い投資パフォーマンスを有することが確認できる。

$$PBR_{i,t+1} = a_i + \beta_{1,i}ESG_{i,t} + \beta_{2,i}CTR_{i,t} + \beta_3 D_{Year,t}$$
$$+ \beta_4 D_{Indus} + u_{i,t} \tag{1}$$

$$PBR_{i,t+1} = a_i + \beta_1 ESGdum1_{i,t} + \beta_2 ESGdum2_{i,t} + \beta_{3,i}CTR_{i,t} + \tag{2}$$

$$+ \beta_4 D_{Year,t} + \beta_5 D_{Indus} + u_{i,t}$$

　ただし、この方法の最大の課題は、統計手法的な問題として、内生性の問題・同時性バイアスへの対処、つまり、説明変数と誤差項の間の相関などが要因となって、推計されたパラメーターが一致性を有しておらず、因果関係の特定がなかなかむずかしいことである。この問題については後述する（本章第3節(4)）。

3　ESG投資パフォーマンス評価に係る課題

(1)　ESG投資パフォーマンスとは何を意味するのか

　これまでにみてきた内容をふまえ、ESG投資のパフォーマンス評価における論点と課題について議論することとしたい。

　ESGに対する取組みを示す指標としては、①ESGパフォーマンス、すなわち企業のESGに対する取組みや効果の度合い（たとえば、CO_2削減、有害物質排出削減などの実績や取組み）、②ESGパフォーマンスの評価、すなわちESG評価機関による企業のESGに対する取組みや効果の度合いの評価（スコア化）、③企業によるESG情報開示・ディスクロージャーに対する取組みの評価（スコア化）、の少なくとも3つがあげられる。このうち、既存研究をみる限り、たとえば②ESGパフォーマンス・スコアと、③ESGディスクロージャー・スコアを混同して、ESGへの取組みとみなし、ESGに対する取組みを明確にせずにESG投資のパフォーマンスの評価を行っている研究もみられる[20]。

　また、ESG投資のパフォーマンスの分析対象についても、純粋に株式投資リターンをみるものから、企業価値（資本コスト、トービンQ、PBR）や企業収益などのCFP（Corporate Financial Performance）、負債調達コスト（債券ス

20　代表的なESG開示スコアはBloomberg開示スコアである。このため、本書ではBloomberg開示スコアだけを取り上げる場合にはESG開示スコアと呼ぶ。

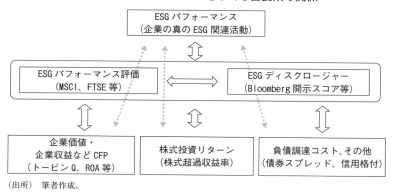

図表2−6　ESG投資パフォーマンスをめぐる各要素の関係

（出所）　筆者作成。

プレッド、調達金利など）など多岐にわたり既存研究の対象も幅広い。

　このため、ESG投資のパフォーマンス評価を行うにあたっては、上記の各要素を明確にしながら行う必要があるだろう。図表2−6は、ESG投資パフォーマンス評価をめぐる上記の各要素の関係を示したものであるが、すべての関係性をみると複雑な連立方程式を解くかのようになるため、焦点を絞って行うことが適切といえる。

　また、GPIFに代表されるように、最近のESG投資では個別株の超過リターン（a）に関心があるのではなく、マーケット全体のリターン向上を目指したものであることも多い。特に、「ベータの向上」として、エンゲージメント（対話、働きかけ）を通じて、aではなく市場全体のリターンを向上させていくことは、上場企業すべてが投資対象となるユニバーサル・オーナーにとっては有効な方法であり、社会的にも意義がある。では、この場合に、市場全体のリターン向上のESG投資による効果はどのように計測すればよいのかという問題が生じる。たしかに、アベノミクス以降に日経平均株価は大幅に上昇したが、このうちESG要因（特にガバナンス要因）はどの程度なのかということを推計することはなかなか困難であろう。

　さらに、これまでの既存研究は、株式投資リターンの分析が多くを占めており、債券や融資の際の借入金利への影響等を検証した研究は少ない。特に

わが国のケースについてはほとんどみられない。周知のとおり、わが国では、企業の資金調達の多くを金融機関借入れでまかなっており、実はこうした負債調達コストへの影響をさらに検証することが学術的にも実務的にもニーズが高い分野であるように思われる。

ESG投資は、本来的には長期的な効果を目指したものであり、その投資パフォーマンスの検証に際しても、長期的に経済的価値と両立するESG投資となっているかを検証していくことが課題であろう。わが国においてESG投資がまさに大きな注目を集めたのは、最近数年のことであるが、Dimson et al. (2015) によれば、成功するエンゲージメントが、投資リターンの最大の効果を得るのに16カ月程度を要するとされる。この点で、今後、長期的な投資効果を検証していくことが求められる。

(2) そもそも優れたESGに対する取組みとは何か

ESGパフォーマンスの評価に際しては、そもそもESGの各要素について、どういった状態であれば優れているのかの定義もむずかしい。環境（E）については、たとえばCO_2排出量や有害物質排出量の削減で示せれば比較的わかりやすいといえるかもしれない。それでも、Eの評価をする際には、たとえば廃棄物に関しては、実際の排出量がどうなったか、という視点もあれば、廃棄物処理方針を定めているか否か、といった観点からの評価もありうる。後者の場合には、処理方針を定めていても、実際の廃棄物排出量が増加したらどう考えるべきかといった論点はあるだろう。

また、ガバナンス（G）や社会面（S）について、優れたガバナンスや社会面での取組みの定義はさらにむずかしいといわざるをえない。たとえば、どのようなガバナンスが優れているのかについては多くの議論があるところである。具体的にいえば、コーポレートガバナンス・コードでは、「独立社外取締役を少なくとも2名以上選任すべきである」としているが[21]、では実際に独立社外取締役が多いとよいガバナンスといえるのかというとおおいに

---

21 コーポレートガバナンス・コード【原則4－8．独立社外取締役の有効な活用】に記載。

議論のあるところである（本章コラム：「よいガバナンスとは何か」参照）。ガバナンスの目的が、「守りのガバナンス」として会社の不祥事抑制にあるならば、その仕組みを評価するという方法もあるかもしれないが、仕組みが整っていても不祥事が発生した場合にはどのように評価すべきか、といった問題が生じる。他方で、ガバナンスの目的が、「攻めのガバナンス」として収益向上に資するような仕組みづくりも意図する場合には、実際に収益向上につながっているかという視点もあるかもしれない。投資家目線でみれば、経営者との間のエージェンシー・コストの低下、株価急落リスクの低減、株価・配当などの上昇を通じた投資パフォーマンス向上にも資するかといった視点も重要だろう。しかし、ガバナンスの仕組みをつくって、成果につながらなかった場合にはどう評価すればよいのかといった問題が残ることは明らかだろう。

　また、S（社会的）の意味でのよい企業とは何かという問いについては、そもそも定義からして単純ではないだろう。Sの意味について、ESG評価機関の項目から考えてみると、たとえばダイバーシティーの観点から、女性取締役や外国人役員比率があげられたりすることがある。しかしながら、女性・外国人役員が多くダイバーシティーが進んでいれば単純によい企業か、業績向上につながるのか、というと議論もあるところだろう。また、労働環境という観点からいえば、たとえば残業の少ない会社がよい会社かというと、必ずしもこれだけで評価できないのは明らかであろう。Sの意味で、どのような評価を行えばよいかが非常にむずかしい点であるといえる。

　このことからみても、ESG評価会社がガバナンス等のよしあしをどのような観点から評価しており、また、その評価結果が適切なものであるかについての検証もまた実はむずかしいといえる（この問題については第3章でも議論する）。

よいガバナンスとは何か
独立社外取締役の効果に関する実証分析

　よいガバナンスとは何だろうか。実はこれは非常にむずかしい論点である。わが国でもコーポレートガバナンス・コードが定められ、具体的には独立社外取締役を 2 名以上設置することなどが求められたのは本文でも述べたとおりである。では、独立社外取締役の設置は本当にガバナンス向上に貢献しているといえるのだろうか。もちろん、よいガバナンスとは何かという根本的な定義に関する問題が最初に来ることは当然であるが、ここでは独立社外取締役の設置が、企業価値向上に資していたかという観点からの分析を紹介する[22]。

　米国では、独立社外取締役に関する先行研究が多いが、企業価値に対して独立社外取締役の有効性を明確に証明する研究は実は少ないとされる。具体的には、Stein and Plaza（2011）は32の先行研究を、Romano（2005）は16の先行研究を分析し、その効果については、肯定・否定の結果が混在し、明確な証明はされていないと結論づけている。また、Adams and Ferreira（2007）、Coles *et al.*（2008）は、取締役会の最適構成仮説を唱え、企業の内部者のみが知りうる情報が多い新興企業・Ｒ＆Ｄ企業などでは、内部者と外部者との情報の非対称性が大きく、独立社外取締役の助言に期待できないが、情報の非対称性が少ない大企業では、外部者である独立社外取締役が機能する可能性を指摘している。

　他方で、独立社外取締役の設置は、業績の悪い会社のCEO解任には効果があるという研究もある（Laux 2008）。すなわち、業績の悪い会社のCEOを監視できない場合には、自己の独立社外取締役としての評判に影響が生じるためとしており、米国では 2 ％のＳ＆Ｐ 500企業のうちのCEOが毎年解任されているとされる。英米で独立社外取締役がCEO解任などに効果を発揮していると考えられる理由としては、①米国では訴訟によるチェックが働く（不十分な監視だと株主代表訴訟）、②敵対的なM＆Aが多い、③実績のある独立社外取締役が豊富（名誉が大事）、などがあげられるそうである。

　わが国における独立社外取締役の効果に関する実証分析の結果からも、明確なことは示されず、定説はなくまちまちである。独立社外取締役の効果が一定程度確認された実証分析の成果として、たとえば宮島・新田（2006）は、1998～2004年のデータを用いて取締役会規模の縮小や独立社外取締役の招聘には、確実なパフォーマンス向上効果が確認できると指摘する。また、内田

22　独立社外取締役と企業パフォーマンスの議論については、藤田（2015）、宮島・小川（2012）等における議論をもとにしているので、詳しくはこれらを参照されたい。

（2009）は、独立社外取締役がまったく存在しなかった企業が独立社外取締役を導入した場合、その前後でトービンQが有意に上昇すると指摘し、齋藤（2011）も、1997〜2008年について分析し、取締役会の独立性が株主価値最大化よりも経営者の意向に沿って決定されている一方で、独立社外取締役導入によってROAが改善することを指摘する。

　一方で、独立社外取締役比率の上昇は、平均的にはパフォーマンスの向上に寄与していないとする研究成果もみられる。齋藤（2017）は、独立社外取締役数が、業績（ROA、ROE、トービンQ）に与えた影響・因果効果を推定すると、東証1部ではほとんど有意ではなく（影響なし）、東証2部ではマイナスの影響との結果を示すと指摘する[23]。また、Coles and Uchida（2018）は、日本では、取締役への就任が、個人能力評価と昇進のための競争として重要な役割を果たしており、企業価値の源泉になる可能性を有しており、特に、CEOより若い社内取締役の割合は、企業業績と正の相関があることを指摘する。

　このように独立社外取締役の効果に関する研究結果もまたまちまちであり、コーポレートガバナンスに対する取組みにおいて、形式よりも実質が重要であると指摘されるゆえんであろう。

(3)　ESG評価を行う項目やデータはあるか

　仮に、優れたESGに対する取組みが何かを定めたとしても、次に課題となるのは、それをどのように評価するかという点であろう。当然のことながら、評価のためにはデータやインタビューが必要となることも多い。わが国の上場企業においても統合報告書などが整備されつつあるが、それでも多くの場合において評価データが一定程度あるのは大企業にとどまる場合が多く、このため、ESGスコア自体も大企業中心とならざるをえない。

　図表2−7は、一例として、Bloomberg ESG開示スコアにおける評価項目を示している。各ESG評価機関においても、おおむね同じような観点からの項目をチェックして評価し、ESGスコアを作成しているものと思われる。当然のことながら、実際にはこれらの項目について、すべての企業でデータがあるわけでもなく、多くのデータは開示されていないし、そもそも集計されてもおらず、存在しないことすらもある。

23　ただし、これらの分析についても、因果関係の問題は指摘されている（本節(4)参照）。

環境情報開示スコア	社会情報開示スコア	ガバナンス情報開示スコア
開示率	従業員総数	取締役会の構造
開示タイプ	パートタイム雇用者数	取締役数
報告の一貫性	臨時雇用者数	単・二層取締役会制度
CO_2直接排出量	請負業者数	取締役会従業員代表数
CO_2間接排出量		階層的な役員会システム
CO_2総排出量	従業員離職率	監査役数
メタン排気量（千トン）	組合加入従業員比率	社外監査役数
亜酸化窒素直接排出量	従業員平均年齢	独立監査役数
6フッ化硫黄直接排出量	女性従業員比率	執行役員制
出張経路排出量（千トン）	女性管理職比率	取締役兼務執行役員数
	従業員マイノリティー比率	取締役兼務執行役員比率
メタンガス直接排出量—CO_2換算	障害者従業員（％）	財務委員（取締役）会人数
亜酸化窒素直接排出量—CO_2換算	マイノリティー管理職比率	ファミリーカウンシル
HFC直接排出量—CO_2換算		
PFC直接排出量—CO_2換算	従業員負傷数	
SF 6 直接排出量—CO_2換算	請負業者総事故数	取締役会の独立性
GHGスコープ 1	損害事故による非就労時間	社外取締役数
GHGスコープ 2	休業災害度数率（LTIR）	社外取締役比率
GHG総排出量	休業災害度数率（LTIR）（請負業者）	独立取締役数
GHGスコープ 3	記録可能事故件数合計	独立取締役比率
Carbon Offsets	記録可能事故件数合計(請負業者)	CEO会長兼務
Carbon per Unit of Production	死亡者数—従業員	独立取締役会長
	死亡者数—契約業者	独立筆頭取締役
NO_x排出量	死亡者数—合計	筆頭取締役
SO_2排出量	死亡者数—第三者	前最高経営責任者または同格取締役
SO_x排出量		
VOC排出量	サプライチェーン社会的リスク管理	取締役会の多様性
	サステナビリティ・サプライヤーガイドラインESG開示	
CO排出量	監査済サプライヤー数	女性取締役数
ODS排出量	サプライヤー監査実施数	女性取締役比率
微粒子排出量	監査済サプライヤー施設数	女性最高経営責任者（同等者）
	監査済サプライヤー（％）	女性会長（同等者）
エネルギー消費量合計	非遵守サプライヤー（％）	役員・経営幹部・執行役員数
電力使用量		社内昇格CEO（同等者）
再生エネルギー使用量	顧客苦情件数	女性役員数
Renewable Energy Certificates	地域社会活動費	女性役員比率
Power Purchase Agreement		最年少取締役年齢
Self Generated Renewable Electricity	従業員トレーニング費用	最年長取締役年齢
燃料使用量—石炭・褐炭	社員研修時間数	取締役年齢幅
燃料使用量—天然ガス		取締役平均年齢
燃料使用量—原油・ディーゼル油	Gender Pay Gap Breakout	取締役上限年齢
代替燃料使用量（％）	男女間賃金格差(%)(上級管理職)	
	男女間賃金格差（％）（中間＆その他管理職）	
バイオマス燃料使用量（％）	男女間賃金格差(%)(除く管理職)	取締役就任期間（年数）
単位生産量当りエネルギー消費量		執行取締役任期
水使用量合計		取締役委員会
取水量合計	BBBEE評価レベル	取締役会開催数
地表水使用量	BBBEE総合スコア	取締役会出席率
地下水使用量	BBBEE＆黒人／HDSA所有権比率	独立取締役出席率
塩水使用量		取締役会出席率75％以下取締役数
地方自治体水使用量	健康・安全政策	
再生水利用	公平な報酬政策	監査委員会
リサイクル済水量合計	研修方針	監査委員会人数

環境情報開示スコア	社会情報開示スコア	ガバナンス情報開示スコア
水のリサイクル比率	従業員CSRトレーニング	監査委員会独立取締役数
水・生産設備（リットル）	雇用機会均等政策	監査委員会独立取締役比率
水ストレス・エクスポージャー（%）	人権政策	独立監査委員会議長
	児童労働防止策	監査委員会社外取締役数
製造使用水量		監査委員会ミーティング
冷却水流入量	企業倫理ポリシー	監査委員会出席率
	賄賂防止倫理ポリシー	報酬委員会人数
冷却水流出量	内部告発者保護ポリシー	報酬委員会独立取締役数
排水量合計		報酬委員会独立取締役比率
処理済排水の放出量	国連グローバルコンパクト加盟	独立報酬委員長
排水量	責任投資原則署名	報酬委員会社外取締役数
COD排出量	赤道原則署名	報酬委員会回数
生物学的酸素要求（BOD）排出量	SRI基準管理資産	報酬委員会出席率
窒素放出量		社外報酬アドバイザー指名
リン放出量	Bloomberg男女平等指数	役員報酬コンサルタント提供サービス
	外国籍女性従業員（%）	報酬コンサルタント手数料
総廃棄物量	CDOまたは同等者	対報酬顧問会社役員報酬顧問料
有害廃棄物	女性営業職比率の有無	報酬顧問料比率
採掘廃棄量	女性営業職比率	指名委員会
採掘表土	女性従業員増加率	指名委員会人数
尾鉱廃棄量	女性昇進／昇進合計比率	指名委員会独立取締役数
廃棄物回収量		指名委員会独立取締役比率
埋立地への廃棄量	世界最低有給出産休暇週数	独立指名委員会議長
紙消費量	世界最低パートナー有給育児休	指名委員会社外取締役数
紙回収量	暇週数	
	有給産前産後休暇（米国）	指名委員会回数
原材料使用量	有給産前産後休暇週数（米国）	指名委員会出席率
再生原料比率	母親有給育児休暇平均週数(米国)	CSR／持続性委員会
持続可能資源からの原材料（%）	パートナー有給育児休暇（米国）	関連企業委員会
ガス排出量	育児休暇週数（米国）	戦略委員会
漏流回数	父親有給育児休暇平均週数(米国)	取締役会・役員の活動
汚染物質排出量（千トン単位）	職場復帰プログラム	CSR社外取締役数
Hydrocarbon Spills	完全育児休暇取得従業員比率	執行取締役（CSR担当）
総発電量		ESG関連役員報酬
原子力発電／総電力生産（%）	フレックスワーク・スケジュール	ESG連動取締役報酬
太陽熱発電／総電力生産（%）	フレックスワークプレイス制度	役員報酬クローバック条項
		経営権変更手当・ゴールデンパラ
		シュート契約
リサイクル携帯電話数	管理者向け無意識バイアス研修	訴訟関与役員候補者数
環境違反罰金回数	性別に基づく給与査定の有無	政治献金
環境違法罰金額	女性向け従業員グループ	対政府支払済租税
ISO 14001　認証サイト	従業員開発プログラム	株主権
所有地・事業所数	開発プログラムへの女性参加率	特別取締役会召集に必要な株式保有
認定所有地・事業所（%）	メンタリング・プログラムへの	率
	女性参加率	
環境関連会計コスト	コーチング・プログラムへの女	ポイズンピル条項
	性参加率	
企業の持続可能性への投資	支援プログラムへの女性参加率	年次総会　投票結果
	女性採用戦略	給与発言権条項
Renewable Electricity Target	ジェンダー・ダイバーシティー	監査人の承認
Policy	候補者必須	
エネルギー効率化政策	女性役員比率目標	監査人雇用年数
排気量削減計画		役員報酬
環境サプライチェーン管理政策	女性向け金融教育プログラム	社外役員報酬
環境配慮型ビル政策	女性向け健康教育プログラム	役員数
廃棄物削減政策	男女平等支援ロビー活動	監査役数
水政策	サプライヤー多様性プログラム	社外役員数
エコフレンドリー包装政策	男女平等機関メンバー	役員への基本報酬
環境管理政策	男女平等機関献金者	監査役への基本報酬
気候変動に伴う事業機会		社外役員への基本報酬
気候変動リスク	女性顧客向けリソース	役員への賞与
気候変動対応策	女性向け商品の有無	監査役への賞与
気候変動対応新製品開発	顧客の男女比率の有無	社外役員への賞与
生物多様性保護政策	女性所有企業向け製品	役員へのストックオプション
第三者審査タイプ	女性向け非金融サービス	監査役へのストックオプション
		社外役員へのストックオプション

（出所）　Bloombergより作成。

図表２－８　データのある企業数

2015年		2014年	
項目名	データの ある企業数	項目名	データの ある企業数
取締役数	1,976	取締役数	1,965
取締役就任期間（年数）	1,974	取締役就任期間（年数）	1,963
独立取締役数	1,959	ESG開示スコア	1,963
独立取締役比率	1,959	ガバナンス情報開示スコア	1,961
ESG開示スコア	1,923	独立取締役数	1,953
ガバナンス情報開示スコア	1,923	独立取締役比率	1,953
取締役会開催数	1,873	取締役会開催数	1,821
従業員総数	1,086	従業員総数	1,153
社会情報開示スコア	1,082	社会情報開示スコア	1,151
環境情報開示スコア	996	環境情報開示スコア	1,054
組合加入従業員比率	568	組合加入従業員比率	607
CO_2総排出量	503	CO_2排出量	542
総廃棄物量	477	総廃棄物量	506
エネルギー消費量合計	473	エネルギー消費量合計	501
水消費量	451	水消費量	480
エネルギー当りCO_2排出量	412	エネルギー当りCO_2排出量	444
地域社会活動費	268	地域社会活動費	299
NO_x排出量	209	NO_x排出量	227
環境違反罰金回数	139	環境違反罰金回数	142
環境違法罰金額	131	環境違法罰金額	133
GHG総排出量	124	GHG総排出量	121
紙消費量	116	紙消費量	115
従業員負傷数	97	従業員負傷数	108
CO_2直接排出量	63	CO_2直接排出量	65
CO_2間接排出量	63	CO_2間接排出量	64
女性従業員比率	57	女性従業員比率	55
女性管理職比率	47	女性管理職比率	46
取締役会出席率	20	取締役会出席率	20
有害廃棄物	12	有害廃棄物	12
死亡者数 － 合計	9	死亡者数 － 合計	10
従業員離職率	8	従業員離職率	7
死亡者数 － 従業員	6	死亡者数 － 従業員	7
損害事故による非就労時間	4	損害事故による非就労時間	5
死亡者数 － 契約業者	3	マイノリティー管理職比率	3
CO_2排出量	2	CO_2排出量	2
マイノリティー管理職比率	2	死亡者数 － 契約業者	2
SO_2排出量	2	SO_2排出量	2
従業員マイノリティー比率	0	従業員マイノリティー比率	0
政治献金	0	政治献金	0

（出所）　Bloombergより作成。

図表 2 − 8 は、やや古いものとなるが、各データ項目について、東証 1 部
上場企業において、Bloomberg でデータが示されている企業数を示したもの
である。金融商品取引法や会社法で開示が法定されている項目が多いガバナ
ンス関連のデータは比較的多くの企業で開示されているが、環境や社会関連
のデータはそもそも評価するためのデータ開示が少ないといえる。

⑷　パフォーマンスの要因追求、因果関係の特定のむずかしさ

　第 5 章で議論する既存研究のサーベイの結果によれば、投資効果がポジ
ティブとする研究においても、その理由は理論的にも実証的にも謎（パズ
ル）であり、さらなる研究の余地が多いとの指摘（Renneboog *et al.* 2008b）
があるとおり、パフォーマンスの要因追求もまた非常にむずかしい。これに
加えて、投資効果の要因のうち、ESG 要因に関する因果関係を特定する統計
分析技術的な問題もある。これは、ESG 投資パフォーマンスの計測に限る問
題ではなく、コーポレートガバナンスの効果検証など、広く社会科学におけ
る分析一般に当てはまることではある[24]。

　たとえば、株式投資リターンに影響を与える要素としての、ESG 要因の抽
出は実はきわめてむずかしい。株式投資リターンには、企業収益も影響を与
えるし、その他のマーケット全体要因も影響を与える。回帰モデル等によっ
て因果関係を求めようとしても、これらの説明変数間に内生性の問題や同時
性バイアスが生じている場合には、推計されたパラメーターが統計的な意味
で一致性を有せず、仮に有意であったとしても、みせかけの因果関係が生じ
ている可能性もある。すなわち、ESG への取組みが優れているから株式パ
フォーマンスがよいのか、業績が好調で株式パフォーマンスがよいから ESG
への取組みが優れているのか、の識別がむずかしい。また、ESG スコアは、
時価総額が大きい銘柄が高い傾向にあるが、このため、仮に株式投資リター
ンが高い場合にはそれは ESG スコアが高いからではなく、時価総額が大きい
銘柄が多く買われたためである可能性もある。

24　同様の問題は、コーポレートガバナンスと企業業績の間の関係の実証分析などでも、
　　常に指摘され続けてきた問題である。たとえば、宮島編（2017）などを参照。

実際、実証分析ではESG要因と株式リターンにはポジティブな関係を指摘する研究が多かったが、それも本当にESG要因を抽出できていたか、みせかけの相関ではないのか、と疑問が残るものも散見される。統計手法的には、二段階最小二乗法、操作変数法やGMM等の手法を用いて因果関係を計測することで対処することが多いが（なかには、これすらも実施していない研究もみられる）、必ずしも明確に識別できるとは限らない。この問題は、常に付きまとう問題であるため、実証分析を検証する際には注意してみていく必要があるだろう。

第 3 章

ESGスコアに関する課題

●本章の要約

　ESGに対する取組みや効果の度合い（ESGパフォーマンス）を示す情報として、ESGスコアがある。ESG投資を行う際の参考となる情報であり、これらのESGスコアを提供するESG評価機関も多く存在する。ESG評価機関には、株式インデックスを提供する会社、金融情報ベンダー、気候変動・環境評価などの会社、ガバナンス評価会社などのさまざまなバックグラウンドを有する会社があるが、市場で投資家から注目を集めるESGスコアはある程度限られてきている。

　これらのESGスコアには、ガバナンスや気候変動の評価、ディスクロージャー評価に強みがあるといった特徴があり、ESGスコアを活用してESG投資を行う際には、こうしたESGスコアの特徴に留意して行う必要があるだろう。ESGスコアについては、ESG評価機関によって同じ企業であってもESGスコアがまったく異なることがあるとも指摘されており、たとえば、GPIFが2つのESG指数（FTSEとMSCI）の構成銘柄のESGスコアをプロットしたところ、ほとんど無相関であったと指摘したことは有名である。

　ESGスコアは、一般的には、規模が大きい会社に付与される傾向にあること、ガバナンススコアではその散らばり度合いが小さいうえに、分布に偏りがあるケースが多い、といった特徴がある。もっとも、これらの特徴は、すべてのESGスコアに当てはまるわけではない。海外の学術研究をみても、スコア間の相関が小さいことに加えて、収斂傾向にもないことが指摘されている。

　ESGスコアは、それが正しいのか否かについて、客観的に検証することがむずかしい。理想的なESGスコアは、各企業のESGへの取組みを的確に示し、企業の長期的なサステナビリティや、ESGへの取組みのインパクトをも的確に示すものなのだろう。もっとも、実際に、その企業のESGへの取組みが長期的なサステナビリティに資しているかは、長期的な結果を待つ必要があることから、その答えがすぐには出ない。この点が、デフォルト率の実績などからスコアの質も評価可能な社債の信用格付とは異なるところである。最近では、ESG評価と同じような観点から、インパクト評価が大きな課題と

なってきている。ESG投資といっても、実際にどのようなインパクト（効果）があるのかを示すことが必要ということであり、先端的な研究課題として意識されている。

1 ESGスコアとは何か

(1) ESGパフォーマンスの評価とESGスコア

ESG投資パフォーマンスとESGパフォーマンスは、用語こそ似ているがまったく異なるものを意味する。前者はESG投資の結果としての財務的リターンなどのまさに投資パフォーマンスを意味するのに対し、後者はそもそも企業のESGに対する取組みや効果の度合いを意味する。そして、投資家がESG投資を行うにあたって、投資先の企業がどのようにESGに取り組んでいるのかを把握するための情報として、「ESGスコア」が参考になる[1]。ESGスコアによって、投資家が、投資先企業のESGへの取組みや効果の度合いを容易に認識することができるためである。

(2) ESGスコアを提供するESG評価機関

ESGスコアは、社債のデフォルト確率などのクレジット情報を示す社債の信用格付の仕組みと似ているが、社債の信用格付とは異なり、企業側が、ESGスコアを提供する機関（以下、ESG評価機関という）に費用を支払って、ESGスコアを取得する仕組みではない。ESG評価機関による、一種の「勝手格付」であるといえる。一般的には、ESG評価機関は、ESGスコアを利用する投資家などから収入を得る仕組みである。ESG評価機関は、近年、ESGに

---

1 ESGスコアというほかに、ESG格付、ESGレイティングなどと呼ばれることもあるが、本章では基本的にESGスコアで統一する。
　なお、後述するように、実はBloomberg開示スコアはESGパフォーマンスを示すESGスコアではなく、ESG情報の開示の度合いを示すESG開示スコアである。このため、Bloomberg開示スコアのみを取り上げる場合には、ESG開示スコアという（第2章第3節注20参照）。ただし、一般的なESGスコアを示す場合には、Bloomberg開示スコアも含めてESGスコアという。

対する注目の高まりなどを背景に、社債格付会社や大手株式インデックス会社を中心に買収・合併を伴う再編がなされてきている。このようなESG評価機関には、大きいものから小さいものまで含めれば数百以上あるといわれているが、市場で投資家から注目を集めるESGスコアはある程度限られてきているといえる。

具体的には、BloombergやThomson Reutersといった金融情報を提供するベンダーの提供するESGスコアや、FTSEやMSCIといった株式インデックスを提供する会社の提供するESGスコア、このほかにRobecoSAM、CDP、Sustainalytics、ISS、Vigeo-Eiris等といったESGスコアがあり、環境評価に強いスコアやガバナンス評価に強いESGスコアなどさまざまである（SustainAbility 2020）（図表3－1）。

(3) 投資家・利用者によるESGスコアの評価

では、これらのESGスコアにはどのような特徴があり、投資家などの利用者からはどう評価されているのだろうか。

わが国でも有名なものとしてはGPIFに採用されたESG指数のもととなったFTSEやMSCIのESGスコアであろう[2]。GPIFがESG指数を採用した際の基準（評価ポイント）をみると、公募の趣旨として「ESGの効果により、中長期的なリスク低減効果や超過収益の獲得が期待される指数」であることが求められており、さらにESG評価に基づくポジティブ・スクリーニングを基本として、特定の財・サービスを提供する会社を形式的に除外すること（ネガティブ・スクリーニング）を行わず、株式市場の底上げを図るために幅広い企業に指数の採用の機会を設けている指数を評価したとしている。また、ESG情報の開示促進を促すために、ESG評価手法、評価結果の詳細な開示、評価結果の企業へのフィードバック、ESG指数を利用する投資家との対話を積極的に行っていると評価している。さらに、ESG評価会社のガバナンス・利益相反管理なども評価ポイントとなっている。

2　GPIFプレスリリース「ESG指数を選定しました」（2017年7月3日）参照。

図表 3 - 1　主なESG評価機関が提供するESGスコア

ESGスコアの名称	提供会社
Bloomberg ESG Disclosure Scores	Bloomberg（金融情報ベンダー）
CDP Climate, Water & Forests Scores	CDP（2000年設立の「カーボン・ディスクロージャー・プロジェクト」前身の気候変動や環境分野に取り組む団体）
FTSE Russell's ESG Ratings	FTSE（株式等のインデックス提供会社）
ISS QualityScore	ISS（Institutional Shareholder Servicesとして議決権基準などのガバナンス関連情報を提供する会社）
MSCI ESG Ratings	MSCI（株式等のインデックス提供会社）
RobecoSAM Corporate Sustainability Assessment	S＆P Dow Jones Indices（株式等のインデックス提供会社。2019年に同社がスイス本拠のRobecoSAMからESG評価事業を買収）
Sustainalytics' ESG Risk Ratings	Sustainalytics（オランダ本拠のESG評価会社）
Thomson Reuters ESG Scores	Thomson Reuters（金融情報ベンダー、Rifinitiveが買収）。旧Asset 4 の後継スコア。
Vigeo-Eiris Sustainability Rating	Vigeo-Eiris（フランス本拠のESG評価会社）。2019年に格付会社Moody'sが買収
東洋経済ESGオンライン（CSR企業総覧）	東洋経済新報社（出版社）

（出所）　SustainAbility（2020）、Bloomberg、各社ウェブサイトより作成。

　このほかに、わが国では、東洋経済新報社が長くCSRスコアを提供し、近年ではこれをESGスコアにして提供している。SustainAbility（2020）は、サステナビリティ関連のエキスパートや投資家に対して行ったアンケート結果をまとめて公表している。当該アンケート結果によれば、投資家によって、最も多く利用されているESGスコアは、MSCIとSustainalyticsであり、カバー範囲が広いことなどが好まれているようである[3]。また、取り上げたESGスコアについては、CDP、ISS、RobecoSAMなどのスコアが、格付の質や有用性などの観点から、サステナビリティ関連の専門家から評価されていると示されている（図表 3 - 2）[4]。

3　SustainAbility社は、サステナブル経済に関するシンクタンク・アドバイザリーファームであり、これらに関連するコンサルティング等を提供するERMグループの一会社。
4　SustainAbility（2020）には、投資家に対するアンケート結果も含まれているが、サンプル数が25と、専門家サーベイ（319）に比べるときわめて少ないことから留意する必要があるといえるだろう。

図表 3 − 2　Rate the Raters 2020によるアンケート結果（抜粋）

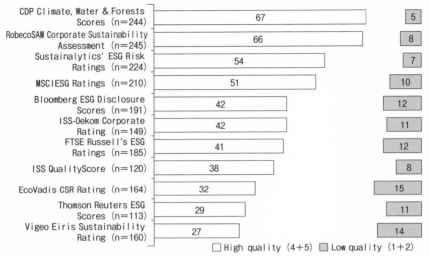

ESG Ratings Quality (Expert Survey)

	High quality (4+5)	Low quality (1+2)
CDP Climate, Water & Forests Scores (n=244)	67	5
RobecoSAM Corporate Sustainability Assessment (n=245)	66	8
Sustainalytics' ESG Risk Ratings (n=224)	54	7
MSCI ESG Ratings (n=210)	51	10
Bloomberg ESG Disclosure Scores (n=191)	42	12
ISS-Oekom Corporate Rating (n=149)	42	11
FTSE Russell's ESG Ratings (n=185)	41	12
ISS QualityScore (n=120)	38	8
EcoVadis CSR Rating (n=164)	32	15
Thomson Reuters ESG Scores (n=113)	29	11
Vigeo Eiris Sustainability Rating (n=160)	27	14

□ High quality (4+5)　■ Low quality (1+2)

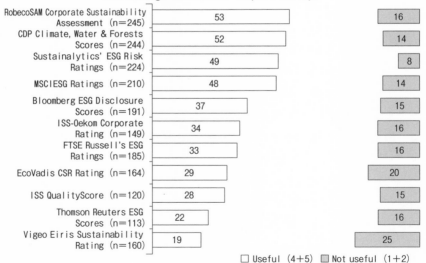

ESG Ratings Usefulness (Expert Survey)

	Useful (4+5)	Not useful (1+2)
RobecoSAM Corporate Sustainability Assessment (n=245)	53	16
CDP Climate, Water & Forests Scores (n=244)	52	14
Sustainalytics' ESG Risk Ratings (n=224)	49	8
MSCI ESG Ratings (n=210)	48	14
Bloomberg ESG Disclosure Scores (n=191)	37	15
ISS-Oekom Corporate Rating (n=149)	34	16
FTSE Russell's ESG Ratings (n=185)	33	16
EcoVadis CSR Rating (n=164)	29	20
ISS QualityScore (n=120)	28	15
Thomson Reuters ESG Scores (n=113)	22	16
Vigeo Eiris Sustainability Rating (n=160)	19	25

□ Useful (4+5)　■ Not useful (1+2)

（注）　Quality Surveyについては、質（たとえば、優れているか（Excellence）、頑健性（Robustness）、評価の正確性（Accuracy of evaluation）の観点から、回答者が5段階で評価している。また、Usefulnessについては、有用性（そのスコアがどれだけ有用と考えるか）の観点から、回答者が5段階で評価している。結果は、高評価（4＋5）と低評価（1＋2）の割合がそれぞれ示されている。
（出所）　SustainAbility（2020）より抜粋。

さらに、SustainAbility（2020）の同アンケートによれば、これらのESGスコアに対する今後の期待としては、①質・メソドロジー開示の向上、②重要な項目に対するより大きな焦点を当てること、③企業の財務パフォーマンスとのリンク、などが指摘され、さらに④格付メソドロジーの間での統一性拡大や比較可能性の拡大なども期待されている。

2　ESGスコアの違いについて

(1)　GPIFの指摘

　各ESG評価機関の提供するESGスコアには、それぞれ特徴があり、実際にESGスコアを参考にしてESG投資を行う場合には、その特徴を把握したうえで行うことが重要である。なぜならば、各ESGスコアは、その強み（環境に強いのか、ガバナンスに強いのか、ディスクロージャーを重視しているのか）、評価メソドロジー、評価対象会社、評価項目、提供される方法、更新頻度などで特色が大きく異なることもあり、同じ企業であってもESG評価機関によってまったく異なるESGスコアが付されることもしばしば見受けられるためである。

　この点で、GPIFは、ESG情報評価機関の付与するスコアについて、非常に興味深い点を指摘したことで有名である[5]。すなわち、GPIFが2017年にESG指数（インデックス）として採用した2つの指数の構成銘柄（FTSEとMSCI）のESGスコアをプロットしたところ、ほとんど無相関であり、一方で高いESGスコアを得た銘柄が、もう一方の指数では必ずしも高評価ではなかったとしている（図表3－3）。相関係数で0.2～0.3の間であった。

　GPIFが採用したMSCIとFTSEによるESG指数は、ともに株式インデックスを作成する会社が提供するESGスコアであるが、やはりメソドロジーが大きく異なることに起因するものと考えられる。たとえば、MSCIは、業種区

5　GPIFプレスリリース「ESG指数を選定しました」（2017年7月3日）参照。

図表 3 − 3　FTSEとMSCIのESGスコアの比較

A　国内株式 2017 年 3 月末

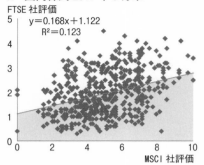

FTSE 社評価

y＝0.168x＋1.122
R²＝0.123

MSCI 社評価

B　国内株式 2018 年 3 月末

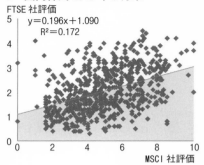

FTSE 社評価

y＝0.196x＋1.090
R²＝0.172

MSCI 社評価

C　国内株式 2019 年 3 月末

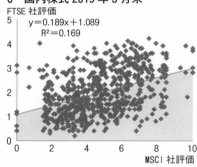

FTSE 社評価

y＝0.189x＋1.089
R²＝0.169

MSCI 社評価

D　FTSE 社と MSCI 社の ESG 評価の回帰分析：決定係数（R²）と傾き（β）

R²	2017 年 3 月	2018 年 3 月	2019 年 3 月
国内株式	0.123	0.172	0.169
外国株式	0.249	0.256	0.299

β	2017 年 3 月	2018 年 3 月	2019 年 3 月
国内株式	0.168	0.196	0.189
外国株式	0.208	0.213	0.231

(注)　同一企業について、横軸がMSCIによる評価、縦軸がFTSEによる評価の結果をプロットしたもの。
(出所)　GPIF「2018年度ESG活動報告」より抜粋。

分の影響が大きく、各指標が業績にどう直結するかという点を重視して評価
しているのに対し、FTSEは統合報告書などの公開情報をもとにESGリスク
に対する企業の対応を評価するとされる[6]。なお、MSCIスコアについては、
GPIFのみならずその前身となったKLDスコアについてDorfleitner *et*

---

[6]　『SDGs、ESG社会を良くする投資』（日本経済新聞出版社、2019年）におけるFTSE
およびMSCI担当者のインタビュー記事および両社公表のメソドロジーより。

al.（2015）がやや他スコアと異なる性質をもつと指摘しており、MSCIスコアについても湯山・白須・森平（2020）は同様の傾向を指摘している（本章第4節(1)で後述）。

(2) 各スコア間の相関度合い

2019年末時点のESGスコアのデータが使用可能であった5つのESGスコア（Bloomberg開示スコア、Sustainalytics、RobecoSAM、ISSスコア（ガバナンススコアのみ）、FTSEスコアの5スコア）を対象に、筆者が、GPIFと同じ要領で、相関係数を計算した結果が図表3－4である[7]。また、いくつかの組合せで縦軸と横軸に別々のESGスコアをとってGPIFの図（図表3－3）と同様にプロットしたものが図表3－5である。

これらのスコアの相関をみると、GPIFが用いたFTSEとMSCIの間ほど相関が小さくはなく、ISSスコア以外の4スコア間では相関係数が0.6を超えている（図表3－4の網掛け部分）。他方でISSスコアについては、すべての他変数との相関がマイナスとなるなど違いが大きい。ISSスコアは、ガバナンススコアであるという特徴も大きいと思われる。

図表3－4　ESGスコア間の相関係数（2019年）

	Bloomberg	Sustainalytics	RobecoSAM	ISS	FTSE
Bloomberg	1 （1904）				
Sustainalytics	0.6266 （293）	1 （344）			
RobecoSAM	0.6947 （683）	0.7371 （344）	1 （797）		
ISS	－ 0.374 （374）	－ 0.4656 （312）	－ 0.4414 （422）	1 （440）	
FTSE	0.7282 （1117）	0.6881 （344）	0.7221 （738）	－ 0.4868 （438）	1 （1270）

（注）　カッコ内は相関係数計算にあたってのサンプル数を示す。相関係数0.6以上のものに網掛け。
（出所）　Bloomberg、FTSEデータより計算。

7　FTSEデータは、FTSE社から提供いただき、その他の4スコアについてはBloomberg端末から入手したものを使用した。

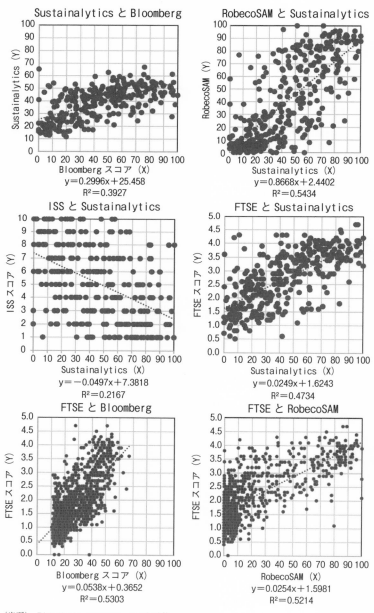

図表3−5　2つのESGスコアのプロット比較

（出所）　Bloomberg、FTSEデータより計算。

⑶　評価メソドロジーの違い

　図表3－6に、主なESG評価機関による評価メソドロジーの概要をまとめた一覧を示す。一般的な評価メソドロジーは、①ESGの各分野（環境、社会、ガバナンス）において着目する項目を定めて、②それについて点数付けを行って評価を行い、③さらにその項目や分野ごとにウェイトを付したうえで、④総合的なスコアを算出していくというプロセスといえる。

　ただし、その際に重要な違いは、①の着目する項目に関して、メソドロジーの観点から、どの項目に着目したのかという点が異なること、さらには②の評価に際してどのように評価したかという点であろう。具体的には、評価手法を大きく分けると、ディスクロージャーの度合いに着目した評価（Bloomberg、FTSE、東洋経済）、定性的な内容についても評価していると思われるスコア（MSCI、FTSE）に分けられる。

　特にBloomberg開示スコアは単純な開示量に基づくスコアであり、定性的な評価はまったく含まれない。つまり、Bloomberg開示スコアはESGパフォーマンスを示すESGスコアではなく、ESG情報の開示の度合いを示すESG開示スコアである。

　後者の定性的な内容についても、公開情報をもとに方針を策定したり、開示・削減へのコミットなどの有無でもって評価したりするFTSEや、専門のアナリストによる定性的な評価を含むものもある。定性的な評価に関しては、どのように定性的に評価したのかという点が問題となろう。また、ESGスコアを付与する際に着目する評価項目の選定についても、企業業績への直結性や影響を重視することを明言しているスコアもある。

　調査手法には、アンケートによるもの（RobecoSAM、東洋経済）や、ディスクロージャー誌などの公開情報をもとにする評価（FTSE）などにも分けられる。

図表 3 − 6 　主なESG情報評価（機関）の概要

	ESGスコアの概要	対象企業数
FTSE ESG Rating	・公開情報に基づいた評価プロセス。 ・環境、社会、ガバナンスに関する個別テーマについて、以下の２つの視点から点数を付与する。 　(1)潜在的なESGリスクなどを測定するテーマ・エクスポージャーとして１〜３の評価を付与する。 　(2)リスクに対する取組みを評価するテーマ・スコアとして０〜５の評価を付与する。たとえば、水使用に関する事例では、開示がない場合は０、課題特定で１、使用量削減または改善へのコミットで２と評価される。 ・ピラー・スコア（Pillar Score）はテーマ・エクスポージャーによって重みづけされたテーマ・スコアのエクスポージャーの加重平均により算出される。 ・300以上の評価指標が設定され、平均125の指標が各企業に適用される。 ・業種内相対評価が行われ、10分位（１〜10）の評点を付与する。業種分類にはICBのサブセクター分類を使用する。 ・基本的には、利用者に、ESGスコアを販売する仕組みとなっている（オンラインなど）。	2019年末東証１部上場企業（2,154社）のうち、1,270社が対象。
MSCI ESG Research （旧KLD）	・企業の開示情報、メディア情報等をもとに、専門アナリストが、37の重要な課題（ESGキーイシュー）をもとに評価する。 ・コーポレートガバナンス（取締役構成、報酬）は、全企業共通のキーイシューとして設定されている。 ・各キーイシューのスコアとウェイトに基づいて最終的に各企業のESGスコアが決定する。スコアは産業内の同業他社比較に際して標準化され、標準化されたスコアを用いてESGスコアが決定される。 ・ESGスコアはインダストリー内相対評価（１〜10点）をもとにしてAAA〜CCCの７段階の記号が付与される。 ・産業分類はGICSを使用。 ・基本的には、利用者に、ESGスコアを販売する仕組みとなっている（オンラインなど）。一部はインターネットで閲覧可能。	MSCI ACWI 指数採用銘柄をカバーし、小型株の一部もカバー（日本株は2019年１月時点で約750社）。
Bloomberg ESG開示スコア	・ESG開示情報を点数化した開示スコアであり、いわば開示の積極性を示すスコアである。定性的スコアではない。 ・Bloombergが収集する全データポイント（＝データ開示項目）のうち、スコアは最低限のESG情報開示を示す0.1から、全項目開示を示す100までの値をとる。 ・各データポイントは、データの重要度に応じて加重される（ウェイトは非公表）。 ・Bloomberg端末を通じて利用できる（追加的な費用はかからない）。	2019年末東証１部上場企業（2,154社）のうち、1,904社が対象。
ISS ESG Governance Quality Score	・インスティテューショナル・シェアホルダー・サービシズ（ISS）が、企業の統治に対して付与した総合スコア。 ・４つの分野（取締役会の構成、株主権・買収防衛策、報酬、監査・リスク監視）の230以上のガバナンスファクターを用いて算出される。 ・情報は、年次報告書、会社委任状などの公開情報から収集され、ISS独自の分析によって判断される。企業は、いつでも情報を更新され、アップデートは日次で行われる。 ・スコアは、最高「１」から最低「10」までのレンジとなっている。 ・Bloomberg端末から入手できる。	日経400対象の400社が対象（実質440社）。

	ESGスコアの概要	対象企業数
Robeco SAM Corporate Sustainability Assessment	・企業への質問票（80〜120問）に対する回答と補足資料をもとに、経済・環境・社会の3つの側面から評価する。なお、ガバナンスは経済に含まれる。 ・個々の質問と基準のタイプとウェイトは、業種ごとに特定の質問に調整され、各業種内で固有のサステナビリティ・テーマに反映される。トータル・サステナビリティスコアは以下のように定義される。 　　トータル・サステナビリティスコア＝（質問獲得ポイント数×質問比重×評価基準比重） ・産業分類はGICS産業分類をもとにRobecoSAMが独自に整理した60産業を対象としている。 ・メソドロジー委員会のもとで、質問項目や重みづけは毎年見直される。ただし、原則として、企業の財務パフォーマンスへの影響が最も起こりうるが判断材料となる。評価結果は0〜100点となる。 ※Bloomberg端末から入手できる。ただし、同スコアから変換されたトータル・サステナビリティ百分位ランキングとなる。	2019年末東証1部上場企業（2,154社）のうち、797社が対象。
Thomson Reuters ESG スコア	・企業の開示情報をもとに、400以上のESG指標を収集し評価し、10のカテゴリーに分けてESGスコアを算出する。 ・10項目のカテゴリーは、環境（資源利用、排出量、イノベーション）、社会（従業員、人権、地域社会、製品責任）、ガバナンス（経営陣、株主、CSR戦略）となっている。 ・ウェイトを掛けあわせて総合ESGスコア（1〜100点）も算出する。 ・業種分類にはTRBC（Thomson Reuters Business Classification：トムソン・ロイター業種分類）を使用。 ※従来、Thomson ReutersはAsset 4 を扱っていたが、2018年より新たにThomson Reuters ESGスコアを開発。 ・Thomson Reutersのデータベース端末であるEIKONを通じて利用できる（追加的な費用はかからない）。	日本企業は460社程度（2017年末の東証1部上場企業対象のうち400社程度）。
東洋経済 CSR評価	・アンケート調査結果をもとに、「人材活用」「環境」「企業統治」「社会性」の4分野別に評価する。それぞれ「AAA、AA、A、B、C」の5段階評価の格付と100点満点の得点となっている。 ・全項目加点方式で、ネガティブなデータを回答したことによる減点はない。逆に情報開示という観点から、一部の項目では数値の優劣にかかわらず、有効回答があったことに対し加点する。 ・利用者に、ESGスコアを販売する仕組みとなっている（オンライン、書籍など）。	2019年で1,501社（全上場企業対象に調査票を送付し、回答企業を中心に集計）。

（注）　入手方法の記載のうち、Bloomberg端末経由となっているものは、限定的なデータ（最新年のみ、取得年限が限られるなど）となっているものもある。

（出所）　Bloomberg、東洋経済新報社「CSR企業総覧」、MSCI「MSCI ESGリサーチ 〜ESG Ratingメソドロジーサマリー〜（2017年7月）」、日興リサーチセンター（2016）、Thomson Reuters「Thomson Reuters ESGスコア」、三菱UFJリサーチ＆コンサルティング「ESG格付け方法論の事例（環境省環境サステナブル企業評価検討会（第1回））」（2019）、等より作成。

3 ESGスコアが付与される企業の特徴

(1) 企業規模とESGスコア

ESGスコアはどのような特徴のある企業に付与されているのだろうか。図表3-7は、一例として、BloombergのESG開示スコア、環境情報開示スコア、社会情報開示スコア、ガバナンス情報開示スコアの値を左から順に時価総額の大きい順にプロットしたものである。これをみると、時価総額が大きいほど、すなわち企業規模が大きいほどスコアが高い傾向にあることがわか

図表3-7　Bloomberg開示スコアのプロット（左から時価総額が大きい順）

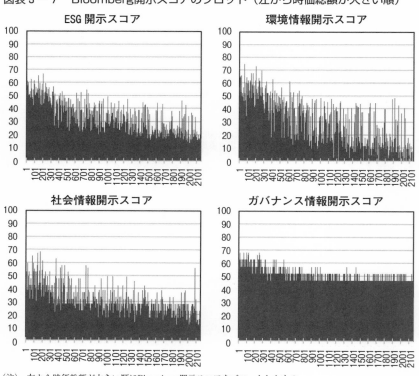

（注）　左から時価総額が大きい順にBloomberg開示スコアをプロットしたもの。
（出所）　Bloombergより作成。

る。

　また、環境情報や社会情報の開示スコアについては、時価総額が小さい企業ほど空白、つまり欠損値が多くなっていることもわかる。ガバナンス情報開示スコアについては、欠損値は多くないが、コードや法定の開示項目が多いためであると思われる。

　この傾向は、他スコア（Sustainalytics、RobecoSAM、ISSスコア（ガバナンススコアのみ）、FTSEスコアの4スコア）においてもおおむね同様であり、規模が大きいほどスコアが高い傾向にあるように思われる（もちろん、例外も

図表3－8　他4スコアのプロット（左から時価総額が大きい順）

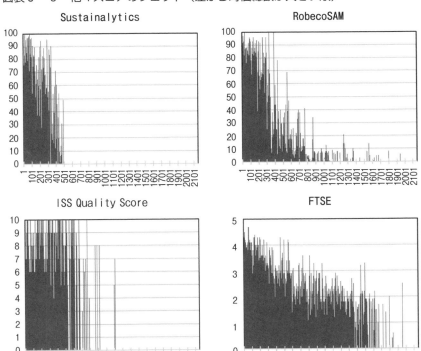

（注）　左から時価総額が大きい順に各スコアをプロットしたもの。各スコアの総合スコアをとったもの（ISSはガバナンススコア）。
（出所）　Bloomberg、FTSEより作成。

ある）（図表3－8）。さらに、規模の小さい企業にはスコアが付されていないところも多いのも同様である。こうした傾向は、規模が大きいほどESGに対する取組みが行いやすいことにも起因しているものと推察される。なお、ISSスコアは、ガバナンススコアであり、スコア水準に対する規模の影響が他スコアほどは現れていないが、スコアが付与される企業自体はやはり規模が大きい企業が多い（日経400採用企業が対象のため）。

(2) スコア付与企業数の推移

　Bloombergの各ESG開示スコアが付されている企業数の推移を、2006年以降について示したものが図表3－9である。2006〜2010年あたりに急激に上昇した後は、徐々に開示スコアが付されている企業数が多くなってきている。2007〜2008年のESG開示スコアの対象企業数が大幅に増加しているのは、ガバナンス情報開示スコアを付されている企業数増加が主な要因であり、この時期に、会社法改正や金融商品取引法制定等に伴うガバナンス情報の開示が増加したことが背景にあると考えられる。全体としては、2012〜

図表3－9　Bloombergで各開示スコアが付されている企業数の推移

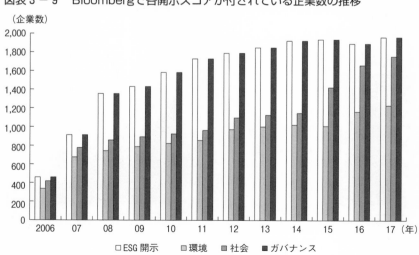

（出所）　Bloombergより作成。

2013年あたりからおおむね安定してきていることがわかる。

　このほかのスコアでは、MSCIスコアは、旧KLDスコアにさかのぼれば1990年代からあるが、そのほかについては比較的最近のものが多いといえる。

(3)　ESGスコアの分布

　ESGスコアを利用する際に留意すべき点として、その分布の偏りもあげられる。図表3－10は、各ESGスコアに関する基本統計量を示したものである。注目すべき点は、各スコアともにガバナンスに関する平均値の散らばり（標準偏差）が小さいことである[8]。これは、ガバナンスに関する開示は、

図表3－10　各ESGスコアの基本統計量

	データ数	平均	標準偏差	最大値	最小値	25％値	中央値	75％値
Bloomberg								
ESG開示	1,904	23.5	11.3	67.0	1.7	14.9	19.0	28.1
環境	1,330	20.0	16.5	74.4	0.8	7.0	13.5	33.0
社会	1,904	20.1	11.0	68.4	3.3	12.3	17.5	28.1
ガバナンス	1,903	48.1	4.1	67.9	33.9	46.4	46.4	46.4
Sustainalytics								
総合	344	44.0	27.0	100.0	0.0	20.7	41.3	66.2
環境	344	50.7	27.4	100.0	0.0	26.0	53.0	71.3
社会	344	45.4	27.1	100.0	0.0	22.0	42.4	68.5
ガバナンス	344	32.2	24.5	100.0	0.0	12.2	27.0	47.1
RobecoSAM								
総合	797	22.4	27.8	100.0	0.0	3.0	8.0	33.0
環境	797	32.5	26.4	100.0	0.0	12.0	23.0	50.0
社会	797	24.2	27.0	100.0	0.0	5.0	12.0	34.0
経済	797	18.6	26.2	100.0	0.0	3.0	7.0	18.0
ISSクオリティ・								
スコア	440	5.5	2.9	10.0	1.0	3.0	6.0	8.0
FTSE								
総合	1,270	1.9	0.9	4.7	0.0	1.2	1.7	2.5
環境	1,270	1.6	1.3	5.0	0.0	0.5	1.2	2.5
社会	1,270	1.5	1.1	5.0	0.0	0.6	1.2	2.3
ガバナンス	1,270	2.7	0.8	5.0	0.0	2.0	2.6	3.1

（注）　2019年末時点において取得可能なデータ。
（出所）　Bloomberg、FTSEデータより作成。

8　特にBloombergのガバナンス情報開示スコアについては、25％値、中央値、75％値が同じ値であり、スコアが同値の企業がかなり存在することがわかる。

法定やコードなどで定められている項目が多く、企業間による差が小さい可能性が考えられる。次に、図表3－11はBloomberg開示スコアについて、ESG開示、環境、社会、ガバナンスの開示スコアの点数ごとの分布を示したものである。これをみると、ガバナンススコアを除くと、左に偏っており点数が低い企業が多いことがうかがえる。他方、ガバナンススコアをみると、やはり50点前後に集中しており、分布がきわめて小さい。

次に、Bloomberg開示スコア以外の4スコア（Sustainalytics、Robe-

図表3－11　Bloomberg ESG開示スコアの分布（縦軸：企業数、横軸：スコア）

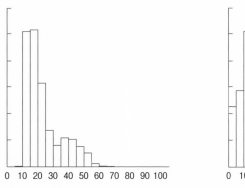

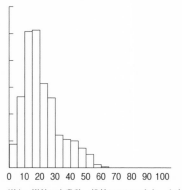

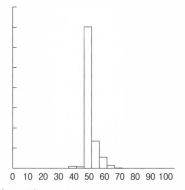

(注)　縦軸に企業数、横軸にスコアをとったもの（2019年データ）。
(出所)　Bloombergより作成。

coSAM、ISSスコア（ガバナンススコアのみ）、FTSEスコア）について、その総合スコアの分布状況をみたものが図表3－12である。RobecoSAMスコアは点数が低い企業が非常に多く、他方でISSは各スコア（1～10点）におおむね均等に割り当てられていることがわかる。このような全体の分布形態をもとに、各社がどのくらいに位置するかを見極める必要がある。たとえば、RobecoSAMで70点以上のスコアを得ている場合は、全体としてはかなり優れている一方で、たとえ10点くらいだとしても、その他の多くの企業も同レ

図表3－12　他の4ESGスコアの分布（縦軸：企業数、横軸：スコア）

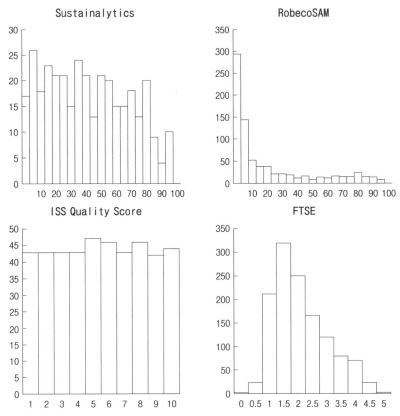

（注）　縦軸に企業数、横軸にスコアをとったもの（2019年データ）。
（出所）　Bloomberg、FTSEより筆者収集。

ベルに位置していることが示唆される。また、ISSスコアは、1〜10点にお
おむね均等に分布しているので、スコアからだいたいの順位まで推測できる
ことになる。

4 ESGスコアの違いに関する研究サーベイ

(1) ESGスコアの違いに関する研究サーベイ

ESG評価機関によるESGスコアの違いに関する学術研究をサーベイしてみ
るときわめて少なく、海外を対象としたものでも数件程度である。わが国に
おいては、湯山・白須・森平（2020）があるが、やはり限定的である。

まず、海外における先行研究をみると、Chatterji *et al.*（2016）は、KLD
（MSCIが継承）、Asset 4（現Thomson Reuters）などのESGスコアの評価機関
6社のスコアを比較し、どの程度、類似しているかについて、相関係数など
を用いて検証した。結果は、ESGスコアはESG評価機関ごとにかなり違うも
のとなっており、これらを用いたESG投資を行う際に注意が必要であると指
摘している。さらに、各ESGスコアの差異は収斂する傾向にはないという。
なお、全体での相関係数の平均が0.3であるのに対し、EU系スコア会社間で
は0.53、米国系スコア会社間では0.45と高くなっており、大陸系と米国系で
の類似性は一定程度あるとしている。

Semenova and Hassel（2015）もまた、やはりKLD、Asset 4、Global
Engagement Service（GES）の3つの環境スコアについて、2003〜2011年
の米国企業データにより検証し、相関はみられるものの、平均的にみて収斂
はしていないことを指摘している。

Dorfleitner *et al.*（2015）は、KLD、Asset 4、Bloombergの3つのESGス
コアを使用して比較を行った。具体的には、各スコアの分布状況や水準比較
などの記述統計の分析、スコアの水準の相関分析を行い、各スコアの分布は
大きく異なるうえに、結論として各スコアに収斂がないことを指摘した。そ
の理由として、CSRの定義だけでなく、評価アプローチも各社で異なること

などを指摘している。たとえば、Asset 4 はさまざまな850以上の詳細な質的・量的観点からの評価を行っているのと比べると、KLDは複数の観点を統合して62〜80の観点からの評価を行っている点、ESG評価の際に注目する観点は各社で似通ってはいるものの、そのウェイトの違いが最終的なESGスコアの評価の差をもたらしていること、などを指摘している。また、環境・社会では３社が似通っているが、KLDはそのなかでもほか２社との相関が小さく、特にガバナンススコアは相関が小さい。さらにESGリスク（変動リスク、下落リスク）の比較においてもKLDスコアはほかと異なっており、他スコアと離れている傾向がみられるという。そして、このことは、単一のESGスコアに依存した分析に留意する必要があることを示唆すると指摘している。

Howard（2016）は、MSCI、Sustainalytics、RepRisk、EIRIS、Asset 4 のESGスコアを用いて分析を行い、MSCIがカバーする1,600超の銘柄のうち、26％（R^2ベース）だけしか同じ会社に対して付与された他社スコアによって説明できていないと指摘する。

最近の研究例としてBerg *et al.*（2019）は、KLD、Vigeo-Eiris、RobecoSAM、Sustainalytics、Asset 4 の５つのESGスコアを用いて分析を行った。各スコアの乖離の要因として、範囲（Scope）の違い、計測（Measurement）の違い、ウェイトの違いの３つの要因をあげ、計測の違いによる要因が全体のばらつきの５割以上を説明し、範囲の違いによる要因が44％、ウェイトの違いによる要因が３％であったとした。計測の違いとは、同じ評価項目について、評価機関が異なる評価（計測）を行っていることを示すことから、Berg *et al.*（2019）によれば、同じ項目による評価機関ごとの計測の違いが、ESGスコアの違いの５割近くを説明していることを示唆するとした。さらに、この計測方法の違いは、評価機関の違い（Rater Specific）によるものが多く、標準化が求められるとしている。

わが国における研究例としては、湯山・白須・森平（2020）による報告がある。同報告によれば、各ESGスコアには、格付メソドロジーの違い等に起因する特徴があり、FTSE、MSCI、Bloomberg、Thomson Reutersの４ス

コアのうち、MSCIスコアは独自の傾向を有するとした。さらに、残りの3スコアのうち、Bloomberg開示スコアはディスクロージャー・スコアであり、FTSE、Thomson Reutersも、一定のESGパフォーマンスも反映するものの、ディスクロージャー・スコアに近い傾向があると指摘している。また、ディスクロージャー軸とするスコアは、客観的に計測できることから恣意性を排除しやすいというメリットを有する一方で、ESGパフォーマンスには敏感に反映しにくいというデメリットもある。他方で、MSCIスコアと、ディスクロージャー軸とする代表的なスコアであるBloomberg開示スコアとの差はCO_2排出量やコーポレートガバナンス構造などのESGパフォーマンスや業種分類要因等により一定程度説明可能となっている。他方で一部のスコアでは、収益ファクターが有意であるが、特に投資対象として魅力的である（リターンにつながる）スコアと認識されるインセンティブを有する会社の場合には、インセンティブ構造を勘案すると、ESGパフォーマンス評価の中立性に影響を与える可能性も考えられることから、留意すべき点であると指摘する。

(2)　ESGスコアはESGパフォーマンスを反映しているか

　次に、ESGスコアとESGパフォーマンスの関係に関する先行研究を概観する。なお、繰り返しになるが、ESGパフォーマンスの定義は、ESG投資パフォーマンスとは異なり、企業のESG活動そのものを示し、ESGスコアがどの程度ESG活動を反映できているかを検証した研究サーベイである。

　Chatterji *et al.*（2009）は、KLDによる環境パフォーマンスのスコアが、どの程度、実際の環境パフォーマンスを反映しているものになっているかを検証した。その結果、KLDで「懸念（Concerns）」と格付されている企業は、おおむね過去の環境パフォーマンスを反映し、将来的に環境規制に違反し、多くの有害物を排出することについても、統計的にわずかながらも有意であったと指摘する。他方で、環境面での「強み（Strengths）」は、実際の排出レベルや規制違反を将来的に見通すには至っていないとしている。

　Delmas *et al.*（2013）は、KLD、SAM、Trucostの3つの評価機関のデー

タを用いて、主成分分析を行い、主要な２つの要素として、環境プロセスや慣行と、環境面でのアウトカムがあり、これらで８割近くが説明できるとしている。そして、定量的な分析を行い、企業の財務パフォーマンスは、環境面でのアウトカムよりも、環境プロセスや慣行に関連があると指摘している。

Delmas and Blass（2010）は、企業の環境パフォーマンスを評価する際には、評価手法にいくつかの観点からのトレード・オフとなる項目があると指摘する（KLD、SAM、Trucostのデータを使用）。たとえば、検討対象とした化学企業15社において、先進的な環境管理とディスクロージャーの仕組みを有する企業は、有害物質排出（米国環境保護省によるToxic Release Inventory（TRI）データを使用）の量は多く、さらに環境規制への遵守度合いも低い傾向にあると指摘する。なかには、有害物質排出ではベストのパフォーマンスだが、その開示では最悪の評価を受ける企業もある。つまり、スクリーニングが有害物質の排出や規制遵守に基づくものか、あるいは環境方針やディスクロージャーに基づくものかで、スコアも企業間で大きく異なると指摘する。評価軸には、環境へのインパクト、規制遵守状況、管理プロセスの３つの軸があるが、これらは別方向に作用している可能性もあり、それが環境パフォーマンスの評価をむずかしくし、評価機関の間での差異をもたらす要因であると指摘している。

Drempetic *et al.*（2019）は、Thomson ReutersデータベースのESGスコア・データを用いて検証し、ESGスコアは、むしろ実際のESG活動のデータやサステナビリティに対する評価よりも、企業規模の影響を多く受けており、その背景としては規模の大きな企業がESG評価に必要なデータをより多く提供できる要因が大きいのではないかと指摘している。

5 ESGスコアに関する論点と課題

(1) ESGスコアの透明性と統一性に係る困難性

　ESG投資パフォーマンスを検証する際には、本来的には、第2章で示した図表2−6内の点線で示されるように、各社のESGパフォーマンスそのもの（たとえばCO_2排出量や有害物質の削減度合い、ガバナンスの優劣など）とその株式投資リターン等の関係を直接検証するべきだが、通常の株式投資においても、アナリスト評価やディスクロージャー情報が媒介しているように、投資家が、直接、投資対象を評価するのはさまざまなコストがかかることからむずかしいケースが多い。このため、各評価会社によるESGスコアを通じて投資の際の参考にすることは許容されるべきであるが、これらの媒体がどのような評価を行っているのかについて情報や透明性が確保される必要があるだろう。

　この点で、やはりGPIF（2019）やChatterji *et al.*（2016）が指摘するように、各ESG評価会社が提供するESGスコアの間の関連性が、必ずしも高くないことは問題となりうる。実際、ESG関連の投資パフォーマンスに関する研究では、ESGに対する取組みの指標として、ESG評価会社の提供するESGスコアを用いるケースが多いことから、結果として、その分析結果もESGスコアの評価方法に大きく依存する。ある評価会社のESGスコアを用いた分析と、他社のESGスコアを用いた場合には、同じ期間で同じ企業を対象としても、結果として別の結果となる可能性があるわけである（Dorfleitner *et al.* 2015等も指摘）。多くの既存研究の間において、投資パフォーマンスへの影響に関する分析結果がまちまちであるのは、ESG指標の選択自体に起因する可能性も十分に考えられる。

　こうした観点からは、各社のESGスコアの基準を統一することはそもそも困難であると思われるものの、より透明性を高めたスコアとしていくことは必要であろう。近年では、独自のアンケートなどを用いるよりは、公開情報のみでESGスコアを決定していくということで透明性を確保しているという

動きがみられ、実際にGPIFが採用したMSCIとFTSEの採用に際しても、公開情報に基づいて評価を行っている指数を採用したとされる（加藤編2018）。

(2) ESG情報開示の統一性確保の困難性

ESG評価を行う際には、その評価のために使用する定性的・定量的な情報（データ）が必要となる。こうしたESG情報を得るために、いくつかのESG評価機関は独自のアンケートを評価対象企業に発送して評価しているところもあるが、公開情報をもとに評価しているところも多い。その際に問題となるのが、こうしたESG情報開示の統一性に係る問題である。金銭的に評価可能な財務的な会計情報ですら、その基準の整合性確保には多大な労力を費やしていることを考えると、ESG情報などの非財務情報の統一性確保はかなりハードルが高いと考えざるをえない。

仮に基準を策定できたとしても、それをどう定めるのか（原則やコード類とするのか、民間自主規制にするのか、法令にするのか）、その遵守をどう担保するのか（財務会計情報の場合には、公認会計士が監査する）、また違反した場合にはどうなのか（財務会計上の粉飾・不適正開示ならば刑事罰や課徴金の適用対象にもなる）、その執行をどう行うのか（会計上の監視は、証券取引等監視委員会や金融商品取引所などが担う）、などの論点やむずかしい課題が山積しており、財務会計基準並みの実施水準を確保するにはきわめてハードルが高いといえよう。

また、そもそも基準策定の段階でも基準統一の困難性は生じる。現在、ESG情報の開示では、複数の考え方、スタンダード、ガイドラインなどが乱立しており、やや混乱が生じているとの指摘がある（林2019、ニッセイアセットマネジメント2019）。Amel-Zadeh and Serafeim（2018）は、投資家に対するアンケートによって、報告基準の欠如に伴う比較可能性がないことが、ESG情報の利用に際しての最大の障壁であると指摘している。林（2019）やニッセイアセットマネジメント（2019）によれば、代表的なESG情報開示基準としては、「GRIスタンダード」「国際統合報告フレームワーク」「SASBスタンダード」「TCFD最終提言書」があり[9]、それぞれ原則主義的なもの、

図表 3 −13　主要なESG情報開示基準等の類型化

		想定する情報利用者（目的とする開示）	
		マルチ・ステークホルダー （企業が経済・環境・社会に与える インパクトの開示）	投資家 （企業の経営成績や財務状態への影響 に関連する情報の開示）
設計 思想	原則主義		国際統合報告フレームワーク TCFD最終提言
	細則主義	GRIスタンダード	SASBスタンダード

（出所）　林（2019）より抜粋。

細則主義的なもの、投資家の利用を意識したもの、マルチ・ステークホルダーを意識したもの、など思想の根本的なところからして異なっている状況である（図表 3 −13）。

　林（2019）等も指摘するように、投資家のESG投資戦略によって異なる情報ニーズがあることに鑑みれば、複数の異なるESG情報開示基準等が存在することにも一定の合理性はあるものの、乱立状況に困惑しているものが多いのもまた事実である。このため、各開示項目や指標について、共通するところはそろえ、異なるところは違いを明確化していく、といった意味での「整合性」の向上が必要と指摘されている。実際、こうした動きも存在しており、国際統合報告評議会（IIRC）が主導する動きもあることから注視していくことが必要であろう。2020年 5 月には、米国証券取引委員会（SEC）傘下の委員会から、SECに対してESG情報開示をルール化すべきとの勧告（recommendation）が出されており、米国規制当局もESG情報開示の制度化に向けて動く可能性もある[10]。

9　それぞれ、GRI（Global Reporting Initiative）、サステナビリティ会計基準審議会（SASB：Sustainability Accounting Standards Board）、国際統合報告評議会（IIRC：International Integrated Reporting Council）、TCFD（気候変動関連財務情報開示タスクフォース：Task force on Climate-related Financial Disclosures）が定めている。

10　Recommendation from the Investor-as-Owner Subcommittee of the SEC Investor Advisory Committee Relating to ESG Disclosure（As of May 14, 2020）を参照。

⑶ 正しいESGスコアかどうか検証することの困難性

ESGスコアの問題点として、それが正しいのか否かについて、客観的に検証することがむずかしいことがあげられる。信用格付の場合には、デフォルト率の実績などから、その格付会社の提供する格付に対する信用性等について事後的に検証できるものの、ESGスコアでは、その検証がむずかしい。

では、どのようなESGスコアが望ましいのだろうか。社債の信用格付の例でみれば、実際に企業のデフォルト確率を的確に予測するスコアであることである。これと同様の観点でみれば、理想的なESGスコアは、各企業のESGへの取組みを的確に示し、企業の長期的なサステナビリティを予測し、ESGへの取組みのインパクトをも的確に予測するものなのだろう。もっとも、実際に、その企業のESGへの取組みが長期的なサステナビリティに資しているかは、長期的な結果を待つ必要があることから、その答えがすぐには出ない。これが、信用格付とは異なるところであり、ESGスコアの評価がむずかしいところである。本章冒頭でも述べたとおり、近年は、ESG評価機関自体も合併・買収を繰り返し再編がなされており、そのスコア算出にもコストがかかり、かつ利用者も一定のコスト負担をすることから考えると、投資家が自らのESG投資を行う際の説明責任を果たせるようなスコアが生き残るかたちで、さらに自然再編されていく可能性も考えられよう。

⑷ 利益相反が生じかねないリスク

似たような機能を有する社債の信用格付会社の場合には、その収入の多くを、格付評価の対象となる債券発行企業からのフィーに依存する格付会社と、投資家からの収入に依存する格付会社の間では、それが信用格付会社の格付結果（格付水準、変更のタイミング等）に影響が生じたのではないかという指摘がしばしばなされてきた（Berwart *et al.* 2019、Cornaggia and Cornaggia 2013等）。米国のサブプライムローン問題の際には、証券化商品に実態以上の高い格付が付されていたにもかかわらず、投資銀行や機関投資家が、信用格付会社の付与する格付を無条件に信頼したことが世界金融危機の1つの要因というのがおおむねコンセンサスを得ており、この背景には証券化商品

の格付ビジネスに利益相反問題が存在したことが指摘されている（山田2012、池尾2010等）。このことは、わが国でも信用格付業者を規制対象とする金融商品取引法改正（2009年）につながったことから記憶に新しい。こうしたESG評価機関の収益構造に基づくインセンティブが、付与されるESGスコアにも影響を与えるリスクは十分に考えられる[11]。

GPIFが、ESG指数を公募した際にも、この問題は十分に認識されていたようであり、このため審査項目の1つとして、ESG評価会社のガバナンス・利益相反管理も評価ポイントとなっていた[12]。しかしながら、特に、株式インデックスを提供する会社による評価の場合には、そのインデックスを採用してほしいというインセンティブがどうしても働くわけであり、この場合には株式パフォーマンスを考慮せざるをえなくなり、ESGスコアと投資パフォーマンスがトートロジーとなってしまう可能性も考えられるわけである（神作ほか2020）。当然、評価メソドロジーには過去の株式パフォーマンスそのものが含まれないよう留意していると思われるが、実際にはESG評価会社によるリサーチの一環として、自社のESGスコアの投資パフォーマンスが優れていることを示している例も散見される[13]。

⑸　結局、どのようにESGに優れた銘柄を選べばよいか

では、上記のようなESGスコアに係る問題を前提とした場合、結局、ESG要素に優れた銘柄を選ぶ必要があるときにはどのような手法を用いればよいだろうか。明確な答えがあるわけではないし、その答えも正しいかはわからない。こういう不確実な状況のもとで、ESGスコアを用いようとする場合には、そのスコアの特徴を認識したうえで活用すべきだろう。

また、1つのESGスコアだけでは不確実な場合には、複数スコアを用いて

11　このリスクについては、湯山・白須・森平（2020）でも指摘されている。

12　GPIFプレスリリース「ESG指数を選定しました」（2017年7月3日）によれば、「ESG評価の継続性や透明性、中立性を担保する上で、ESG評価会社および指数会社のガバナンス体制・利益相反管理」が評価ポイントとなり、選定された指数はコンサルティング業務などの利益相反を招く業務にはいっさいしていないと評価されている。

13　たとえば、MSCIは、複数の自社の研究レポート・論文により株価リターンと自社ESGスコアの相関があることを示している（MSCI 2015、2018、2019、2020ほか）。

スクリーニングを行う、またスコアにウェイトをつけて合成する、テキスト
マイニングなどのAI手法を用いて選別するなどの方法も考えられるかもし
れない。さらに、ESGスコアを用いないで、その前提となっている生データ
（たとえば二酸化炭素排出量、独立取締役比率など）のみを用いるのもありうる
方法であろう。このほかにもESGスコアをまったく用いずに独自手法で選別
することも十分に理にかなった方法だと思われる。真に正しい「スコア」、
あるいは、少なくとも社債における信用格付のように将来実績を予測できる
スコアがどれなのかほとんど見当がつかない現状をふまえれば、十分にとり
うる選択肢であると考えられる。

　いずれにせよ投資家が、ESGスコアを使用する理由は、説明責任を果たす
ため、あるいは省力化のためにESGスコアを活用するといった点であろう。
そう考えれば、どの方法であっても、説明責任を果たし、十分に理にかなう
手法ならば、それが現状できる最大限のことであると考えて差しさわりない
と思われる。

6 ESGパフォーマンス評価としてのインパクト評価

(1)　インパクト評価とは何か

　インパクト投資（社会的インパクト投資ともいう）とは、ESG投資の内訳と
しても含まれ、「財務的リターンと並行して、ポジティブで測定可能な社会
的および環境的インパクトを同時に生み出すことを意図する投資」をいうと
される。ESGインテグレーションやスクリーニング、エンゲージメントなど
のESG投資手法は単に手段にすぎず目的ではないともとらえられるが、イン
パクト投資は明示的に社会的・環境的インパクトの実現を投資目標にしてい
ることが特徴である（第1章第2節参照）[14]。そして、この場合に問題となる
のが、どのようにしてインパクトを評価し計測するのか、すなわちインパク
ト評価を行うのかという点である。（社会的）インパクト評価とは、インパ
クト（効果）を定量的・定性的に把握し、事業や活動について評価判断を加

えることである（GSG国内諮問委員会（2020）における定義）。

　これは、まさにESGパフォーマンスの評価の1つとも考えられ、その先端事例といえるだろう。特に環境や社会に対するインパクトの評価は、インパクト投資に限らず、ほかのESG投資においても重要であろう。ESG投資と標榜しながら実際には結果的にESG要素に悪影響を与えてしまうような投資、インパクトがないような投資は「ESGウォッシュ」「インパクト・ウォッシュ」として粉飾のようなものとみなされて問題視されかねない。「ESGウォッシュ」が存在する可能性は、既存研究でも指摘されている（第5章第5節参照）。

　インパクト投資自体は、後述するようにいまだ全体として未成熟ではあるが、公的セクターであるIFC（国際金融公社　世界金融グループ）などは熱心であり、インパクト投資ファンドの運用および選定プロセスを規定する目的で「インパクト投資の運用原則」（2019年）を定めた（図表3－14）[15]。同原則は、署名機関が、経済的利益だけでなく、投資によって得られる開発効果（インパクト）についても精査し、モニタリングすることを定めている。

　民間セクターに関連しても、2017年に国連環境計画金融イニシアチブ（UNEP-FI）が、「ポジティブ・インパクト金融原則」を策定している。原則1が定義、原則2が枠組み、原則3が透明性であり、そして原則4に評価という4つの原則から構成され、最後に評価がなされる必要があるとしている[16]。インパクトを明確にし、収益とインパクトを両立し、最後にインパクトを測定するわけである。

14　GSG（Global Social Impact Investment Steering Group）国内諮問委員会（2020）によれば、インパクト投資の規模は2019年には約4,480億円となっており、2017年の718億円から大幅に増加した。なお、図表1－3の数字よりもやや多く集計されているのはアンケート主体・対象が異なるためである。

15　国際金融公社「インパクトを追求する投資：インパクト投資の運用原則」（参考和訳）、2019年。なお、2019年9月末時点で、世界で76の機関投資家が同原則に署名しているとされる（IFCウェブサイト）。

16　国連環境計画金融イニシアチブ（UNEP-FI）「ポジティブ・インパクト金融原則」（https://www.unepfi.org/wordpress/wp-content/uploads/2018/09/POSITIVE-IMPACT-PRINCIPLES-JAPANESE-WEB.pdf）（最終閲覧日：2020年6月5日）。同原則に従った、わが国の金融機関におけるファイナンス例も報告されている。

図表3－14 インパクト投資の運用原則

戦略上の意図	組成とストラクチャリング	ポートフォリオマネジメント	エグジット時のインパクト
1 戦略的なインパクト目標を、投資戦略に沿って定義すること。	3 インパクトの実現に対するマネジャーの貢献を明確にすること。	6 各投資のインパクト実現への進捗度を、予想に照らしてモニタリングし、それに応じ適切な対策を取ること。	7 インパクトの持続性への影響を考慮しながら、エグジットを実行すること。
2 戦略的インパクトは、ポートフォリオ単位で管理すること。	4 各投資から予想されるインパクトを、一貫したアプローチに基づき評価すること。 5 各投資がもたらしうる、潜在的なネガティブ・インパクトを評価、対処、モニタリングおよび管理すること。		8 投資の意思決定とプロセスをレビューし、文書化し、さらに、実現したインパクトと得られた知見に基づいて、改善すること。

独立した検証

9 本運用原則との整合状況を開示するとともに、整合状況について、独立した検証を定期的に実施すること。

(出所) 国際金融公社「インパクトを追求する投資：インパクト投資の運用原則（参考和訳）」(2019年) より抜粋。

(2) インパクト評価の抱える課題

　では、インパクト評価、すなわちインパクト投資のパフォーマンス（財務的リターンと社会的および環境的インパクト）はどのように計測すればよいのだろうか。熱心な取組みがなされてはいるものの、残念ながら、ESGパフォーマンスの評価の際に示したのと同じような理由もあって、なかなかむずかしいのが現状であり、最近の先端的な研究課題となっている。まず、現状、インパクト評価に関してはコンセンサスのある手段・方法があるというわけではない。GIIN（Global Impact Investing Network）が投資の経済的・社会的・環境的なインパクトを測る共通のインパクト評価指標として提供するIRIS（Impact Reporting and Investment Standards）がしばしば用いられるが、やはり定性的な情報や独自の定量指標を使用する投資家も多い[17]。さら

---

17 柿沼 (2020) がインパクト評価の指標については詳しい。

に、社会的・環境的インパクトは公的な政策効果という側面もあるため、政策評価の一環としてRCT（ランダム化比較実験）などを用いる例もあるようである。ただ、これらの手法は多くのコストがかかるため、投資効果の測定のためだけに容易に用いることはできないという大きなデメリットがある。

　インパクト投資の評価については、学術研究を見渡してもきわめて研究の蓄積が乏しいのが現状である。Agrawal and Hockerts（2019）は、インパクト投資の現状と評価に関する最近のシステマティック・レビュー論文であるが、これによればインパクト投資自体は、オルタナティブアセットクラスとして興隆しているが、ベンチャーやSRIの概念との混乱があり、概念自体もあいまいで混乱があるとしている。いまだ学術研究は、実務家の関心には追い付いていない状態であり、長期的に問題であると指摘する。85の学術論文とレポートをサーベイした結果によれば、最近になってようやく実証的な研究もいくつかみられるようになってきてはいるが、データベースも不十分なため、ケーススタディが中心である。研究分野も、プロジェクトの選択プロセスやステークホルダー管理、パフォーマンス報告などの分野で深化してており、学術研究分野として有望ではあるものの、さらなる研究が求められ、いまだ準備段階であるという。

　Schoenmaker and Schramade（2019）も、インパクト投資に関する研究はきわめて少ないうえに、ほぼすべてがプライベート・エクイティを対象としたものであり、そもそも上場企業を対象としたインパクト投資はまさに最近の現象であって、インパクトと財務パフォーマンスの関連性に関するデータもいまだないと指摘する。データ不足に加えて、規模が足りないため機関投資家が参入できない、スキームが複雑であるといったことは、ベンチャーファイナンスの抱える課題にもやや似ているといえる（神作ほか2019）。このように、インパクト評価は、経済的リターン以外の投資効果を測定するという意味では非常に重要であるが、いまだ課題は多い。

　もっとも、GSG国内諮問委員会（2020）によれば、インパクト投資を行った結果としての経済的リターンおよび社会的リターンの水準に関するアンケート結果をみると、財務的リターンおよびインパクトの実績について「期

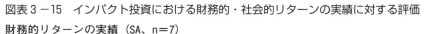

図表3-15 インパクト投資における財務的・社会的リターンの実績に対する評価

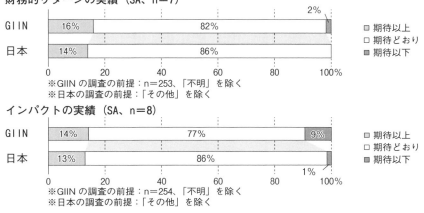

財務的リターンの実績（SA、n＝7）

GIIN	16%	82% 2%
日本	14%	86%

□ 期待以上
□ 期待どおり
■ 期待以下

※GIIN の調査の前提：n＝253、「不明」を除く
※日本の調査の前提：「その他」を除く

インパクトの実績（SA、n＝8）

GIIN	14%	77% 9%
日本	13%	86% 1%

□ 期待以上
□ 期待どおり
■ 期待以下

※GIIN の調査の前提：n＝254、「不明」を除く
※日本の調査の前提：「その他」を除く

（出所）　GSG国内諮問委員会（2020）より抜粋。

待どおり」「期待以上」が8割以上を占めており、今後のさらなる拡大も予想される（図表3-15）。

　インパクト評価自体は興味深いうえに必要性も十分に考えられるものの、コストがかかる、データもそろわない、ベンチマークとなる指標もない、透明性の高い方法論がない、概念があいまいであり、投資家に納得感のある方法でどう評価してよいかわからないといった多くの困難さがあって、実務的にも学術的にも大きな課題として残されているといえよう。

第 4 章

ESG投資と受託者責任に関する議論[1]

●本章の要約

　近年、ESG投資が潮流になってきているが、いわゆる受託者責任を有する年金基金・保険会社・信託などの機関投資家にとって、その投資パフォーマンスを気にする投資家も多いだろう。わが国や欧米におけるESG投資と受託者責任をめぐる議論を概観すると、ESG投資における受託者責任には大きく3つの考え方があるように思われる。

　1つは、①ESG要素に着目した投資の結果として、通常投資で想定される以上の損失を出した場合には受託者責任に反するのではないか、という論点に基づく伝統的な意味での受託者責任の考え方である。まさに「ESG投資と受託者責任のジレンマ」とされてきた考え方であり、主に米国における伝統的な考え方に合致し、ERISAの解釈やプルーデント・インベスター・ルールをめぐる議論に際しても、基本的な考え方として内包されると思われる。

　2つ目は、②長期的にサステナブルな社会実現のためには、機関投資家もESG要素を考慮する必要があり、ESG要素を考慮しないで投資すること自体が、受託者責任に反するのではないか、という論点に基づく、最近の方向性といえる受託者責任の考え方である。欧州におけるサステナブル・ファイナンス行動計画や「21世紀の受託者責任」においてみられるが、経済的リターンが得られるのは前提としているようにも思われ、その意味では①の要素も一定程度残るものと考えられる。わが国における議論は、最近のスチュワードシップ・コード再改訂やGPIFの考え方をみても、①の受託者責任があることを大前提としつつも、②の受託者責任も受け入れるべきという方向性も強

1　本章は、2020年春季日本金融学会での報告論文である湯山（2020 b ）および湯山（2020 a ）をもとに加筆修正したものである。同学会では討論者の後藤元教授（東京大学大学院法学政治学研究科）から有益なコメントをいただいた。厚く感謝申し上げたい。

　　また、本章執筆にあたっては、筆者も運営メンバーである「第 6 回金融資本市場のあり方に関する産官学フォーラム」（テーマ：ESG投資とフィデューシャリー・デューティー）」議論（東京大学公共政策大学院（2020））が非常に有益であり、多くの箇所で引用・参照している。

まってきているように思われる。

3つ目は、③ESGやSDGsに関連する金融商品の販売・開発にあたって、顧客である投資家、主に個人投資家の利益を考えたかたちで行われているか、という論点に基づく受託者責任の考え方である。個人投資家の視点から、だれのための資産運用なのかがまさに問われるものである。

ESG投資と受託者責任の関係を考える場合、最近の方向性としては、ESG要素の考慮は法的義務とまではいかないにしても、わが国においても、ステークホルダーや受益者の意向も背景に、経済的リターンを大前提としつつも、サステナビリティへの配慮と経済的リターンの確保を両立する投資となっていることがますます重要となっていく方向にある。どちらかが欠けることも受託者責任の観点からの疑義が呈される可能性もあり、受託者責任を有する運用者としてはよりむずかしいミッションを課されるようになってきたといえるのだろう。

1 はじめに

ESG投資に際しては、投資パフォーマンスを気にする投資家も多いだろう。特にフィデューシャリー・デューティーとして、いわゆる受託者責任を有する年金基金・保険会社・信託などの機関投資家にとって、重要な論点である[2]。ESG投資の結果として、パフォーマンスが市場平均よりも劣ることになり、将来の年金支払金額に影響が生じてしまうようなことになれば、場合によっては、受託者責任の観点から問題にもなりかねない。では、いったいESG投資と受託者責任の関係についてはどう考えればよいだろうか。

本章では、ESG投資と受託者責任に関する3つの考え方について示した後に、これまでのわが国や欧米における議論のレビューを行い、最後にまとめと今後の課題を示す。

2　フィデューシャリー・デューティー（Fiduciary Duty）の訳語としては、後述する金融庁の出した「顧客本位の業務運営」という訳語もあるが、本章では、「受託者責任」で統一する。また、本文中において、特に必要のない限りは「フィデューシャリー・デューティー」とは表さずに、基本的に「受託者責任」という訳語で統一する。

2 ESG投資と受託者責任の関係をめぐる考え方

(1) 受託者責任とは何か

受託者責任（フィデューシャリー・デューティー）は、英米法においてきわめて重要な概念であり、わが国においてもさまざまな議論がある[3]。現在も進行中のものであるが、わが国では、投資判断を行うものが負う忠実義務や善管注意義務、公平誠実義務などの類する義務が存在し、まとめると同じ機能を果たす場合も多いとされる（小出2020）。そして、ESG投資との文脈でよく言及されるのは、資産運用に際して資金の信託を受ける側、すなわち受託者（Fiduciary）が、受益者（Beneficiary）の意向を受けて忠実かつ賢明な方法で運用を行っているかという点であろう。

神作編（2019）によれば、「フィデューシャリー・デューティーとは、信託における受託者の義務を淵源とする」ものであり、「フィデューシャリーに課される法的義務であって、利益相反に係る規律を中核とし、義務違反に対しては多様かつ実効的な法的救済が認められる」としている。この場合における、主なフィデューシャリー（受託者）には、信託業務を営む金融機関、金融商品の販売者、資産運用者などが想定される。たとえば、わが国のGPIF（年金積立金管理運用独立行政法人）は、年金受給者の将来の年金資産の運用の受託を受けているという意味で受託者であり、その意味で受託者（Fiduciary）責任を有すると考えられる。この場合、当然のことながら、年金加入者・受給者が受益者（Beneficiary）である。

また、国連環境計画金融イニシアチブ（UNEP-FI）ほか（2015）「21世紀の受託者責任（日本語版）」の定義によれば、受託者責任（または、それと同等の義務）とは、他人の資金を管理・運用する者が自らの利益ではなく受益者

---

[3] フィデューシャリー・デューティーをめぐる概念についての英米やわが国における議論の概要については小野（2019）を参照。また、米国におけるフィデューシャリー・デューティーと利益相反をめぐる議論の詳細については、神作編（2019）第7章にも詳しい。

の利益のために行動することを保証するために存在するという。そして、最も重要な責任は、忠実性と慎重性であり、前者の忠実性とは、受託者は受益者の利益のために誠実に行動し、受益者間の利益相反に対して公平なバランスをとり、利益相反を避け、自らのあるいは第三者の利得のために行動してはならないことをいい、後者の慎重性とは、受託者は、相当の注意、スキル、配慮をもって行動し、「通常の慎重な者」が投資するように投資しなければならない、とするものである。

　他方で、わが国では、金融庁が2018年「顧客本位の業務運営に関する原則」をいわゆるソフトローとして策定した。この議論に際しても、英米のフィデューシャリー・デューティーに関連して議論が行われたが、その策定過程で、主に、金融商品の回転売買や保険販売などの手数料問題を念頭に置いて議論が展開されたこともあり、「フィデューシャリー・デューティーの概念は、しばしば、信託契約等に基づく受託者が負うべき義務を指すものとして用いられてきたが、近時ではより広く、他者の信任に応えるべく一定の任務を遂行する者が負うべき幅広い様々な役割・責任の総称として用いる動きが広がっており、我が国においてもこうした動きを広く定着・浸透させていくことが必要である」（平成28事務年度「金融行政方針」）として、「顧客本位の業務運営」を「最終的な資金提供者・受益者の利益を第一に考えた業務運営」として、やや広い概念で用いられているといえる。

(2)　ESG投資と受託者責任に関する整理

　一般的なESG投資の文脈でいえば、投資家（受益者）の資金を信託財産として預かって運用する立場にある機関投資家が有する受託者としての責任を、受託者責任というのが一般的だろう。ここでは小出（2020）によるESG投資と受託者責任に関する論考が、法的意味でESG投資と受託者責任を構成する忠実義務と注意義務の観点から、手際よく整理されていることから紹介したい[4]。

　小出（2020）によれば、米国における受託者責任（フィデューシャリー・デューティー）の重要な要素として、①いわゆる忠実義務（duty of loyalty）

と②いわゆる注意義務（duty of care）があり、これらの義務と、ESG投資は以下の点でコンフリクトを起こしうると指摘する。

まず、①社会的目的のみを考える投資や、受益者の利益も社会的目的も両方考えるESG投資は、伝統的な忠実義務に反しかねないと整理している。理由は、忠実義務には、①受益者の利益のみのために行動しなければならない（sole interest）、②受益者の最大利益を図るべき（best interest）、という大きく2つの考え方があるが、投資の場合には前者（sole interest）として考えることが多く、社会的な付随利益があるESG投資との関係で問題を生じうる。これは、後述する米国ERISA（従業員退職所得保障法）やSchanzenbach and Sitkoff（2020）などの見方を反映したものであると考えられる。また、受益者の利益のみを目的とするものの、その判断要素としてESG要素を取り込む投資として、たとえばわが国におけるスチュワードシップ・コードにおけるESG要素の考慮やESG統合投資（ESGインテグレーション）が該当する。これらは、受益者の利益のみが目的となっているので忠実義務には反しないが、受益者の「利益」に経済的利益以外も含めてよいかは検討の余地があると指摘する。

次に、注意義務の観点からは、ESG投資のなかでもネガティブ・スクリーニングなどの分散投資義務に反する可能性が高い投資などは問題を生じうるが、では、どのようなESG投資手法が注意義務との関係で許容されるかというと、そもそも現代ポートフォリオ理論の前提を考え直す必要性があり、たとえばESG要素は長期投資にとってmaterial（重要な）情報であり、それを判断に入れる投資という場合には反しない可能性があると指摘する。

(3) ESG投資における受託者責任をめぐる3つの視点

上記の議論を前提としたうえで、最近のESG投資における受託者責任をめ

4　本節は、「第6回金融資本市場のあり方に関する産官学フォーラム」（テーマ：ESG投資とフィデューシャリー・デューティー）における小出氏報告（小出2020）の概要を咀嚼するかたちで紹介しており、詳細は東京大学公共政策大学院（2020）を参照されたい。なお、この議論全体については、神作ほか（2020）でもまとめられている。

ぐる議論の傾向を見渡すと、大きく2つの考え方、細かくいえば3つの考え方があり、微妙に方向性が異なるように思われる。これらの視点は、いずれも忠実義務・注意義務の両方の視点からも成立するものであるように思われるが、究極的には長期的リターン、すなわち長期的なESG投資パフォーマンスとの関係に帰着するもののようにも思われる。

1つは、①ESG投資の結果として、環境や社会への取組みを組み込むことに伴い、経済的利益を犠牲にしてしまう可能性が考えられるが、この場合、仮に本来の投資目的とはやや異なるESG要素に着目した投資の結果として、通常投資で想定される以上の損失を出した場合には受託者責任に反してしまう可能性があるのではないか、という論点である。この考え方を、本章では、便宜的に「①市場平均リターン達成義務としての受託者責任」というものとする。もちろん、市場平均リターンを達成しない場合には常に受託者責任に反するというわけではなく、その他の要件違反もあわせた結果であると思われるが、多少なりともこうした懸念が残されていること自体が、まさに、「ESG投資と受託者責任のジレンマ」である。特に年金基金等の運用者などのわが国の機関投資家にとって、ESG投資と受託者責任の関係は、外部のステークホルダーとの間や組織内部においても、最も議論の多い点であったといえる。また、特に米国では、伝統的にこの視点からの議論が多いように思われる。

他方で、2つ目としては、②そもそも長期的にサステナブルな社会実現のためには、機関投資家もESG要素を考慮する必要があるので、この場合、むしろESG要素を考慮しないで投資すること自体が、受託者責任に反するのではないか、という論点である。法的義務とまではいえないまでも、あくまで社会に対する責任が、受託者責任の義務違反の判断についての正当化要素として考慮されるべきではないかという考え方であるが、こうした考え方を、本章では、便宜的に「②ESG配慮義務としての受託者責任」というものとする。究極的には、環境や社会に悪影響を与える投資により経済的リターンをあげたとしても、それは受託者責任に反する可能性があるのではないか、とする考え方であり、ESG要素の考慮を、法律義務ではないが、義務に近い規

範的なものととらえ、どちらかというと欧州で主流のように思われる。

　さらに、３つ目としては、上記２つに比べれば主流とはいえず、特にわが国においてみられる視点かもしれないが、個人投資家の視点からESG投資を眺めると金融商品の回転売買や系列金融機関商品販売などの手数料問題も背景に、③ESGやSDGsに関連する投資商品が時流に乗って多く開発されるが、その販売や開発にあたっては、しっかりと顧客である投資家、主に個人投資家の利益を考えたかたちで行われているか、という論点である。なぜならば、わが国では既述のとおり「顧客本位の業務運営に関する原則」を定めており、個人に対するESGやSDGs関連の金融商品販売では、この「顧客本位の業務運営」の視点も重要な要素と考えられるからである。この考え方を、本章では、便宜的に「③顧客本位としての受託者責任」というものとする。

　なお、上記の①〜③の呼称は、筆者が便宜的に与えたものであり、なんら一般的な呼び方ではないことには留意されたい。

3　米国におけるESG投資と受託者責任をめぐる議論

　以上の３つの受託者責任の考え方のうち、主に機関投資家の視点から考えるべき議論が、①市場平均リターン達成義務としての受託者責任、②ESG配慮義務としての受託者責任、である。他方で、個人投資家の視点からみたものが、③顧客本位としての受託者責任、といえる。

　以下では、まずは、機関投資家の視点から考えるESG投資と受託者責任に関する議論として、米国や、主に欧州でなされてきた議論をサーベイし、次に個人投資家視点からの議論を行う。

(1)　ERISAの解釈をめぐる議論

　米国におけるESG投資と受託者責任をめぐる議論でしばしば取り上げられるのが、ERISA（従業員退職所得保障法）の解釈通達をめぐる論点である[5]。

伝統的に、米国労働省は、ERISA解釈において、「付随的な社会政策的な目標を促進するために投資リターンを犠牲にしたり、投資リスクを負担したりする投資手法をとることは許されない」との立場で1994年以来、基本的に一貫しており、すなわち、前節の①の考え方で、ESG投資で投資リターンを犠牲にすることは受託者責任に反するとの立場であったとされる。実務においても2008年の同省解釈通知において、「経済的利益以外の要素に基づいて投資決定を行い、紛争が生じたときは、その経済分析によって他投資対象と同等の価値を有していたとの証書を提出しない限り、受託者責任の遵守を証明できないだろう」とのことであり、ESG投資を明示することには慎重な扱いであったとされる。

　しかしながら、オバマ政権下の2015年10月に労働省がERISA解釈通達を改訂し、「ESG要素を含む専ら経済的考慮に基づいて思慮深く検討した結果なら、当該投資が促進しうる付随的な利益を考慮することなく当該投資が可能」と通知し、ESG投資を行うことのハードルを引き下げた[6]。さらに、2016年にも再度解釈通知を発出して、「社会政策的目標の促進のために、投資収益を犠牲にすることは許されない」との立場をあらためて示しつつも、ESG要素は年金運用上の経済的価値と直接に関係をもちうるとして、ERISAは運用の際にESG要素を考慮することを禁止してはいないということを明確化した[7]。

　すなわち、これらの解釈通知によって、ERISAのもとで、伝統的な意味での受託者責任を考慮しても、投資方針や議決権行使などに際してESG要素を考慮することが可能、すなわちESG投資は受託者責任には反しないと解さ

5　米国のERISAとESG投資をめぐる議論については、神作編（2019）を参考にした。また、条文・通達の訳文・概要等においても同論文で用いられている訳文や表現を用いた。物江（2017）も議論しており、参考にしている。

6　U.S. Department of Labor（2015）"Interpretive Bulletin Relating to the Fiduciary Standard Under ERISA in Considering Economically Targeted Investments" October 26, 2015.

7　U.S. Department of Labor（2016）"Interpretive Bulletin Relating to the Exercise of Shareholder Rights and Written Statements of Investment Policy, Including Proxy Voting Policies or Guidelines" December 29, 2016.

れた。それ以前は、受託者責任の観点から、ESG投資はERISAに反するという見方もあったため、この見方を明示的に否定したわけである。

　もっとも、トランプ政権後の2018年になって、米国労働省は上記の見解を一部修正した[8]。すなわち、上記2通達は、ESGを考慮する必要があるとまでは述べていないと注意喚起し、過度にESG要素を重視してはならず、経済的リターンを犠牲にすることには慎重であるとした[9]。

(2) 米国SECおよび年金機関投資家における見方

　ちなみに、米国の金融当局である証券取引委員会（SEC）も、ESG要素を過度に重視することには慎重であるように思われる。たとえば、国際的な証券監督当局者の集まりである証券国際監督機構（IOSCO）が2019年1月に作成したESG要素のディスクロージャーに関する文書「IOSCO statement on disclosure of ESG matters by issuers」（2019年1月）では、米国SECは投票を棄権した[10]。また、わが国の経団連による「投資家との対話促進に向けた米国ミッション」での面会においても、「ESGや「ステークホルダー・ムーブメント」と呼ばれる動きがあるが、企業による最大の社会貢献活動は企業の価値を最大化することである。これは当然に行われていることであり、これ以上のことをする必要があるのか疑問」とのコメントをSEC担当者が述べている[11]。

　また、米国カリフォルニア州の職員退職年金基金（カルパース）では2018年10月の理事選挙において、ESG推進派であったメイヤー氏が敗れ、「カルパースの投資収益がESGによって抑えられ、退職者の年金生活を脅かしているとの指摘を繰り返してきた」ペレス氏が選任された[12]。特にペレス氏は、ダイベストメントを問題視していたとし、メイヤー氏のときには実際のパ

8　U.S. Department of Labor, Field Assistance Bulletin 2018-01, dated April 23, 2018.
9　具体的には、"must avoid too readily treating ESG issues as being economically relevant to any particular investment choice"と記載されている。
10　同文書の注1に米国SECは採択のための投票を棄権したとの記載がある。
11　経団連「投資家との対話促進に向けた米国ミッションの概要」（2019年5月14日）より抜粋（経団連ウェブサイトより）。
12　日本経済新聞2018年12月3日記事より抜粋。

フォーマンスも振るわなかった模様であり、年金加入者はESG目的の達成よりも投資パフォーマンスを選択したともいえる[13]。

いずれにせよ、米国においては、受託者責任の観点からは、やはり経済的リターンを確保するのが前提としたうえでのESG投資が許容されるとするものであり、どちらがより優先事項かといえば、経済的リターンのほうであると思われる。つまり、伝統的な意味での、「①市場平均リターン達成義務としての受託者責任」とする考え方のほうが有力のように思われる。

(3) 目的は「付随的利益」か「リスク・リターン」か：Sitkoff教授らの議論

ESG投資と受託者責任に関する法律的な観点からの議論としては、Schanzenbachノースウェスタン大学教授とSitkoffハーバード大学教授が興味深い議論を展開しており、関係者の注目をおおいに集めた（Schanzenbach and Sitkoff 2020）。その概要は次のとおりである[14]。

「近年、年金などの受託者はESG要素を投資決定に組み込むべきとのプレッシャーに直面しているが、trust fiduciary law（信託法）の「sole interest rule（唯一の利益規則）」のもとでは、受託者は委託者の利益のみを考えなければならない。したがって、ESG要素の利用が、受託者の倫理的理由または第三者の「付随的利益（collateral benefits）」目的ならば、それは受託者責任に反するが、他方で、ESG投資は優れたリスク調整後リターンをもたらすこともありうるので、「リスク調整後リターン」目的のESG投資ならば、賢明な受託者責任（fiduciary duty of prudence）として要求されるとの議論もある。このため、法と経済学の観点から、ESG投資を「付随的利益」のものと、「リスク・リターン」のものに分けて分析すると、ESG投資は、①リスク調整後リターンを改善させるもの、②ESG投資の目的が、この直接的利

13　米国では、トランプ政権後は気候変動問題などに消極的ととらえられがちであるが、州レベルでは積極的なところもあり、こうした州ではダイベストメントも多いとのことである（太田2020）。

14　Schanzenbach and Sitkoff（2020）は、神作編（2019）、岡本・渡邊（2019）、水口（2019a）でも議論している。

益獲得にあること、の2条件でのみ、つまり、「リスク調整後リターン」目的のESG投資のみが許容される。他方、「付随的利益」目的のものは受託者責任に反するとして認められず、「sole interest rule」適用が規範的に健全であるとするものである」。

同論文の主旨は、ESG投資を「リスク調整後リターン」目的と「付随的利益」目的に分けて考えて、ESG要素の利用が、「付随的利益」目的が含まれるのならば受託者責任に反し、リスク調整後リターンを改善する目的、すなわち「リスク調整後リターン」目的ならば許容されるとするものである。

この考え方は、第2章でも述べた効率的市場仮説をその考え方の基礎とするプルーデント・インベスター・ルール（思慮ある投資家の準則）に基づくものであり、伝統的な米国労働省ERISAの見解とも一致するものと考えられる。受託者責任とは、あくまでも「①市場平均リターン達成義務としての受託者責任」、として考えられるべきであり、「②ESG配慮義務としての受託者責任」として考えるべきではないとする見解と思われる。

⑷　ESG投資はプルーデント・インベスター・ルールに合致するか

ESG投資をアクティブ投資の一類型であるととらえるならば、ESG投資と受託者責任の議論においても、現代ポートフォリオ理論の効率的市場仮説（第2章参照）にその基本的な考え方を立脚しているプルーデント・インベスター・ルールとアクティブ運用をめぐる議論も参考になる[15]。なぜならば、米国においてはプルーデント・インベスター・ルールに基づいた運用は、受託者責任に基づくものと考えられているからである。

プルーデント・インベスター・ルールは、信託法第3次リステイトメントの策定過程で公表（1992年）され、具体的には、受託者は、①投資を分散する義務、②信託目的、分配の要件等に配慮してリスクとリターンを決定する義務、③報酬・費用が合理的なものとなるようにする義務、④公平性の観点

15　プルーデント・インベスター・ルールや、同ルールとESG投資をめぐる議論については、樋口・神作編（2018）や神作編（2019）でも展開されており、本節の議論もこれらを参考にしている。

から、収益と元本保持の2つを均衡させる義務、⑤プルーデント・インベスターであれば委任すべき時には委任する義務、を負うとするものである。

　特に分散投資義務に関しては、セミストロング・フォームの効率的市場仮説を前提としたポートフォリオに着目し、結果責任を負うのではなく行為規範とするものである[16]。要するにプルーデント・インベスター・ルールのもとでは、受託者責任を果たすためには受託者責任における忠実義務というよりは、むしろ注意義務の問題としてとらえられ、現代ポートフォリオ理論に基づいた分散投資を行うことが求められるわけである[17]。すでに第2章でも述べたとおり、ESG投資によりポジティブな投資効果が得られるということは、現代ポートフォリオ理論における基本的な考え方である、市場が十分に効率的である場合には、マーケット（市場平均）に対して超過収益を継続的に得ることはできない、つまり継続的に α（超過収益）を得ることはできないという考え方には反するわけである。

　では、アクティブ投資は、プルーデント・インベスター・ルールのもとでは許容されないのかというと、必ずしもそうではない。Schanzenbach and Sitkoff（2020）によれば、プルーデント・インベスター・ルールの重要な目的は、保守的な運用（債券投資など）のみを重視し、特定の投資手法・技術を投機的であるものとして好まないような投資スタイル（かつて、プルーデントマン・ルールと呼ばれていた[18]）による制約を外し、むしろ特定の投資手法・技術がプルーデント（賢明）であるか否かが重要なのではなく、特定の投資手法・技術を含めた投資戦略によって分散化されることによりポート

16　さらに同ルールは、任意規定ではあるが、強行法規的な性格も有するとされ、委託者の明確な指示がない限りは、分散投資義務等は免除されないとの判決がしばしばみられる。この議論は、樋口・神作編（2018）を参照。

17　現代ポートフォリオ理論に基づく分散投資の効用については、第2章を参照。

18　プルーデントマン・ルール（合理的な投資者の準則）は、1959年に制定された第2次リステイトメントによるものであるが、これによって「資産の維持ならびにそこから生じる収入の金額および安定性を考慮して行うであろう投資を、そしてそのような投資のみを行う義務」が課され、実務的には元本保証の債券投資が中心となり、高インフレで信託財産の実質価値が大幅に毀損されるというリスクを抱えることとなった。このため、後になって改められてポートフォリオを重視したプルーデント・インベスター・ルールが制定されたとのことである（樋口・神作編（2018）の第6章参照）。

フォリオ全体がリスク・リターン目的に合致しているような場合には許容される。つまり、アクティブ投資であっても、ポートフォリオ全体として「リスク調整後リターン」目的を追求するものもあるならば、許容されるのであり、これは市場の効率性が必ずしも成立しないことがあることにもよる。

　受託者責任の議論からは、ESG投資が、現代ポートフォリオ理論や効率的市場仮説を背景としたプルーデント・インベスター・ルールに合致するかという論点が生じることになる。ESG投資はアクティブ投資的な側面もあり、分散投資義務に基づく市場ポートフォリオを大幅に外れるような投資ポートフォリオを組んだ場合には、それが受託者責任の観点から許容されるかどうかは議論のあるところだろう。少なくとも、リスク分散効果とは関係ない理由で、たばこや石炭関連などを投資対象から除外する、いわゆる「ダイベストメント」は受託者責任に反するとみられる可能性も考えられる。

　他方で、ESG投資は、アクティブ投資の一種であることから、あくまでもこの流れのなかで、つまり分散化されたポートフォリオの1つとしてのリスク調整後リターンを追求するものであれば、プルーデント・インベスター・ルールのもとでも許容されると考えられる（Schanzenbach and Sitkoff 2020)。つまり、リスク分散効果が生じるという前提があるならば、ESG投資も分散投資義務に合致しており、受託者責任には反しないとも考えられる[19]。このほかに、受託者責任との関係で年金基金などからESG投資が問題視されるとしたら、ESGを重視したアクティブ投資はコストがかかる点だろう。環境・社会的な投資はコストがかかるので、これらに熱心な企業への投資は、長期的なリターンはあがるかもしれないが、その効果は不確実性も高く、特に足元のリスクが高いので除外したほうがいいのではという議論にもなりかねない。

　一方で、これもリスク分散投資の観点から考えると、むしろリスク分散効

19　もっとも、すべてのESG投資が対象ではない。すなわち、ESG投資には、ダイベストメントなどのネガティブ・スクリーニングも含まれ、これらはそもそも分散投資の対象となる投資ユニバースからも外れることから分散投資にはならない（この点については、第1・2章での議論を参照）。

果が働くのならば、ユニバースを拡大するほうがよいという見方も成立しうる。より具体的には、その投資商品の、他商品との相関次第であり、統計的には相関がマイナス（＝共分散がマイナス）ならば、共変動性がマイナスに働きリスク分散効果が働く可能性が考えられる。つまり、他商品が低下したときに、上昇する、もしくは危機時に価格下落リスクに強い商品などを組み込むことによりリスク・リターン改善に資することがある。

実際、ESG投資は、金融危機時の耐久性に優れるとの研究（Lins *et al.* 2017等）もあることから、この点で許容される可能性もある。このほかにも、米国ではベンチャーキャピタルやオルタナティブ投資なども、分散投資の観点から年金基金の投資対象になっていて、単にリスクが高いからといって受託者責任が否定されるわけでもない[20]。

なお、この議論もESG投資に係る受託者責任を、「①市場平均リターン達成義務としての受託者責任」としてとらえたものである。

4 主に欧州におけるESG投資と受託者責任をめぐる議論

(1) 欧州サステナブル・ファイナンス行動計画における位置づけ

欧州における受託者責任とESG投資の関係の位置づけは、最近は、米国とは微妙に異なっているように思われる。すなわち、米国では、「①市場平均リターン達成義務としての受託者責任」としてとらえる見方が強いと思われるのに対し、欧州における最近の方向性としては、ESG要素を考慮すること自体が受託者責任であり、ESG要素を考慮しない投資自体が受託者責任違反となりうる、とする「②ESG配慮義務としての受託者責任」との見方が次第に強くなってきているように思われる。

たとえば、欧州では、2006年設置の「サステナブル金融に関するハイレベル専門家グループ（HLEG：High-Level Expert Group on Sustainable Finance）」

20　ベンチャーファイナンスと年金基金など機関投資家に関する議論については、神作ほか（2019）を参照。

の最終報告（2018年1月）を受けて、欧州委員会が「サステナブル・ファイナンス行動計画」（2018年3月）を策定したが、このなかの行動7において、ESG要素と受託者責任の関係が記載されている。

　具体的には、機関投資家と資産管理会社の義務の明確化が必要として、①サステナビリティに関する考慮を投資決定プロセスに統合すること（筆者注：いわゆるESGインテグレーション）、および、②投資決定プロセス、特にサステナビリティ・リスクに関する投資について、どのようにサステナビリティ要素を組み込むか最終投資家に対する透明性を高めること（ディスクロージャー）、を義務づけることとした[21]。これは、いくつかの既存のEU法制は、最終投資家のための最善の利益（best interest）を要求、すなわち受託者責任を要求しているものの、そのなかにはサステナビリティ考慮を義務づけていないとの指摘を受けたものとされる。

　もっとも、「長期的なサステナビリティの考慮は、経済的観点からであって、投資家に低いリターンを必ずしももたらさない」とも指摘している点は留意する必要がある[22]。これは、サステナビリティの考慮が、倫理的（ethics）な位置づけではなく、あくまでも経済的観点からのものであるが、一部では混同もみられるための指摘である。そして同時に、やはり「①市場平均リターン達成義務としての受託者責任」の考え方も意識していることを示唆していると思われる。

(2)　「21世紀の受託者責任」における位置づけと論点[23]

　国連環境計画金融イニシアチブ（UNEP-FI）と国連責任投資原則（PRI）は、2019年10月に、受託者責任とサステナビリティの関係についての調査結果をまとめて「21世紀の受託者責任：最終版（Fiduciary Duty in the 21st

---

21　同計画は金融界との調整が難航したが、2018年5月に欧州委員会が法整備を提案した。

22　同計画の冒頭部分に"It is important to recognise that taking longer-term sustainability interests into account makes economic sense and does not necessarily lead to lower returns for investors."との記載がある。

23　「21世紀の受託者責任（最終版）」は必ずしも欧州ではないが、欧州における議論に近いため欧州に分類した。

図表 4 − 1 「21世紀の受託者責任（Fiduciary Duty）最終版」概要

■投資家の受託者責任（以下、FD）は、投資家に対して以下を要求。
　—ESG要素を、投資期間に応じ、投資分析と意思決定プロセスに組み入れる。
　—投資先に高いESGパフォーマンスを促す。
　—受益者と貯蓄者のサステナビリティに関する選好を理解し、組み入れる。
■この主な理由は以下の 3 点。
　—ESG要素の組入れは、投資規範であること。
　—ESG要素の組入れは、財務的にも重要であること。
　　✓学術的実証研究は、ESG要素の組入れが、投資価値の源泉を示す。
　　✓ESG分析の無視は、リスクの誤った評価や不適切な資産配分の決定を招き、FDの失敗と
　　　なる可能性。
　　✓気候変動のようなシステミックな問題は、特定セクターへの投資合理性に重要な影響、
　　　経済に悪影響をもたらす可能性。結果的に、ESG考慮は、賢明な投資プロセスの重要な
　　　一部分となる。
　—政策・規制フレームワークも、ESG組入れを求める方向に変わってきている。

（出所）　UNEP-FI and PRI（2019）より作成。下線部分は筆者。

Century：Final report）」としてリニューアルし公表した。同レポートは、2015年に公表された同名レポートの最終版との位置づけで、その受託者責任に関する考え方もあらためて示している。ちなみに、なぜ最終版かというと、2015年版レポートでは、ESG要素を投資プロセスに組み入れる投資家にとって、はたして受託者責任は真の障害であるのか、という議論に終止符を打つことが目的とされたものの、結果的には、その後も、やはりこの議論は続いていたからだとされる[24]。大きな特徴は、投資家の受託者責任として、投資家に対して、①ESG要素を、投資期間に応じ、投資分析と意思決定プロセスに組み入れること、②投資先に高いESGパフォーマンスを促すこと、③受益者と貯蓄者のサステナビリティに関する選好を理解し、組み入れること、を求めていることである（図表 4 − 1 ）。すなわち、「②ESG配慮義務としての受託者責任」である。

　もっとも、本レポートでは、受託者責任として、ESG要素を考慮すること

[24]　同レポート（英語原文）には"It replaces the original 2015 report which found that the "failure to consider all long- term investment value drivers, including ESG issues, is a failure of fiduciary duty". Despite significant progress, many investors were not fully integrating ESG issues into their investment decision- making processes, necessitating regulatory clarification"とある。

を求めているが、その理由の１つには、学術研究の成果を含めて、ESG要素の組入れ自体が、経済的リターンにつながることをあげているのが気になる点である。この点は、Schanzenbach and Sitkoff（2020）が、ESG要素の考慮を義務とすることに反対した根拠の１つとしても指摘されている。

　すなわち、既存の「学術的実証研究は、ESG要素の組入れが、投資価値の源泉を示す」ことが、「ESG要素を、投資期間に応じ、投資分析と意思決定プロセスに組み入れる」ことの理由としてあげられ（図表４－１の下線部分）、さらに、その根拠としていくつかの実証研究を列挙しているが、それがすべてポジティブな投資パフォーマンスを示す研究成果であることには留意を要する[25]。

　実際には、必ずしもポジティブな経済的リターンを示す研究成果のみがあるわけではなく、ESG投資のパフォーマンスについては議論が多く確定的なことはいえない。さらに、現代ポートフォリオ理論や効率的市場仮説との整合性の観点からも同様であり、まさにこの点でおおいに疑問が残ることが、受託者責任がESG投資の障害であると考える人たちの最大の関心事であるといえる。むしろ、ESG投資パフォーマンスが、統計的に有意にマイナスであることが立証されたわけではないことを指摘しつつ、ポジティブなファクターとなりうることも多いと指摘することで、「②ESG配慮義務としての受託者責任」を求めたほうがより説得力をもったのではなかったかと思われる。

25　具体的には、Eccles *et al.*（2014）、Cheng *et al.*（2014）、Khan *et al.*（2016）であり、さらにPRI（2018）を参照して、MSCI ESG ResearchによるMSCIスコアのモメンタム戦略（ESGスコア改善による投資効果を目的）が有効であるとの分析など３点（第６章で概要を示している）をあげるが、いずれもESG投資とはポジティブな経済的関係を示すものであった。

ESG投資は義務なのか

　Schanzenbach and Sitkoff（2020）の論文では、ESG要素の考慮が義務（man-datory）かどうか、すなわち受託者はESG要素を考慮しなければいけないのかという点の是非についても議論している。そして、彼らの結論としては、これに近い見方をする国連環境計画金融イニシアチブ（UNEP-FI）ほか（2015）の「21世紀の受託者責任」などの欧州を中心とした見方、すなわち「②ESG配慮義務としての受託者責任」には明確に反対し、その理由としては、以下を掲げている。

(1)　プルーデント・インベスター・ルールは、特定の投資手法や投資技術を義務づけてはおらず、むしろ適切なリスク・リターン目的を有する投資戦略の一部である限り、あらゆるタイプの投資も許容されている。すなわち、ESG投資などの特定投資の義務づけ自体が、プルーデント・インベスター・ルールの意義に反すると考えられること。

(2)　ESGというものがあいまいかつ主観的すぎて、法的に明確に義務づけるのは実務的にもむずかしいと考えられること。

(3)　ESG投資はもはや義務であると主張する人々は、たいてい①ESG要素は長期的な企業財務パフォーマンスに関連する、②賢明な投資を行うものの義務として、重要な（material）情報を考慮することが求められている、③このため、受託者はESG要素を考慮しなくてはならない、という三段論法を唱えるが、そもそもこの論理に誤りがあるのは明らかである。すなわち、ESG投資かどうかにかかわらず、特定の要素が長期的にリターンと関係しているという前提自体が間違いで、不確実なものである。

(4)　ESG投資を義務づけた場合には、受託者は通常のパッシブ投資もできなくなってしまうが、これは明らかにおかしい。

(5)　さらに皮肉的にいえば、仮に三段論法の論理が正しいとしたならば、市場がESGスコアに過剰反応し、高ESGスコアをもつ銘柄が過大評価されて、低ESGスコアの銘柄が過小評価されている場合には、賢明なる投資家としての受託者責任を有する投資家は、アンチESG戦略をとることが最も合理的になるわけである。PRIで「21世紀の受託者責任」を主張する人々はこれができるのか。

　このように、Schanzenbach and Sitkoff（2020）は、ESG投資そのものを否定していないが、これを義務であると主張する人々に対しては明確に反対しており、これが米国のERISAの一貫したスタンスであるとしている。

⑶ 受益者の意向と受託者責任の議論

　米国のERISAをめぐる議論でも、主に欧州におけるESG配慮自体を受託者責任ととらえる議論でも、受益者（年金基金ならば年金受給者）自身が、むしろESG要素を考慮した投資を求めていたらどうなのか、さらに、その期待リターンが、分散投資義務を大きく逸脱し、市場平均リターンも達成できそうもない場合の受託者責任はどう考えるべきか、という論点は興味深い点である[26]。

　Riedl and Smeets（2017）は、SRIファンドは、伝統的ファンドよりもパフォーマンスがよくはないという結果が多いが、なぜ個人がSRIファンドを保有するのかを、オランダのSRIファンドのデータを用いた保有者へのウェブメールアンケートを用いた手法により検証した。この結果、財務的要因を重視している投資家は、SRIファンドにはあまり投資しないが、SRIとして投資リターンが低くなることを期待（許容）している投資家が多いことを示した。このことはSRIファンドは、社会的動機によって所有されることが多いことを示す。

　この点に関連したアンケート結果もいくつかある[27]。まず、Bauer *et al.*（2019）は、やはりオランダ年金の加入者に対するアンケート結果をまとめて、66.7%がよりサステナブルな運用を望むと回答し、10.3%だけが反対、残り（2割強）が意見なしであった。さらに重要なことは、42.3%の参加者は、サステナブル投資に伴う低リターンを受け入れるとした点である。これが正しいとしたら、まさに受益者の意向としてサステナブル投資を行うことが求められるとも考えられなくもないからである。

　また、欧州の「サステナブル金融に関するハイレベル専門家グループ（HLEG）」の最終報告（2018年1月）でも、いくつかのアンケート結果が紹介され、おおむねサステナブル投資をより多く行うべきでとの意向を示したものである[28]。

　上記のアンケート結果は、欧州におけるESG投資と受託者責任の議論にお

26　この点については、水口（2018、2019a）も指摘している。
27　同結果は、水口（2019a）で紹介されているものを抜粋。

いて、むしろESG要素を考慮することが受託者責任であるとの風潮を強める方向につながっていると推察される。すなわち、「②ESG配慮義務としての受託者責任」の考え方の方向性を強め、その追い風となっていると思われる。

　他方、わが国におけるサーベイについては、やや古くて年金シニアプラン総合研究機構（2018）が、年金加入者を対象に実施したものがある。まずESG投資に関する認知度が5％ときわめて少ないなかであったが、ESG投資に関する意向を聞いたところ、公的年金では積極的（してほしい、どちらかといえばしてほしい）が32％、消極的24％、わからないが44％であり、企業年金では、積極的33％、消極的21％、わからない48％であった。また、年金運用は年金支払いだけを考えるべきで、環境・社会など関係ないことには慎重であるべきとする見方に対しては、公的年金では肯定28％、否定28％、企業年金では肯定37％、否定18％であった。全体的にみると、意見は二分されていると評価するほうが妥当であろう。ただし、本調査は2017年3月実施であり、世の中のESG投資への注目が高まる前である。

5　わが国におけるESG投資と受託者責任をめぐる議論

(1)　投資家の受託者責任の法的観点

　わが国では、投資家の受託者責任についてはどう考えられているのだろうか。まず法的観点からは、投資資産などの受託者は、法令上、投資家や受益者に対する「善管注意義務」を負うとされる[29]。「善管注意義務」とは、通常要求される程度の注意を尽くすことを意味しており、仮に結果的に損失が

28　たとえば、Natixis Global Asset Managementが2017年に行ったサーベイによれば、個人投資家の70％が社会・環境要素を目的とすることが重要であると指摘し、欧州のESG情報会社のVigeo-Eirisの2017年調査によれば、フランスの個人投資家の72％が、彼らの貯蓄ファンドにサステナビリティ要素を組み込むことが必須であると回答。このほかにも、Schroders社の「Global Investor Study 2018」によれば、全世界30カ国2万2,000人を対象としたオンラインサーベイにおいて、75％が、サステナブル投資がより重要であると回答。

生じたとしても、常に運用者が損害賠償責任を負うわけではないとされる。ただし、投資運用で明らかに合理性を欠いた場合には、裁量権の逸脱として善管注意義務違反が認められる判例も散見される。

　これをESG投資の文脈で考えた場合、ESG投資により、通常投資よりも、大きな損失が発生した場合はどう考えればよいのか、すなわち「①市場平均リターン達成義務としての受託者責任」が論点となりうる。たとえば、米国カリフォルニア州のカルパースの事例（本章第3節参照）のように、ESG投資によるダイベストメントなどが要因となって、運用成績が市場平均よりも振るわず、結果的に年金支払額に影響が出るような場合には大きな論点となるだろう。

　さらに、ESG投資に関連した利益相反が発生する場合、「忠実義務」も論点となりうる。たとえば、受託者が出資したり、経営に関与したりする関係会社が運営する太陽光発電などの再生エネルギー会社に投資して、結果的に大幅な損失が生じた場合には、利益相反の問題が生じかねないともいえる。具体的な事例に即しての判断が必要であるため、なかなか一般化はしづらいと考えられるが、やはり、ESG投資に関連した受託者責任の問題は生じると考えられ、この場合も「①市場平均リターン達成義務としての受託者責任」として議論されることになるのではないかと思われる。

(2)　スチュワードシップ・コードとESG投資

　わが国では、日本版スチュワードシップ・コードの改訂（2017年6月）のなかでも、ESG要素を含む非財務情報の把握が強調された。すなわち、改訂後のスチュワードシップ・コードの原則3において、「〜当該企業の状況を的確に把握すべきである」とされ、具体的に把握すべき内容の例として、事業におけるリスク・収益機会（社会・環境問題に関連するものを含む）とされ、ガバナンスとともにESG要素が把握すべき項目のなかに含まれた。

　また、2020年3月の同コードの再改訂においても、ESG要素が強調されて

29　金融商品取引法42条2項、信託法29条2項、信託業法28条2項、民法644条等。ESG投資と受託者責任に関する議論については、有吉・三本（2019）を参照した。

いる。具体的には、冒頭で「運用戦略に応じたサステナビリティ（ESG 要素を含む中長期的な持続可能性）の考慮」に基づく建設的対話などを通じて、中長期的な投資リターンの拡大を図る責任としてスチュワードシップ責任を定義し、さらに原則1で「運用戦略に応じて、サステナビリティに関する課題をどのように考慮するかについて、検討を行ったうえで当該方針において明確に示すべきである」と指摘している。この点は、「②ESG配慮義務としての受託者責任」に近い考え方といえる。

　もっとも、日本版スチュワードシップ・コードは、2020年3月の再改訂においても、その基本的スタンスとしては、「機関投資家が、投資先企業やその事業環境等に関する深い理解に基づく建設的な「目的をもった対話」（エンゲージメント）などを通じて、当該企業の企業価値の向上や持続的成長を促すことにより、「顧客・受益者」の中長期的な投資リターンの拡大を図る責任を意味する」としており、あくまでも中長期的な投資リターンの拡大をその目的としていることに変わりなく、この点は英国におけるスチュワードシップ・コードとは異なるとの指摘もある（Goto 2018、2020）。実際、金融庁としても、英国のスチュワードシップ・コードのように「経済、環境、社会への持続可能な利益をもたらすような」顧客と最終受益者に対する長期的な価値を生むための責任をスチュワードシップと位置づける考え方とは一線を画しており、かつ、「運用戦略に応じた」サステナビリティの考慮を求めているのであって、一律にESGの考慮を求めるものでもないと指摘している（島貫・山田2020）。

　こうした考え方の背景としては、スチュワードシップ・コード改訂の議論の際に、スチュワードシップ・コードにESG要素を組み込むことはいいが、最低限、企業価値の向上に資する範囲にすることを前提とすべきだとの議論もあったとされる[30]。かつて、CSR（企業の社会的責任）的な要素を会社法で法定化してはどうかとの議論があった際に、CSR的な要素を会社法に組み込むと、CSRというのは概念も幅広くあいまいなものなので、経営者に対する規律もあいまいになり裁量的になってしまい、結果的に、CSRは究極的に経営者の無責任をもたらすという指摘があったとされる。スチュワードシッ

プ・コードは、もちろん法律ではなく規範であるが、スチュワードシップ・コードでESG要素が定められたことをもって金科玉条のようにして、経済的リターンを無視した投資行動を行うのはやはり許容されないといえるだろう。つまり、「①市場平均リターン達成義務としての受託者責任」のような要素も依然として大前提となる。

他方で、逆にいえば、2020年3月の同コード改訂によってESG要素が強調されたことは、いまの機関投資家はこれまでは経済的リターンを主として求めていれば十分であったが、新たに（一律ではなく、運用戦略に応じたかたちであるとしても）ESG要素を考慮も求められることとなり、やはり両者を同時に達成することを求められているようなもので、よりむずかしいミッションを課せられたともいえるのかもしれない。スチュワードシップ・コードは法令でなく、いわゆるソフトローに属するため罰則があるわけではないが、投資家にとっても規範的要素がある。法律上の受託者責任としてでも当然ないし、たしかに、「企業の企業価値の向上や持続的成長を促すこと」により、顧客・受益者の中長期的な投資リターンの拡大を図ることが依然としてコードの目的であり続けるものの、それでも、経済的リターンの最大化（「①市場平均リターン達成義務としての受託者責任」）とESG要素の考慮（「②ESG配慮義務としての受託者責任」）の両立を図るというむずかしいミッションを課される方向にやはり向かっているようにも思われる。

30　金融庁「スチュワードシップ・コードに関する有識者検討会（令和元年度第2回）」議事録において田中亘氏（東京大学教授）は、「1970年代において企業の社会的責任というものが強調されていたときに、東京大学の竹内昭夫教授が指摘されたように、社会的責任というのは究極的に経営者の無責任をもたらすものであるという強い批判をもたらしたわけです。個々の企業に対して、企業価値の最大化という目的を超えるような広い目的を追求するように求めることは、結局、さまざまな利害関係者の利益を口実にして、経営者の無限の裁量を認めることになる。企業価値を超える広い意味でのESGを求めることは、そういった大きな問題を抱えているということであります」「機関投資家に対してリターンの最大化、つまり最終受益者が享受する収益の最大化ということではない、それよりも広い目的を追求するように求めることにより、機関投資家の目的が不明確になるということを私は心配しております」と発言している。

(3) GPIFの受託者責任に関する考え方

世界最大の年金基金であり、わが国でESG投資が潮流となるきっかけをつくったともいえるGPIFはどう考えているのだろうか。

法律的には、役員の注意義務として、「慎重な専門家の注意」が規定され[31]、また、PRIには2015年に署名しており、この点ではESG要素を考慮することになる。

特に注目されるのが、GPIFの運用責任者であった水野弘道CIO（当時）が、経済的リターンのみならず、ESG要素の考慮自体が受託者責任であると指摘していることである[32]。具体的には、「ESGとフィデューシャリー・デューティーの関係は顧客の投資ホライズンによっても変わってきますが、ESGファクターをまったく織り込まないとすれば、それは特に長期投資を見据える顧客に対するフィデューシャリー・デューティーに反する行為」「超過リターンを生むことだけが、フィデューシャリー・デューティーを充足する唯一の方法なのかという点です。ESGインテグレーションというのは、市場に勝つことではなく、資本市場をより持続可能にすること」と言及している。

さらに、GPIFではESG投資ウェブサイトには、「資本市場は長期でみると環境問題や社会問題の影響から逃れられないので、こうした問題が資本市場に与える負の影響を減らすことが、投資リターンを持続的に追求するうえでは不可欠といえます。ESGの要素に配慮した投資は長期的にリスク調整後のリターンを改善する効果があると期待できる」と記載されており、経済的リターンを前提としつつも、長期的な視点からESG要素を盛り込むこと自体が受託者責任と考えているように見受けられる。あえていえば、やはり受託者責任について、「①市場平均リターン達成義務としての受託者責任」「②ESG配慮義務としての受託者責任」の両方の考え方を志向しているように思われる。

31　年金積立金管理運用独立行政法人法（GPIF法）。

32　Bloombergでの水野氏に対するインタビュー記事（2019年5月15日）より抜粋。なお、水野氏は2020年3月にGPIFを退任した。

**「顧客本位の業務運営に関する原則」からみる
個人のESG投資の留意点**

　ESG投資を個人投資家の視点から考えた場合には、別の問題が生じうる。金融庁が、2017年に「顧客本位の業務運営に関する原則」を公表した際には、信託報酬や購入時手数料が、わが国でのフィデューシャリー・デューティーの議論として大きな論点となった点である。実際、同原則4において、手数料等の明確化として、「金融事業者は、名目を問わず、顧客が負担する手数料その他の費用の詳細を、当該手数料等がどのようなサービスの対価に関するものかを含め、顧客が理解できるよう情報提供すべきである」とされた。

　しかしながら、現在、個人投資家向けに販売されるESG関連の投資信託商品をみると、その信託報酬が1.5％以上で、購入時手数料も3％近くかかる商品も散見される。こうなると、初期段階から市場平均並みのリターンを得るハードルが高くなる。ESG投資は一般には長期的リターンを志向する投資であることから10年間、20年間と長期運用した場合には、その多くが運用会社や販売会社の取り分となり、投資家個人の利益となる分よりもむしろ多くなることも予想される（図表4-2）。

　いったい、だれのための資産運用なのかがまさに問われる点で、「顧客本位の業務運営」の視点が唱えられ、信託報酬や購入時手数料に一定の上限を設けた「つみたてNISA」も導入された。もっとも、ESG関連の上場投資信託（ETF）となると、信託報酬でも0.2％未満に低く抑えられているものもいくつかみられることから、個人投資家も商品選別が必要なのだと思われる[33]。この問題は、わが国だけではなく、国際的にもサステナブル・ファンドの手数料は、通常のファンド手数料よりも高い事例がかなりみられることも指摘されている（図表4-3、IMF2019）。

---

[33]　一般には、市場平均であるTOPIXや日経225に関連するETFの信託報酬も0.2％未満と低く抑えるものが多い（参考：「つみたてNISA」における国内取引上場ETFの信託報酬の上限は0.25％）。

図表4－2　信託報酬・手数料等の差による投資利益の差（100万円を10年間、20年間投資した場合の簡単な試算）

		10年間投資した場合						20年間投資した場合	
想定	想定資産成長率（年率）	1 %	1 %	3 %	3 %	10%	10%	3 %	3 %
	購入時手数料	3 %	0 %	3 %	0 %	3 %	0 %	3 %	0 %
	信託報酬	1.60%	0.15%	1.60%	0.15%	1.60%	0.15%	1.60%	0.15%
試算結果	単純に複利計算した場合の倍率	1.105	1.105	1.344	1.344	2.594	2.594	1.806	1.806
	単純に複利計算した資産残高	1,094,355	1,103,906	1,309,358	1,341,479	2,421,313	2,581,187	1,663,180	1,793,562
	購入時手数料	30,000	0	30,000	0	30,000	0	30,000	0
	累計信託報酬	152,477	15,742	169,941	17,586	250,151	26,090	364,307	40,868
	運用会社・販売会社等の取り分	182,477	15,742	199,941	17,586	280,151	26,090	394,307	40,868
	10年目（20年目）末時点の残高	911,877	1,088,164	1,109,417	1,323,893	2,141,162	2,555,098	1,268,873	1,752,693
	自分の投資利益	－ 88,123	88,164	109,417	323,893	1,141,162	1,555,098	269,773	722,693

（注）　筆者試算。100万円を、それぞれの資産成長率、購入時手数料、信託報酬のもとで10年間と20年間運用した場合の、運用会社・販売会社等の取り分と、自分の投資利益について試算したもの。あくまで試算であることに注意。

（出所）　筆者作成。

図表4－3　サステナブル・ファンドと伝統的ファンドの手数料水準比較

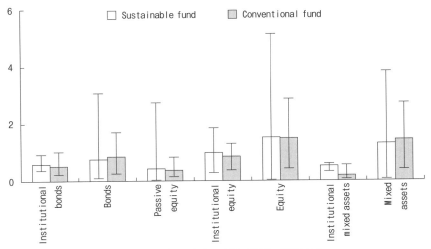

（注）　市場商品別（債券、株式など）の手数料（％）の上限・平均値・下限を示す。

（出所）　IMF（2019）より抜粋。

このことは、個人投資家を受益者（Beneficiary）、金融機関を受託者（Fiduciary）とした場合の、まさに個人投資家の視点からの、「③顧客本位としての受託者責任」の考え方といえる。

市場監視の立場からみたESG投資

　「iPS細胞」「太陽光発電」「仮想通貨」「再生可能エネルギー」「東京オリンピック」などの、いわば流行になったキーワードを用いた金融商品や投資ファンドは、過去に詐欺的なファンドにおける投資勧誘手段の名目としてもしばしば使われてきた。今後、「ESG」や「SDGs」といった流行のキーワードも、詐欺的な投資商品等に悪用される可能性も十分に懸念される。実際、国民生活センターにも多くの詐欺的な投資勧誘トラブルが報告されている[34]。

　ESG投資に関しては、こうした視点もまた市場監視や投資家保護の観点から重要である。筆者は、かつて証券取引等監視委員会事務局にいたことがあるが、当時の事務局幹部はこうした流行言葉（当時は太陽光発電など）は、投資詐欺ファンドの常套的な勧誘文句として警戒すべきであり、このような耳当たりのよい投資文句を唱えているようなファンドは警戒せよ、と繰り返し言及していたことが記憶にある。実際にいくつかの詐欺的ファンドの勧誘文句として使われていた例もあり、騙されていた投資家には高齢者も多く含まれていた。当然のことながら「絶対に儲かる」などと説明して勧誘することは禁止されているわけである（金融商品取引法38条（禁止行為））。こうした経験もあり、ESG投資はパフォーマンスがあがるといって勧誘する向きには、やや警戒対象的な感覚も持ち合わせていたことも事実である[35]。あるESG投資に関するセミナーで、ESG投資はリスク調整済リターンがプラスであるとしてESG投資の勧めを説いていた有識者（金融商品取引業者関係者ではない）がいたが、本当だろうかという疑問とともに、やや誤解を生みかねない表現であるようにも感じた。

　詐欺的ファンドは、かつていわゆるプロ向けファンド（適格機関投資家等

34　国民生活センターウェブサイト「詐欺的な投資勧誘トラブル」参照（http://www.kokusen.go.jp/soudan_now/data/toushi.html）（最終閲覧日2020年6月5日）。
35　金融商品取引法38条（禁止行為）
　　金融商品取引業者等又はその役員若しくは使用人は、次に掲げる行為をしてはならない。（略）
　二　顧客に対し、不確実な事項について断定的判断を提供し、又は確実であると誤解させるおそれのあることを告げて金融商品取引契約の締結の勧誘をする行為

特例業務届出者）において被害が深刻であり、当時は、プロ向けとはいいながらも出資要件が幅広かったため、高齢者を含めた一般投資家からの詐欺的事例（出資金流用、虚偽告知など）が報告された[36]。平成27年に金融商品取引法が改正されて、出資要件が厳格化されるとともに、業務廃止命令などの行政処分を発出できるように制度改正がなされた。それ以前は、届出業者であったことから、何の行政処分も行うことができず、検査結果を公表して警告するのみであった。投資ファンドの場合は、適切な監査や開示が行われないと、一般出資者からは、毀損した出資金が、本当に投資に失敗したからなのか、経営者が私的流用したからなのか判別しようがない。ESGやSDGsなどへの貢献を誘い文句としながら、禁止されている事実上の高利回り保証などを行うなどの投資ファンドが出てきた場合には、詐欺的ファンドとして引き続き市場監視の警戒対象であることは間違いない。無登録ファンドの場合はそもそも違法で論外である。

7 ESG投資のパフォーマンスとの関係性

　結局、ESG投資と受託者責任についての議論からは、伝統的な「①市場平均リターン達成義務としての受託者責任」を考える場合は当然として、最近の方向性としての、「②ESG配慮義務としての受託者責任」の考え方をとるにしても、やはり、その経済的リターンが重要だということが導かれる。この点は、UNEP-FI・PRI（2019）「21世紀の受託者責任（改訂版）」における「②ESG配慮義務としての受託者責任」の前提として、ESG要素の組入れ自体が、経済的リターンにつながることをあげていることや、これに関連して「②ESG配慮義務としての受託者責任」には明示的に反対したSchanzenbach and Sitkoff（2020）の指摘（本章コラム「ESG投資は義務なのか」参照）からも同様に導かれる。とすると、次に問題となるのは、ではESG投資の経済的リ

36　プロ向けファンドに関する検査で報告された問題事例は、金融審議会投資運用等ワーキンググループ（平成26年10月24日）において証券取引等監視委員会事務局により報告されているので、参照されたい（https://www.fsa.go.jp/singi/singi_kinyu/toushi_wg/siryou/20141024/01.pdf）（最終閲覧日：2020年6月6日）。

ターンはいったいどうなのかという点である[37]。

　少なくとも確実に市場対比マイナスのリターンではないという視点は重要だろう。逆にいえば、確実に重要なファクターともいいきることはできないということでもある。この点に関しては、第5章でも紹介するように、ESG投資パフォーマンスの既存研究をみる限りは、その成果はまちまちであった。もっとも、明確にプラスではないにしても、プラスであるとする研究例が多いことはたしかであり、少なくとも経済的リターンを犠牲にしていない、つまり統計的に有意にマイナスとなる証拠も得られていないといえる。

　さらに、特に、「ベータの向上」として、市場全体（あるいは市場平均）のリターンの底上げを行う観点から、エンゲージメント（対話、働きかけ）を通じて、市場全体のリターンを向上させることは、超過リターンを得るという概念を離れて有効であり、特にGPIFなどの上場企業すべてが投資対象となるユニバーサル・オーナーにとっては有効な方法であると考えられる（第2章参照）。

　実質的な観点からは、ESG投資が、実際にサステナビリティの観点からも有効に作用しているか、そして、市場平均並みの経済的リターンを伴うものとなっているのか、が重要である。前者については、最近、いわゆる欧州のタクソノミの議論やインパクト投資の計測としてしばしば議論になっており、いまだ検証の方法も含めて不十分であり、今後の課題としてさらなる実務の進展や研究の蓄積が望まれる（ニッセイアセットマネジメント2020）。

8 小括と今後の課題

　わが国や欧米におけるESG投資と受託者責任をめぐる最近の議論を概観すると、ESG投資における受託者責任としては大きく3つの考え方があるように思われる。

37　この議論の考え方や詳細は、湯山（2019）を参照されたい。

1つは、ESG要素に着目した投資の結果として、通常投資で想定される以上の損失を出した場合には受託者責任に反するのではないか、という論点に基づく伝統的な意味での受託者責任の考え方であり、いわば、「①市場平均リターン達成義務としての受託者責任」といえる。主に米国における伝統的な考え方に合致し、ERISAの解釈やプルーデント・インベスター・ルールをめぐる議論に際しても、基本的な考え方として内包されると思われる。

　2つ目は、最近の方向性といえるかもしれないが、長期的にサステナブルな社会実現のためには、機関投資家もESG要素を考慮する必要があり、ESG要素を考慮しないで投資すること自体が、受託者責任に反するのではないか、という論点に基づく受託者責任の考え方であり、いわば「②ESG配慮義務としての受託者責任」の考え方といえる。これは、欧州におけるサステナブル・ファイナンス行動計画や「21世紀の受託者責任」においてみられるが、その内容をよくみると、いずれも経済的リターンが得られることを前提としているようにも思われ、その意味では①の要素も一定程度残るものと考えられる。わが国における議論は、最近のスチュワードシップ・コード再改訂やGPIFの考え方をみても、①の受託者責任があることを前提としつつも、②の受託者責任も受け入れるべきという方向性が強まってきているように思われ、両者の両立を図るというむずかしいミッションを課される方向に向かっているように思われる。

　3つ目は、ESGやSDGsに関連する金融商品の販売・開発にあたっては、顧客である投資家、主に個人投資家の利益を考えたかたちで行われているか、という論点に基づく受託者責任の考え方であり、いわば「③顧客本位としての受託者責任」といえる。わが国において特にみられる視点かもしれないが、個人投資家の視点からのESG投資をみると、販売推奨回数や信託報酬等の水準次第では、長期運用した場合には、その収入の多くが運用会社や販売会社の取り分となり、投資家の利益となる分よりもむしろ多くなることも予想される。いったい、だれのための資産運用なのかがまさに問われるわけである。

　なお、①と②のいずれにおいても、受益者（年金基金ならば年金受給者）自

身が、むしろESG要素を考慮した投資を求めていたらどうなのか、さらに、その期待リターンが、市場平均リターンも達成できそうもない場合の受託者責任はどう考えるべきか、は興味深い論点である。

　総括すれば、ESG投資と受託者責任の関係を考える場合、最近の方向性としては、ESG要素の考慮は法的義務とまではいかないにしても、わが国においてもステークホルダーや受益者の意向も背景に、経済的リターンを大前提としつつも、サステナビリティへの配慮と経済的リターンの確保と両立する投資となっていることがますます重要となっていく方向にあると思われる。どちらかが欠けることも受託者責任の観点からの疑義が呈される可能性もあり、受託者責任を有する運用者としてはよりむずかしいミッションを課されるようになってきたといえるのだろう。

 サステナブル社会実現のためには、自由な企業活動がよいのか、緩い裁量的規制か、あるいは法律で強制すべきか

　ESG要素を考慮することは、いずれにせよ、サステナブルな社会を実現するために必要だからだという点ではコンセンサスがあるのではないだろうか。では、サステナブル社会実現のためには、自由な企業活動がよいのか、緩い裁量的規制か、あるいは法律で強制すべきなのだろうか。東京大学公共政策大学院の第6回金融資本市場のあり方に関する産官学フォーラム（テーマ：ESG投資とフィデューシャリー・デューティー）の議論が興味深かったので以下のとおり紹介したい[38]。

　まず、サステナブル社会実現のためのESG活動は企業行動を制約するという見方もある。フリードマン的な視点でみれば、制約は少ないほど自由な企業活動ができるので企業活動のパフォーマンスがあがりやすい。しかしながら、すべての企業が従わねばならない緩いルールがある場合には、結論が変わる可能性もありうる。すなわち、個社としては社会的な活動をしたいが、自社だけだと損なので全員そろってならば社会的なプロジェクトに取り組みたいといった、ある種、「囚人のジレンマ」のような状況があるときは、適切に

38　本コラムは、「第6回金融資本市場のあり方に関する産官学フォーラム」（テーマ：ESG投資とフィデューシャリー・デューティー）の議論から概要を咀嚼するかたちで紹介しており、詳細は東京大学公共政策大学院（2020）を参照されたい。なお、この議論全体については、神作ほか（2020）でもまとめられている。

ルール設定することで全体として必ずしもマイナスではなく、むしろ中長期的には社会の厚生を改善する可能性もあるといえるわけである。

　この場合、抽象的にESGを考慮せよというだけだと、むしろ経営者の裁量が広がり過ぎる懸念があるため、経営者が株主の利益でも社会の利益でもなく自己の利益を追求する方向に進む可能性もある。世界の動きをみると、EUに代表されるように、特に気候変動など分野で規制色が強くなる傾向がみられる一方で、日本では、スチュワードシップ・コード改訂の議論でもみられるように、あくまで投資家・受益者の利益に資する限度でのESG活動といっている。ESG要素の考慮自体を目的とするのであれば、スチュワードシップ・コードではなく環境法や労働法を強化することが考えられるが、法規制も常に正しいわけではないので、日本のような裁量的な方法も１つの方法ではある。うまく効果が得られるのかはやや心もとないかもしれないが、ESG活動は連続的で柔軟性が必要で、かつ動きが速いので、ハードローにはあまりなじまないともいえるのではないか。

第 **Ⅱ** 部

ESG投資に関する実証分析

第 5 章

ESG投資パフォーマンスに
関する研究サーベイ

●本章の要約

わが国の資産運用の分野では、近年、ESG投資というキーワードが潮流となりつつある。ESG投資は、投資パフォーマンスを下げないのであれば、受託者責任に矛盾しないとの認識が共通化しつつあるが、ESG投資のパフォーマンスの現状はどう評価されているのだろうか。

既存学術研究のサーベイによれば、総じていえば、ESG投資パフォーマンスは、どちらかというとポジティブとする研究が多いものの、一方で通常投資と有意な差はない（もしくはネガティブ）として相反する結果を示す研究もみられ、その見方に統一的な見解を見出せていないと考えられる。

その理由としては、対象地域・期間の違い、使用しているESG情報評価機関のスコアの差、パフォーマンスの定義（株式投資リターン、資本コスト、債券スプレッド等々）、何をもって優れたESGの取組みとするのか（ESGパフォーマンスか、ESG開示か等）、分析手法の違い、内生性の問題の考慮の有無（因果関係の特定の困難性）など統計技術的な要因、があげられ、これらがESG投資パフォーマンス評価に係る課題でもあろう。

そもそも、ESG投資によりポジティブな投資効果が得られるということは、現代ポートフォリオ理論でいう、継続的に α（超過収益）を得ることはできないという考え方とは相いれず、投資効果がポジティブとする研究が多いとしても、そのパフォーマンスの要因追求は理論的にも実証的にも謎（パズル）のままであり、さらなる研究の余地は大きい。

1 はじめに

ESG投資においては経済的価値を得ること、すなわちパフォーマンスが重要であることは第Ⅰ部で指摘したとおりである。では、ESG投資のパフォーマンスに対する既存の実証研究には、どのような蓄積がなされているのだろ

うか。本章では、まずはじめに内外の既存研究について包括的にレビューした論文について概観する。次に、わが国・海外を対象とした株式投資リターンとの関係、株価急落リスク・リスク耐性への影響、そしてESG情報開示の関係、債券投資、資本コストとの関係等に分類し、既存研究のサーベイを行う[1]。

2 既存研究の包括的なレビュー

　海外市場を対象としたESG投資パフォーマンスに関する研究は膨大な数にのぼり、なかには既存の実証研究を包括的にレビューした成果もみられる。ただし、その分析対象は株式投資リターンであったり、資本コスト、負債コスト（債券発行スプレッド、借入金利）であったりまちまちである。そのすべてをサーベイすることは困難であるが、いくつか紹介する。

　Friede *et al.*（2015）は、非常によく引用される論文であり、1970年以降のESG基準とCFP（Corporate Financial Performance）の関係、つまり企業の財務効果・投資効果（この定義は、財務的なもの、株式投資効果、成長指標、リスク指標を含めさまざまなもの）に関する既存研究2,200以上をレビューしている。そして、ポジティブ・ニュートラル・ネガティブなどの件数をカウントする研究と、複数の計量経済的分析の成果を集約するメタ・アナリシスの2手法を用いて集計した結果、おおむね9割以上の研究においてESGとCFPの関係はノンネガティブ（つまり、マイナス効果ではなく、無相関かプラス効果）であり、このうち5～6割程度はポジティブな効果があったことを指摘している。

1　本書では、ESGの開示状況を示すスコアと、ESGパフォーマンスも含めたESG関連のスコアについて、明示的に区別して扱う。具体的には、明示的にESG開示の状況を示すスコア（たとえば、Bloombergによる開示スコア）を、「ESG開示スコア」といい（第2章注20参照）、KLD（現MSCI）などのESGパフォーマンスも含めたESGに関する評点全体（パフォーマンス、開示、特に区別がなく）を「ESGスコア」または「ESG評価」というものとする。

Renneboog *et al.*（2008ｂ）も、やや古いがSRI投資の研究の包括的なレビューを行っている。企業レベルでみた場合には、SRI関連企業は、通常のインデックスと比べても高いパフォーマンスをあげているとする研究が多いとまとめているが、その理由は謎であり、理論的な観点も含めて明らかにすべき点が多く残されており、さらなる研究が必要であると指摘している。

Cantino *et al.*（2017）は、31論文（うち理論論文が６、実証論文が25）をレビューしている。ESGパフォーマンスと資本コストの関係については、ESGパフォーマンスの高い企業の資本コストは低くなり、企業価値にはプラスに作用しているとの見方が多いが、調達金利などの負債コストとの関係性については、明確なことはいえないと指摘している。

宮井（2008）は、やや古いが、UNEP-FI（2007）が調査対象としている20論文に独自の３論文を加えた総括的なサーベイを行っている。分析期間や条件が異なるものの、このうちESGファクターが運用パフォーマンスに正の影響を与えていることを示す論文が15、中立的であるとするものが４、負の効果が認められるとするものが４であったとしており、全体としては正の影響を示すものが多いとした。

3 ESG投資と株式投資リターン

　ESG投資と株式投資リターンの関係について検証したものを概観する。もっとも、企業価値（トービンＱ、PBR）や企業収益（ROA、ROE等）のCFP（Corporate Financial Performance）もあわせて分析している研究が多いので、あわせて整理する。

⑴　わが国を対象とした研究

　わが国の金融市場を対象とした既存研究は、海外市場を対象とした研究で2,000以上あったのに比べると、実はそれほど多くないうえに、最近の研究事例は特に限られている。図表５−１に、わが国を対象とした既存研究の一

図表 5 - 1　わが国を対象としたESG投資と株式投資リターンに関する既存研究
　　　　　　サーベイ（最近のものから順に整理）

対象研究	概　要	使用した ESG評価	結果
Shirasu and Kawakita (2020)	2004〜2014年のわが国を対象とし、CSR関連株は長期投資ではポジティブのパフォーマンスを実現していること、年金・信託等の機関投資家比率が高い、または欧州等に進出している企業は消費者に支持されてリターンが高いと指摘。	グッドバンカーおよびAssst 4	ポジティブ
湯山・白須・ 森平（2019）	TOPIX構成銘柄を分析し、ESG開示スコアと株式投資リターンの関係は、必ずしもポジティブな関係とはいえないと示唆されたが、有意にマイナスの関係もないと指摘。ただし、2017年についてみれば、複数の分析手法でみて有意にポジティブな効果がみられる（詳細は本文で後述）。	Bloomberg	有意な差はなし 2017年のみポジティブ
伊藤（2016）	個別企業を対象としてESG要素と投資パフォーマンス（株式リターン）の関係について分析を行い、CO_2排出量や、女性登用比率、独立取締役の選定などの点で進んでいる企業群の株式リターンが高いことを指摘。	東洋経済新報社のCSRデータベース	ポジティブ
小方（2016）	銘柄ベースで、投資パフォーマンスと財務パフォーマンスの両方について、SRIファンドに含まれた銘柄とそうでない銘柄の間では有意な差が生じているという実証分析の結果を示した。	SRIファンドによる銘柄分類	ポジティブ
宮井・菊池・ 白須（2014）	株式のFama-Frenchの3ファクターモデルによるaの水準について検証し、ポートフォリオを用いた分析では、格付の高いポートフォリオのほうが全体的にみてaが高く、特に環境（E）の要素についてこの傾向が強い。また、個別銘柄についても検証し、環境格付と人材格付に限られるものの、高格付企業のほうが高いリターンを得る傾向があると認められると指摘。他方、CSRの高格付の企業は財務パフォーマンスが低いという関係を指摘。	東洋経済新報社とFTSEのCSR格付データ	株価投資リターンにはポジティブ CFPにはマイナス
浅野・佐々木 （2011）	SRIファンドのa（リスク調整後リターン）はゼロと有意に異ならないこと、伝統的ファンドと比較しても有意には異ならず、SRIが企業価値最大化という企業目的と整合性をもつかという疑問に関しては、他の投資とは有意な差がみられないと指摘。	国内で販売されている19商品のSRIファンド	有意な差はなし

対象研究	概　要	使用した ESG評価	結果
日本証券アナリスト協会 (2010)	ROA・労働生産性・トービンQといったCFP（企業財務パフォーマンス）との関連性を検証し、ESGスコアが高い企業のほうが、CFPが低い傾向にあると指摘。他方、2005〜2007年のデータを用いて、ESGスコアと株価パフォーマンスやROA変化率でみると、統計的に有意とまではいえないが、ポジティブな関係があるとしており、CFPとは異なる結果を示している。	日本総研によるESGスコア	株価投資リターンにはポジティブCFPにはマイナス
Renneboog *et al.* (2008 a)	全世界のSRIファンドベースで分析を行い、そのうち日本のケースについては、フランスやスウェーデンなどと同様に、SRIファンドのリスク調整後の株式超過収益率が通常のファンドと比べて有意にマイナスであるとの推計結果を示した。もっとも、これは例外であり、ほかの多くの国では通常のファンドのリターンと有意な差が生じていないとしている。ただし、分析期間が1991〜2003年とかなり古いことに留意が必要。	SRIファンドベースの分析	日本でマイナスほか多くの国でも相関なし
首藤・竹原 (2007)	CSRへの取組みの上位企業と下位企業などに分類し、ROAなどの企業パフォーマンス指標やトービンQ、株式投資収益率などの市場評価指標について、平均値に統計的な差異が生じているかを検証し、規模や産業特性などをコントロールしてもなおCSRへの取組みが優れた企業が優良なパフォーマンスを示していると指摘。	日本企業を対象とした206社のサーベイ調査(2006年)	株価投資リターン、CFPともにポジティブ

（出所）　上記論文より筆者作成。

覧を示す。総じていえば、ポジティブな関係が存在するとの研究結果が多いように見受けられるが、有意な差はなし（無相関）もしくはマイナスとする研究（湯山・白須・森平2019、浅野・佐々木2011、Renneboog *et al.* 2008 a）もみられており、第2章でも指摘したとおり、期間・分析手法・使用するESGスコア、対象の範囲などによりまちまちであり、いまだ評価は定まっておらず、さらなる研究の蓄積が望まれる。

　このうち、宮井・菊池・白須（2014）や日本証券アナリスト協会（2010）で、株式投資リターンと企業価値への影響で相反する結果が得られたとしている点はやや興味深い。この背景として、①企業のCSR活動が収益性

（ROA）や労働生産性、企業価値の向上に結びついておらず、むしろコスト要因となって財務パフォーマンスを引き下げている可能性（宮井・菊池・白須2014）や、②真の企業価値には、すでに利益に現れているESGへの投資の効果と、将来利益（あるいは利益の変動性）に影響するESGへの投資の効果の双方が反映されているが、実際の企業価値には前者しか反映されないため、この両者のギャップ（ミスプライス）により、ESGへの投資は高い超過収益率が得られる可能性があり、すなわち、現時点の利益・株価などにESGへの投資効果が現れていないことは、むしろ今後のESGへの投資が有望な可能性を示唆している（日本証券アナリスト協会2010）、と指摘している。

　また、最近の研究としては、湯山・白須・森平（2019）があげられ、BloombergのESG開示スコアを用いて、2017年12月末時点のTOPIX構成銘柄2,035社に対する月次株式投資リターンとの関係について分析している[2]。その主な結果は、最近のわが国におけるESG情報開示に積極的な企業に対する投資パフォーマンスをみる限り、必ずしも有意にポジティブな関係ともいえないが、マイナスでもないとするものであり、やはり明確なことはいえていない。ただし、2017年は、複数の推計手法でみて、ESG開示スコアが高いほうが、月次株式超過収益率が有意にプラスであることが示唆されたことは興味深い。この背景としては、今後のさらなる検証を要するものの、同年のGPIFによるESG指数の採用などのイベントを受けて、ESG銘柄に注目が集まったことが影響している可能性について指摘している。また、ESG開示スコア自体は時価総額など企業規模と正の相関があり、一方で、ESG開示スコアが低い傾向にある低時価総額銘柄は通常はボラティリティが大きいのでリ

2　第6章が、同論文からの転載であるので参照されたい。分析手法として、①Fama-Frenchの3ファクター・5ファクターモデルによる α の検証、②株価超過収益率を被説明変数、ESG開示スコアや他コントロール変数を説明変数とするパネル分析（操作変数法も含む）、③高ESGスコア銘柄群と低ESGスコア銘柄群の間での傾向スコアマッチングによる投資パフォーマンスの比較検証、を行っている。

　なお、傾向スコアマッチングとは、医学の処置や薬の効果を検証する際にしばしば用いられ、最近では経営学の分野でもみられる分析手法であるが、対象となる群から傾向スコアが一番近いものを探し出し、アウトカムの差をとり、最後に差の総平均（ATE：Average Treatment Effect）を求めて、その総平均が有意にゼロであるか否かを検証する方法である。

スクも大きい。このため、株価上昇局面では、単純な月次株式超過収益率で
みると、上位区分に属する銘柄の単純なパフォーマンスは劣後するが、ボラ
ティリティによるリスク調整ずみの月次株式超過収益率でみると、その傾向
は表れず、どの区分でみてもパフォーマンスに大きな差はみられないとも指
摘している。

⑵　海外を対象とした研究

　海外市場を対象とした研究は膨大であるが、その多くはすでに説明した
Friede *et al.*（2015）の2,200以上の論文サーベイの対象となっており、ポジ
ティブな関係を示すものが比較的多いとの結果であった。すべてをレビュー
するのは到底困難であり、ここでは、しばしば参照されている最近の学術研
究を紹介する。まず前半で、無相関もしくはマイナスの影響が生じていると
した研究成果（Auer and Schuhmacher 2016、Leite and Cortez 2014、2015、
Krüger 2015、Hong and Kacperczyk 2009）を示し、後半でポジティブな関係
を示す研究成果（Eccles *et al.* 2014、Khan *et al.* 2016、Edmans 2011、Edmans
et al. 2014、Statman and Glushkov 2009、PRI 2018）をいくつか紹介する。

　まず無相関もしくはマイナスの影響が生じているとした研究として、
Auer and Schuhmacher（2016）は、地域別にみて米国やアジア太平洋地域
の市場では、ESG要素と投資パフォーマンスはほとんど関係性がみられな
かったとし、欧州においてはマイナスの影響さえもみられたと指摘してい
る。

　Leite and Cortez（2014）は、2000〜2008年のデータを用いて欧州8カ国
のSRIファンドと伝統的ファンドとのパフォーマンスの差についてCarhart
（1997）の4ファクターモデルに1つのローカル要因を加えた5ファクター
モデルの時変パラメーター推計により検証しており、パフォーマンスには統
計的に有意な差は認められなかったとしている。また、Leite and Cortez
（2015）は、フランスのSRIファンドを用いて、SRIファンドは伝統的ファン
ドに比して、経済が通常の状態にあるときは有意にアンダーパフォームして
いるが、これはネガティブ・スクリーニングによる影響であるとしている。

他方、経済危機時にはその差はほとんどみられないとも指摘している。

　Krüger（2015）は、KLDデータを用いた短期の株価反応をみるイベントスタディを実施することで、CSRイベントと投資家の反応について検証した。ポジティブなCSRイベントには投資家は弱くネガティブに反応し、ネガティブイベントには強くネガティブに反応することを示し、いずれもネガティブな反応であるとした。特に強いネガティブなCSRイベントは、経営者によるCSR的行動によって株主の価値が損なわれかねないようなエージェンシー問題につながるようなものであると指摘していることは興味深い。

　Hong and Kacperczyk（2009）は、*Journal of Financial Economics*という著名誌に掲載されたこともあり、非常に有名な研究であるが、逆の視点から、ESG銘柄ではない罪（Sin）銘柄、すなわちアルコール・たばこ・武器などの銘柄への投資は、むしろパフォーマンスが高く、リスクが高い分だけ高い期待リターンを有し、これらの銘柄への投資を回避（ダイベスト）している投資家は、財務的なコストを支払っていると指摘する。さらに、これらのSin銘柄は、規範の制約がある年金基金よりも、普通のアービトラージャーであるヘッジファンドや投資信託によって保有されていると指摘している。ちなみに、Sin銘柄の１つとして、ギャンブルを行っているとしてトランプホテルも含まれているのも興味深い。

　次に、ポジティブな関係を示すとされた研究であるが、まず、Eccles *et al.*（2014）は、共著者にハーバード大学のSerafeim教授が含まれていることでも有名で、「21世紀の受託者責任（最終版）」においてもESG要素がプラスのパフォーマンスを生むとする根拠論文の１つとして取り上げられるなど（第４章）、しばしば参照される。米国の180企業によるマッチング・サンプルをつくり、任意のサステナビリティ・ポリシーを有する企業群（90社）を高サステナビリティ企業とした場合、それらを有しない低サステナビリティ企業群（90社）に比べて、長期的な株式リターンと財務パフォーマンスの両方で有意に上回ったと報告している。

　Khan *et al.*（2016）も、共著者にハーバード大学のSerafeim教授が含まれているが、重要な（Material）サステナビリティ項目で良好なESGスコアを

得ている企業は、そうでない企業と比較して、株式リターンが優位に上回っていることを示した。そして、この結果は、投資判断における重要なサステナビリティ項目を考慮することの必要性を示していると指摘した。なお、サステナビリティに関するデータとしてはMSCI KLDデータを用い、1991〜2012年の2,307社（計13,397サンプル）のデータを用いて、サステナビリティ項目としての重要性についてはSASBガイダンスを用いている。株式リターンのモデルとしては、Fama-Frenchファクターモデルなどを使用している。

　Edmans（2011）は、*Journal of Financial Economics*という著名誌に掲載されていることもあり非常によく参照される論文である。従業員の満足度が高い会社としてFortuneの米国における"100 Best Company to Work For"の会社を選択し、これらの会社の1984〜2009年の長期株式パフォーマンスを4ファクターモデルによって検証した。この結果、3.5％の超過リターンを獲得し、ベンチマークを上回り、これらの結果は会社の特徴などをコントロールした後の推計でも頑健性を有していたとする。つまり、従業員満足度は株式リターンとポジティブな関係にあるとともに、一定のSRIスクリーニングは投資リターンを改善させると指摘した。同様に、Edmans *et al.*（2014）は世界の14カ国の"100 Best Company to Work For"で同様の推計を行い、米英では同様の結果を得たが、ドイツなどで異なる結果を得たとし、これは労働の柔軟性が影響している可能性があると指摘した。ちなみに、日本も有意な超過リターンを得ていると示している。

　Statman and Glushkov（2009）は、KLDスコアを用いて1992〜2007年の2,955社の株式リターンを分析し、KLDスコアの高い銘柄にウェイトを置いたポートフォリオは伝統的ポートフォリオよりも高いリターンであるが、他方で、たばこ・アルコール・ギャンブルなどの銘柄を取り除いた場合には伝統的ポートフォリオよりも劣ると推計した。もっとも、前者の効果は、後者を上回っていた。社会的責任投資家は、セオリーどおりにベスト・イン・クラスアプローチをとりつつ、いかなる会社の投資撤退（ダイベストメント）も抑制する方向で行動することが望ましい戦略であると指摘した。

PRI（2018）は、MSCIスコアを用いて、米国市場におけるESGスコアのモメンタム戦略（ESGスコア改善がなされた銘柄を選択）と通常のESG　Tilt戦略（スコアの高い銘柄を選択）の間でパフォーマンスを比較し、モメンタム戦略が有効で高いパフォーマンスをあげたことを示した。MSCIというESGスコア提供会社が行っている分析である点は割り引く必要があると思われるものの、この結果も「21世紀の受託者責任（最終版）」においてもESG要素がプラスのパフォーマンスを生むとする根拠論文の1つとして取り上げられた。

(3)　株価急落リスク、リスク耐性との関係

　株式投資リターンのうち、特に危機時における株価急落リスクやリスク耐性に注目した研究もみられる。ESGに積極的に取り組む企業は、ガバナンスや環境などの面でのリスクにも強いのではないかという観点から、金融危機時におけるリスク耐性に注目したものであり、その分析結果は、おおむね高ESG企業はリスク耐性が高いというものであった。

　Lins *et al.*（2017）は、この分野で最有力の学術誌 *The Journal of Finance* に最近掲載されたことから非常に注目を集めたものであり、金融危機時においてCSRで計測される高い社会資本（Social Capital）を有する企業が、低いCSRの企業よりも高いリターンをあげていることを示した。また、CSRの高い企業は、高い生産性、従業員当り売上高、成長性を有していたとも指摘している。

　わが国における既存研究としても、呂・中嶋（2016）は、MSCI ESG Ratingsの産業調整後スコアを用いて、わが国企業に関するESGと株価急落リスクの関係を検証し、ESGスコアの低い企業については株価急落リスクが高い傾向がみられることが確認されたとしている。

　また、本書第8章では、コロナ禍におけるわが国市場での株価急落時におけるESGスコアとリスク耐性（対ベンチマーク比）について検証している。使用したESGスコアは、Bloomberg、FTSE、ISS、RobecoSAM、Sustainalyticsの5つとした。結果は、株価下落リスクを抑制する方向でリスク耐性を有することを示すESGスコアもあれば、まったく関係のないものまであ

り、やはり結果はESGスコアによってまちまちであった。

4 ESG投資と資本コスト、企業価値

　ESG投資が資本コストに影響を与えるという観点から、企業価値への影響を検証した研究も多くみられる。資本コストと企業価値の関係の考え方については、第2章で説明したとおり、資本コストの低下は、将来の収益（キャッシュフロー）を現在価値に割り引く際の割引率の低下をもたらすので、企業価値向上につながるという考え方に基づく。既存研究をみる限りでは、ESG投資と資本コストの関係は、おおむね資本コスト低下につながり、ひいては企業価値にはプラスに働くとした研究が多い。ただ、企業側の資本コストが低いということは、逆に投資家側からみた場合には、期待リターンが小さい、すなわち投資リターンが小さくなる可能性があることを意味することには留意が必要である。資本コストは、投資家が要求する期待リターンも意味するからである。

　資本コストに関する包括的なサーベイについては、すでにCantino *et al.*（2017）で25実証論文の包括的サーベイ結果を紹介したとおりである（本章第2節）。このほかに、El Ghoul *et al.*（2011）は、*Journal of Banking & Finance*という著名誌に掲載されたこともあり、資本コストへの影響を検証した論文として非常によく引用されるものであり、KLDのESGスコア（現MSCIスコア）を用いて、米国企業を対象としてCSRスコアと事後的な資本コストの関係性について検証を行った。この結果、CSRが高い企業のほうが、資本コストが相対的に低く、CSRが高い企業のほうが企業価値も高いと指摘している。

　加藤編（2018）は、2つの研究例を紹介している。1つは、日本証券取引所の公表するディスクロージャー評価と資本コストの関係について検証したものであり、同評価の高い企業のベータ（資本コスト）は有意に低いとしている。もう1つは、FTSEのESGスコアを用いた例でも、日本では、ESGの

うち、Gのスコアについては有意に資本コスト引下げに織り込まれているとし、JPX400やコーポレートガバナンス・コード等に対する取組みの成果と指摘している。もっとも、英米では、Gのみならず、EやSについての有意に引き下げていると指摘している。

Cheng *et al.*（2014）は、「21世紀の受託者責任（最終版）」で取り上げ、これもハーバード大学のSerafeim教授が共著者として含まれている論文である。その内容は、Asset 4 データベースを用いて49カ国における2002～2009年の計1万78社のデータを用いて、優れたCSRを行っている企業は、資金制約（Capital Constraints）が小さいことを示した。この理由としては、優れたCSRを行っている企業は、透明性向上の伴う情報の非対称性低下、ステークホルダーに対するエンゲージメント（対話）を通じたエージェンシー・コスト低下が、資金制約の低下（資金アクセスの改善）につながっているとしている。なお、資金制約の指標としては、KZインデックスという同種論文でしばしば使用されている資金制約指標を用いている。

5 ESG情報開示との関係

ESGと投資パフォーマンスの関係は、ESGに対するスコアが2つある点に留意する必要がある。すなわち、各企業のESG活動そのものを評価するESGパフォーマンスを示すESGスコアと、ESG開示の状況を示すESG開示スコアである[3]。両者は密接に関係すると推察されるが、必ずしも同じ傾向を示すものとも限らない。これまでの既存研究は、どちらかというとESGパフォーマンスとの関係をみるものが多かったが、なかにはESG開示に着目した研究もみられる。ただし、その関係をみる対象は株式投資リターンや企業価値（資本コスト、トービンQ）・企業財務パフォーマンス（CFP）、さらにはESGパフォーマンスなどまちまちであるのは、これまでの例と同様である。以

---

3 ESGスコアの特徴や違いについては、第3章を参照されたい。また、ESG開示スコアという用語については、本章注1および第2章注20を参照。

図表 5 － 2　ESG情報開示との関係に関する既存研究サーベイ

	概　要	使用した ESG評価	結果
Li *et al.* (2018)	英国の上場企業350社について、2004～2013年に かけてのESG開示スコアと企業価値（トービン Q）の関係について分析し、ポジティブな関係 にあるとして、透明性や説明責任の向上、ステー クホルダーの信頼向上が、企業価値向上に影響 を及ぼした可能性を指摘。	Bloomberg	ポジティブ
Fatemi *et al.* (2018)	ESGディスクロージャーとESGパフォーマン ス・企業価値の関係について分析し、ESGディ スクロージャーによるグリーンウォッシュ（環 境配慮に取り組んでいるよう装うこと）の可能 性について指摘。詳しくは本文を参照。	Bloomberg	企業価値にネ ガティブ
Gutsche *et al.* (2017)	CSRディスクロージャーとCSRパフォーマンス の時価総額に対する効果を調べた結果、ディス クロージャー指標であるESG開示スコア１ポイ ント当り260百万ドル上昇していると指摘。	Bloomberg	ポジティブ
Plumlee *et al.* (2015)	米国企業を対象として、任意の環境ディスクロー ジャーと企業価値（資本コストと将来収益の両 要素）に有意にポジティブな関係を有している と指摘。	環境報告書等 で収集し指標 作成	ポジティブ
Dhaliwal *et al.* (2014)	CSRディスクロージャーと資本コストとの関係 について31カ国のデータを使って分析し、従業 員等のステークホルダーにより配慮している制 度を有する国のほうが、資本コストが低いと指 摘。	CSRレポート や制度の有無 等で判定	ポジティブ
Clarkson　*et al.* (2013)	2003年と2006年における、米国の５業種（紙パ ルプ、化学、石油・ガス、鉄鋼、公益事業）計 195社について、任意の環境ディスクロージャー と資本コストの関係について検証し、有意な関 係性はみられないとしたが、ROAにはポジティ ブに働くと指摘し、結果として企業価値にはプ ラスに働くことを示した。	環境報告書等 で収集し指標 作成	資本コストと は無関係。 ROAにはポ ジティブ
Dhaliwal　*et al.* (2011)	1993～2007年の米国企業計1,000社以上を対象と して、CSRレポートの開始は資本コストが高い 企業が実施する傾向にあるが、CSRパフォーマ ンスが高い企業がCSRレポートを開始した場合 には、その後に資本コストが低下する傾向にあ る、つまり企業価値向上につながっていること を示した。	CSRパフォー マンスは、 KLDデータ 使用	ポジティブ

（出所）　上記論文より筆者作成。

下、いくつか紹介する。

Fatemi *et al.*（2018）は、ESG質的スコアとしてKLDスコア、ディスクロージャー・スコアとしてBloomberg開示スコアを使用して、これらと企業価値（トービンQ）の関係を検証している。手法としては、2段階最小二乗法を用いて内生性も考慮し、その際の操作変数は3変数（CSR委員会の有無、アナリストの収益予測の分布、株式所有の集中度）を用いている。この結果、ディスクロージャーの向上は企業価値を下げ、CSR委員会設置は、ディスクロージャーを向上させると指摘した。さらに、ESGの強み（スコアが高いこと）は企業価値を上げる一方で、ESG懸念は、企業価値を下げると指摘した。他方で、ESGの強みとディスクロージャーの交差項は、企業価値にマイナスであり、かつESG懸念とディスクロージャーの交差項は企業価値にプラスであったことから、ESG懸念のあるときには、ESGディスクロージャーにより企業価値を高め、ESGの強みのあるときには、ESGディスクロージャーは企業価値を下げると指摘している。つまり、いわゆるグリーンウォッシュ（ESGウォッシュ）的な企業行動が示唆されるとしている点で興味深い。なお、ESGディクロージャーと、企業の実際のESGパフォーマンスの関係についての既存研究のサーベイ結果はポジティブとネガティブが混在するとも指摘している。さらに、ESGの個別3要素に分けて考えると、ガバナンス懸念はほか2つより企業価値の低下を招くとしている。

このほかの研究概要をまとめたものが図表5-2である。なお、わが国における株式投資リターンのところで紹介した湯山・白須・森平（2019）も、BloombergのESG開示スコアを用いている点で開示との関係に着目した研究である。

6 ESGスコアの違いとパフォーマンスの関係

各ESGスコアの違いに関する研究および各ESGスコアがどの程度ESG活動を反映できているかに関する研究のサーベイは、すでに第3章で示したとお

りであるが、ここではESGスコアの違いや特徴に関する事実をふまえ、それがどの程度、企業価値や株式リターン等を示すESG投資パフォーマンスと関係があるかを示す研究を紹介する。総じていえば、ESGスコアがまちまちであることからすれば当然の結果であるが、ESGスコアと投資パフォーマンスの関係も、ESGスコアによってまちまちであるとする結果であった。

Halbritter and Dorfleitner（2015）は、Asset 4、Bloomberg、KLDの3社のESGスコアを用いて1991年～2012年の米国市場におけるESGスコアと企業パフォーマンスの関係について分析した。推計方法は、Carhart（1997）の4ファクターモデル、Fama and MacBeth（1973）のクロスセクション回帰を用い、前者は高スコア-低スコアのαの比較を行い、後者は、ESGファクターを説明変数にしたモデルを推計している。結論としては、もはやアブノーマルリターンは期待できないとし（ただし、Asset 4ではポジティブαが得られている）、さらにESG評価機関により結果は異なると指摘している。

7 ESGと債券投資・負債コスト

株式投資のパフォーマンスを評価した研究に比べると、債券市場への影響についての学術研究は非常に少ない。世界銀行・GPIFが、ESG債券投資についての報告書（世界銀行・GPIF 2018）をまとめており[4]、債券投資とESG投資の関係では、特にESGと信用リスク（信用格付も同様）との関係に関心が高く、研究もいくつかみられるが、他方、債券の抱えるリスクには、市場リスク、流動性リスク、インフレリスクなどがあるが、これらに関する研究はきわめて少ないと指摘している。

包括的なサーベイとしては、すでに株式投資のサーベイでもあげたFriede *et al.*（2015）があげられるが、この論文が対象とした既存研究2,200のサーベイのうち、債券に関する研究は36にすぎずきわめて少ない。そのうち

4　同報告書の概要は梶原（2018）にもまとめられている。

63.9％がポジティブな結果となる一方、13の研究が中立的もしくは相反する結果を示した（36.1％）とされる。

　全体としてみると、ESG要素と負債調達の関係については、ポジティブ（すなわち、高ESG企業は、より有利な資金調達条件（低スプレッド、高信用格付、低調達金利）で調達可能）を得ているとする研究が多いものの、統一的な見解はみられない。ポジティブな関係を指摘する既存研究としては、たとえばBarclays（2016）、Ge and Liu（2015）、Oikonomou *et al.*（2014）、Attig *et al.*（2013）、Bauer and Hann（2010）、Bauer *et al.*（2009）等があり、他方、マイナスもしくは無相関を指摘する既存研究としては、Amiraslani *et al.*（2018）、Menz（2010）などがあげられる。

　研究概要一覧は図表５−３以下のとおりである。

8 　小　　括

　このように、ESG投資のパフォーマンスに関しては、世界的にみれば、かなり多くの先行研究がみられ、分野別に、個別研究の主な結論と主な研究例をまとめたものが図表５−４である。

　総じていえば、ESG（またはSRI）投資のパフォーマンスは、株式投資リターンについては、ポジティブとネガティブ（もしくは無相関）の２つの相反する結果が示されており、その見方に統一的な見解を見出せていないように思われる。その理由としては、対象地域・期間の違い、使用するESGスコアの差、パフォーマンスの定義、分析手法の違い、ファンドベースか銘柄ベースか、内生性の問題の考慮の有無など統計技術的な要因、などが考えられる[5]。また、ESG投資の良好なパフォーマンスを指摘する研究成果についても、なぜパフォーマンスがよいのか、そのパフォーマンスの要因追求までは示せていない例が多く、さらなる研究の蓄積が望まれる。

5　ESGスコアの差の問題については、湯山・白須・森平（2020）も参照されたい。

図表 5 - 3　ESG投資と債券投資・負債コストの関係に関する既存研究サーベイ

	概　要	使用した ESG評価	結　果
Amiraslani *et al.* (2018)	2005〜2013年において、米国企業296社が発行した1,989の債券について分析し、企業の社会的責任と債券スプレッドの間に関連はないと指摘する一方で、リーマンショック時の金融危機においては、CSR評価の高い企業は低い債券スプレッドによって恩恵を受けたと指摘。	MSCI ESG データベース	無相関 ただし、危機時のみポジティブ
森平・伊藤・小林（2018）	世界銀行発行のSDGs債券の価値を評価した結果、額面100に対して15年満期債券で91.02、20年満期債券で86.90となっており、発行体が投資家から利益を得ている債券（世銀にとっては割安調達）になっていると指摘。	世界銀行発行 SDGs債券	ポジティブ
Devalle *et al.* (2017)	イタリア・スペインの56個別企業のESGパフォーマンスと信用格付の関係について、ESG要素が、企業のキャッシュフローに影響を与え、それがデフォルト確率にも影響を与えているとの仮説をもとに検証した。この結果、社会（S）とガバナンス（G）の要素は、有意に信用格付に影響を与えているものの、環境（E）については影響がみられないと指摘。	Thomson Reuters ESGスコア	SとGではポジティブだが、Eは有意ではない。
Barclays (2016)	ESGスコアと信用格付、債券スプレッドへの影響を分析。MSCIの高ESGスコア会社の債券スプレッドは、低ESGスコア債券よりも38bp低い。Sustainalyticsでみても35bp低い。信用格付も、高ESG部類がより高い結果を得ている。ESGの細分についてみると、G要素に対するポジティブな傾向について最も強くみられ、EやS評価が高い発行体を選好してもリターンに有害な影響はみられない。	MSCI、 Sustainalyt-ics	ポジティブ
Ge and Liu (2015)	米国の1992〜2009年の2,317社の4,260発行債券データをもとに分析を行い、ESGパフォーマンスの優れた企業が新規に発行する債券のイールドスプレッドは、有意に低くなっていることを示した。	KLDデータベース	ポジティブ
Cooper and Uzun (2015)	2006〜2013年の米国大企業（2,000社超）のデータを用いて、CSRに取り組む企業のほうが、負債調達コストが小さいことを示し、特に工業・金融セクターにおいてこの傾向が強いことを指摘。	MSCIデータ（旧KLDデータベース）	ポジティブ

	概　　要	使用した ESG評価	結　　果
Oikonomou *et al.* (2014)	米国で1993〜2008年の742社が発行した3,240債券データを分析し、よい社会面でのパフォーマンスを有する企業は、低い資金調達コストと高い信用格付であり、逆に社会面での罪は高いコストと低い信用格付をもたらしていると示した。	KLDデータベース	ポジティブ
Attig *et al.* (2013)	米国の1991〜2010年の1,585社の計1万1,662のデータをもとに、順序プロビットモデルにより、ESGスコアが信用格付に与える影響を検証し、おおむねプラスのポジティブな影響が生じていることを示した。	MSCIデータ （旧KLDデータベース）	ポジティブ
Goss and Roberts (2011)	1991〜2006年の米国企業に対する3,996の貸出データを用いて、CSRと企業の銀行借入コストの関係について検証し、CSRへの取組みが高くレーティングが高い企業のほうが、そうでない企業に比べて、銀行借入コストが7〜18bp程度低いことを示した。	KLDデータベース	ポジティブ
Bauer and Hann (2010)	米国の1995〜2006年の582企業の新規発行債券のデータをもとに、E（環境）面で懸念のある企業の資金調達コストは、通常コストにプレミアムが乗るため高くなっており、信用格付も低いと指摘。	KLDデータベース	ポジティブ
Menz (2010)	ユーロ圏で2004〜2007年に発行された498債券をみたところ、スプレッドはCSRに取り組む企業のほうが高いことを示しており、当時はまだ債券スプレッドにはCSR活動は織り込まれていないと指摘。	SAMグループの分類	ネガティブ
Bauer *et al.* (2009)	S関連で、米国の大企業における従業員との関係性と信用格付の関係について検証し、より強い従業員との関係を有する企業は、高い信用格付を得ており、負債調達コストも低いと指摘。	KLDデータベース	ポジティブ

（出所）　上記論文より筆者作成。

図表 5 - 4　ESG投資パフォーマンスをめぐる主な既存研究（まとめ）

主な結論	主な研究例
・包括的サーベイ 　ESG投資とそのさまざまな投資パフォーマンスの関係に関する既存研究のサーベイであり、その結果はまちまち。パフォーマンスの定義、対象地域・期間の違い、使用するESGスコアの差、統計的手法の問題などが主な要因。	Friede *et al.*（2015）、 Renneboog *et al.*（2008ｂ）
・株式投資リターン 　株式投資リターンとESG要素の関係をみたところ、ポジティブとネガティブの双方が混在。一概にはいえない。	Renneboog *et al.*（2008ａ）、 Leite and Cortez（2014）、 Hong and Kacperczyk（2009）、 Khan *et al.*（2016）、 Eccles *et al.*（2014）、 Edmans（2011）
・危機時におけるリスク耐性 　ESGに積極的に取り組む企業は、ガバナンスや環境などの面でのリスクにも強いのではないかという観点から、金融危機時におけるリスク耐性に強いと指摘するもの。	Lins *et al.*（2017）、 呂・中嶋（2016）
・資本コストとの関係 　ESG銘柄は資本コストが低く、結果的に企業価値も高いと指摘するもの。	Cantino *et al.*（2017）、 加藤編（2018）、 El Ghoul *et al.*（2011）
・銀行借入コストとの関係 　CSRへの取組みが高い企業は、銀行借入コストが低いこと。	Goss and Roberts（2011）
・信用格付との関係 　ESG銘柄は総じて信用格付が高い、すなわち資金調達コストが低いこと。ただし、逆向きの因果関係の可能性もありうる。	Attig *et al.*（2013）、 PRI（2017）、 湯山・伊藤・森平（2019）
・債券スプレッドとの関係 　ESG銘柄の債券コスト（スプレッド）については、まちまちで統一的な見解はみられない。	Amiraslani *et al.*（2018）
・情報開示と企業価値の関係 　ESG情報開示との企業価値の関係についてもまちまち。	Fatemi *et al.*（2018）、 湯山・白須・森平（2019）
・長期投資家とESG投資の関係 　長期投資家がESG投資を行っていること。	Nguyen *et al.*（2020）、 Shirasu and Kawakita（2020）

（出所）　筆者作成。

第 6 章

ESG開示スコアとパフォーマンス[1]

●本章の要約

　受託者責任を有する投資家にとって、ESG投資を行うに際し、その投資パフォーマンスが重要である。本章では、ESG情報開示に積極的な企業への投資をESG投資ととらえ、その投資パフォーマンスを分析した。ファクターモデル、傾向スコアマッチング等の手法を用いて検証し、ESG情報開示と株式リターンとの関係は、必ずしも統計的に有意にポジティブともいえないが、マイナスともいえないことを示した。ただし、2017年には有意にプラスとなった。

1　はじめに

　わが国の資産運用の分野では、近年、ESG投資というキーワードが潮流となりつつある[2]。従来からあった企業の社会的責任（CSR）を考慮した社会的責任投資（SRI）が、より倫理的な側面を重視し、社会的価値への貢献を

1　本章は、湯山・白須・森平（2019）を日本証券アナリスト協会の許可を得て、一部修正のうえで転載したものである。本論稿の著作権は日本証券アナリスト協会に属し、無断複製・転載を禁じる。日本証券アナリスト協会には許諾いただき感謝申し上げたい。なお、個別論文をほぼそのまま掲載した関係上、文献サーベイの部分などを中心に他章と重複するところもあるが、基本的にはその部分は修正せずに掲載しているので、その点はご容赦願いたい。また、補論部分については重複する部分は省略し、参考文献は本書巻末に他章とまとめて掲載することとしたので留意されたい。

　なお、本章のもととなる論文作成に際し、首藤惠氏（早稲田大学）、浅野礼美子氏（岐阜聖徳学園大学）、2名の匿名レフェリー、2018年日本金融学会および日本経営財務研究学会の参加者から貴重なコメントをいただいたので感謝申し上げる。
2　ESGとは、環境（Environment）・社会（Society）・ガバナンス（Governance）の3つの頭文字をとったものであり、ESG要素を考慮した投資を「ESG投資」という。

企業に対して求めていくのに対し、ESG投資はその経済的価値、投資パフォーマンスを重視するとされる。逆にいえば、年金基金などの受託者責任（フィデューシャリー・デューティー）を有する投資家にとっては、あくまでも投資パフォーマンスが得られることがESG投資の前提となる[3]。

　他方、企業におけるESG情報の開示は、単なる広告・宣伝とは異なり、都合のよい事実のみを開示するわけではない。ESG情報開示にあたり、企業は情報開示が要求される半面、場合によってはESG活動が不十分であるリスクを抱えていることが明らかになり、トレード・オフの関係がある。しかし、情報の透明性が高まれば、投資家は株価から企業経営の情報を得ることができ、ひいては企業価値向上に結びつく。

　こうした観点から、本章では、ESG投資・ESG情報開示と企業価値の関係について、ESG情報開示に積極的な企業への投資をESG投資ととらえ、その効果として、最も基本的な投資指標である株式リターンを用いてESG投資のパフォーマンスについて検証する。

　主な検証結果は次のとおりである。最近のわが国におけるESG開示に積極的な企業に対する投資パフォーマンスは、必ずしも有意にプラスであるとはいえないが、マイナスでもない。ただし、2017年については、複数の推計手法でみて、ESG開示スコアが高い企業が、株式超過収益率が有意にプラスであることが示唆される。この背景として、GPIFによるESG指数の採用や、2017年以降のコーポレートガバナンス・コードおよびスチュワードシップ・コード改訂に向けた動き等を受けて、ESG銘柄に注目が集まり、いわばESG投資の波に乗るかたちで、こうした銘柄がより多く買われた可能性があるが、今後のさらなる検証を要する。

　本章の構成は次のとおりである。第2節で、ESG投資に関する内外の先行研究のレビューおよび仮説設定を行い、第3節で分析方法の検討、第4節で

3　たとえば、GPIFがESG指数を公募した際には、「ESGの効果により、中長期的にリスク低減効果や超過収益の獲得が期待される指数であり、かつ過去のパフォーマンスやバックテストの結果がおおむねそれを裏付けるものであること」が要件とされた。GPIFプレスリリース「国内株式を対象とした環境・社会・ガバナンス指数の公募」（2016年7月22日）参照。

ESG開示スコアと株式超過収益率に関する実証分析を行い、第5節において考察と残された課題について述べる。

ESG情報開示という点に着目してESG投資とその投資パフォーマンスの関係を検証する場合、ESGを示すスコアが2種類ある点に留意が必要である[4]。すなわち、各企業のESG活動そのものを評価するESGパフォーマンス自体のスコア（質的スコア）と、ESG開示の状況を示すESG開示スコアである[5]。両者は密接に関係すると推察されるが、必ずしも同じ傾向を示すものとも限らない（Fatemi *et al.* 2018）。このため、質的スコアのみではなく、ESG開示スコアとの関係にも着目する必要がある。既存研究には、ESGパフォーマンス（質的スコア）と株式超過収益率（資本コスト、時価総額やトービンQ（PBR）で示される企業価値も含む）や企業のパフォーマンス（ROA等）との関係をみるものが多いが、なかにはESG開示に着目した研究もみられる[6]。

　たとえば、Li *et al.*（2018）は、英国の上場企業350社について、BloombergのESG開示スコアと企業価値（トービンQ）はポジティブな関係にあるとして、ESG開示の向上が、透明性や説明責任の向上を通じて、ステークホルダーの信頼向上へとつながり、企業価値向上に影響を及ぼした可能性があるとしている。また、Cho *et al.*（2013）は、CSRディスクロージャーは、投資家と企業との間の情報の非対称性の減少につながると指摘し

4　ここではESG投資には、SRI投資やCSR投資も含まれるものとする。
5　本章では、ESGの開示状況を示すスコアと、ESGパフォーマンス（質的スコア）を示すスコア（ESGスコア）を、明示的に区別して扱う。具体的には、前者のESG開示の状況を示すスコアは明示的に「ESG開示スコア」と示し、具体的にはBloombergのESG開示スコアがあげられる。後者としては、MSCI ESG Rating（旧KLD）などがあげられ、両者がミックスしたESGスコアとしてはFTSE ESG Ratingなどがあげられる。
6　ESGスコアと資本コスト・企業価値、借入金利、不良債権額などの関係について検証した先行研究については第5章を参照。

ている。さらに、Dhaliwal *et al.*（2011）は、任意のCSRディスクロージャーの向上は、こうした情報の非対称性の減少を通じて、資本コストの低減にもつながっていると指摘している。このほか、Gutsche *et al.*（2017）も、CSRディスクロージャーとCSRパフォーマンスの株式時価総額に対する効果を調べ、BloombergのESG開示スコア1ポイント当り260百万ドル上昇したことを示している。

また、ESG情報開示に限らず、ESGパフォーマンスを含めた先行研究をみると、特に、主に海外市場を対象とした先行研究は膨大な数にのぼり、なかには既存の実証研究を包括的にレビューした成果もみられる（ただし、質的スコアと開示スコアを区別することなくまとめられているものが多い）。そのすべてのレビューは困難であるが、いくつか紹介する。

まず、Friede *et al.*（2015）は、1970年以降の2,200以上の論文をレビューした結果、おおむね9割以上の研究においてESGとCFP（Corporate Financial Performance）の関係はノンネガティブ（つまり、マイナス効果ではなく、無相関かプラス効果）であり、このうち5～6割程度はポジティブな効果があったことを示している。他方、Auer and Schuhmacher（2016）は、地域別にみて米国やアジア太平洋地域の市場では、ESG要素と投資パフォーマンスはほとんど関係性がみられなかったとし、欧州においてはマイナスの影響さえもみられたと指摘している。

わが国を対象とした実証研究は数例にとどまる。ポジティブな株式投資パフォーマンスを示す先行研究として、日本証券アナリスト協会（2010）、白須（2011）、伊藤（2018）等があげられるのに対し、無相関またはマイナスのパフォーマンスを示した先行研究として、Renneboog *et al.*（2008a）、浅野・佐々木（2011）等があげられる。なお、筆者らが知る限り、ESG情報開示と投資パフォーマンスの関係を明らかにした先行研究は存在しない。

ESG情報開示に積極的な企業への投資パフォーマンスがポジティブにならないとする理由は、アクティブ運用によって継続的に超過リターンを得ることができないと主張する現代ポートフォリオ理論における効率的市場仮説を背景にしている。Renneboog *et al.*（2008a）等の指摘をふまえれば、①ス

クリーニングの過程における投資制約のため十分な分散投資ができない、加えて、②各企業のESG情報開示コストや投資家によるスクリーニングコストの負担が低パフォーマンスにつながると考える。他方、投資パフォーマンスがポジティブであると主張する根拠は、Li *et al.*（2018）、日本証券アナリスト協会（2010）等による。これらの論文によると、情報の非対称性の減少や投資家の信頼性向上等を通じて、①ESG情報開示に積極的な企業がスクリーニングされるので、結果的に高いマネジメント能力をもつ会社への投資となり、高い投資パフォーマンスにつながり、②ESG情報開示に積極的な企業は、長期的な収益向上につながるESG活動を通じ、長期的な企業収益（キャッシュフロー）を高めることから、ESG投資は高い投資パフォーマンスにつながる、と考える[7]。

上記をふまえ、本章では、ESG情報開示に対して積極的な企業に対する投資パフォーマンスについて、情報の非対称性の減少や投資家の信頼性向上等や、ESG情報開示に積極的な企業による長期的な収益向上につながるESG活動等を通じた効果として、以下の仮説を設定する。

　　〈仮説1〉ESG情報開示は、情報の非対称性の減少や投資家の信頼性向上により株式投資におけるポジティブなファクターとして認識され、投資パフォーマンスの向上につながる。

　　〈仮説2〉ESG活動は企業の将来収益を高める活動であるため、ESG情報開示に積極的な企業へのESG投資は、高い投資パフォーマンスを得ることができる。

7　厳密にいえば、高い投資パフォーマンスの要因には、①将来キャッシュフロー向上が見込まれる要因のほかに、②将来価値を現在価値に割り引く際の分母に相当する割引率低下（資本コスト低下）を通じた要因も考えられるが、本章の分析では、将来キャッシュフロー向上要因（分子要因）と割引率低下要因（分母要因）の区別まではわからず、残された課題である。

　先行研究のレビューで指摘したとおり、ESG投資のパフォーマンスは、総じていえば、ポジティブとネガティブ（もしくは無相関）の2つの相反する結果が示されており、どちらかといえば、ポジティブという研究成果が多いように見受けられるが、統一的な見解を見出せていない。この背景としては、対象地域や推計期間の違い、使用するESGスコアの意味合いの差（質的スコアと開示スコア）、パフォーマンスの定義（株式投資リターン、資本コスト、債券スプレッド等）、分析手法の違い、特に内生性の問題への対処の有無（因果関係の特定の困難性）など統計技術的要因などが考えられる。

　このため、本章では、対象地域・推計期間・ESGスコア・パフォーマンスの定義について明確にしたうえで、さらにより頑健な結果を得るという観点から、複数の推計手法を用いた分析を行う。具体的には、わが国の金融市場の上場企業を対象としたESG開示スコアを用い、コーポレートガバナンス改革等の動きからESG投資に対する注目が特に高まり始めた期間の影響をみたいという観点から、2013年以降の5年間を分析対象期間とする。そして、当該期間におけるESG開示スコアと株式投資リターンとの関係性について、より頑健な結果を得るという観点から、既存研究でしばしば用いられる推計手法を中心に、以下の3つの方法を用いて分析する。

(1) ESG開示スコア区分別ポートフォリオによるFama-Frenchモデルのα値の検証

　第1に、①Fama and French（1993、2015）の3ファクターモデル（式(1)）、5ファクターモデル（式(2)）を用いて、ESG開示スコアの区分別ポートフォリオをつくり、推計されたaの値を比較する[8]。この方法は、先行研

8　その際、被説明変数には、対リスクフリーレートに対する株式超過収益率を用いるが、当該期間ではほぼゼロ金利（マイナス金利の期間も多い）のため、リスクフリーレートはゼロと仮定。

究でもしばしば用いられる一般的な手法である（Renneboog *et al.* 2008 a 、白須2011等）[9]。

$$R_{i,t} - R_{f,t} = a_{3,i} + \beta_{3,i}MKT_t + s_{3,i}SMB_t + h_{3,i}HML_t + u_{i,t} \qquad (1)$$

$$R_{i,t} - R_{f,t} = a_{5,i} + \beta_{5,i}MKT_t + s_{5,i}SMB_t + h_{5,i}HML_t + m_{5,i}RMW_t \\ + c_{5,i}CMA_t + u_{i,t} \qquad (2)$$

$R_{i,t}$：i 企業株式の t 期間における株式収益率
$R_{f,t}$：リスクフリーレート
MKT_t：t 期間における市場ポートフォリオリターンとリスクフリーレート（$R_{f,t}$）の差
SMB_t：t 期間における大型株ポートフォリオと小型株ポートフォリオのリターンの差
HML_t：t 期間におけるバリュー株ポートフォリオとグロース株ポートフォリオのリターンの差
RMW_t：t 期間における高収益性株ポートフォリオと低収益性株ポートフォリオのリターンの差
CMA_t：t 期間における保守的な投資株ポートフォリオとアグレッシブな投資株ポートフォリオのリ
ターンの差

　なお、モデル推計に際しては、固定効果モデル・変動効果モデル等と比較検討した結果、Pooled OLSを選択したが、年次や業種別の影響も考えられることから、年次ダミーと業種別ダミーも追加する[10]。

　まず、ESG開示スコアの区分別ポートフォリオとして、(A)対象期間の前年の各開示スコアを4区分（25％ずつ）したうえで、各区分内に属する銘柄をプールして a の推計を行う（以下、区分別推計という）[11]。次に、(B) 4区分を示すダミー変数を作成し（たとえば、上位25％区分に属する場合は1、それ以外はゼロといった変数）、それを定数項ダミーとしたうえで、全企業をプールして推計する（以下、区分別ダミー推計という）。ただし、(B)の推計では、対

9　先行研究のなかには3ファクターのほかに、モメンタム要因を加えた4ファクターモデル（Carhart 1997）を用いる例もあり、最近のファクターモデルについての論文ではモメンタム要因を含むものが多いとする指摘もある（たとえばBarillas and Shanken (2018) 等）。

10　プールデータのモデル推計に際しては、3ファクターモデル、5ファクターモデルのそれぞれについて、リスク調整済株式超過収益率を被説明変数とする固定効果モデルを推計して、F検定をしたところ、P値が1となり、固定効果がないという帰無仮説は棄却されなかったことから、固定効果モデルは選択されなかった。続いて、Breush and Pagan検定を行ったが、今度はP値が1となり、変量効果モデルよりもPooled OLSが正しいという仮説も棄却されなかったので、結局、Pooled OLSを用いることとした。

11　なお、開示スコアがない区分については、IPO等の影響が大きく表れることから、本章による区分別推計の区分の対象からは除外した。

象が大きいことから、ESG要素以外のリスク要因（特に時価総額、ボラティリティ）の影響も大きいと考えられるため、これらも定数項ダミーとして加えることにより、リスク調整を行う。

⑵　ESG要素をファクターとして含むモデルによる分析

第2に、②ESG要素をファクターとして含むモデルを構築（以下、ESGファクターモデルという）し、ESG個別要素のファクターとしての有効性を検証する。内生性を考慮した操作変数法（2段階最小二乗法）による分析を同時に行うことが可能となることから、この方法も既存研究でしばしば用いられる（El Ghoul *et al.* 2011等）。具体的には、式(3)のとおり対象期間の直前期のESGの各開示スコア（$ESGfactor_{i,t-1}$）、さらに個別（i）要因として、既存研究のEl Ghoul *et al.*（2011）、Edmans *et al.*（2014）等をもとに時価総額対数（MCAPLN）、PBR、配当率（DIVR）、株式超過収益率（KBYNTPN）の1期ラグ、ボラティリティ（KBYNVOL）、売買高（VOLUY）、レバレッジ比率（LEV）、ROA等の個社コントロール要因（$Cont1_{i,t}$, $Cont2_{i,t-1}$）も説明変数として、株式超過収益率と有意に関係があるか否かを検証する[12]。このESGファクターモデルには、個別要因としてリスク要因（具体的には、ボラティリティ）を含むため、通常のリスクによる分位点別ポートフォリオによる分析と同様に、リスク調整も行われる。なお、個別要因のうち、株価と同時性が生じると考えられる項目（売買高、時価総額等）については1期のラグをとる（$Cont2_{i,t-1}$、なお、1期ラグをとった変数はL1で表示）。また、産業別ダミー（D_Indus）と年次ダミー（D_Year、3・5年間のケースのみ）も含める。

12　El Ghoul *et al.*（2011）では、市場リスク要因としてβを推計式に入れているが、本章では類似変数としてボラティリティが入っており重複してしまうので、βを推計式に入れていない。また、El Ghoul *et al.*（2011）では、被説明変数が資本コストであるが、本章では被説明変数が株式超過収益率であるため、βはCAPMに基づき株式超過収益率と市場平均リターン（この場合はTOPIX）から計算されるものであることを勘案すると、βを説明変数に入れた場合には同時性の問題が生じうることも、βを除いた理由である。

$$R_{i,t} - MKT_t = a_1 + x_1 ESGfactor_{i,t-1,} + y_1 Cont1_{i,t,}$$
$$+ y_2 Cont2_{i,t-1} + d_1 D\_Year \qquad (3)$$
$$+ d_2 D\_Indus + u_{i,t}$$

(3) 傾向スコアマッチングによる分析

第3に、③傾向スコアマッチングを用いた検証を行う[13]。まずESG開示スコアを年次ごとの全サンプルで平均値を境に2等分し、上位を1、下位を0としたうえでダミー変数とし、これを処置変数とする。アウトカムとしては株式超過収益率（各対象期間の対TOPIXの株式超過収益率の年次平均値）を用いる。そのうえで、②と同じ個別コントロール要因変数を用いて、傾向スコアマッチングの手法により、ESG情報開示に積極的か否か（ダミー変数の1かゼロ）が、株式超過収益率というアウトカムに対して、相関があるのか否かを検証する。すなわち、ESG情報開示に積極的か否かが、時価総額や収益率などの影響を勘案したうえでも、株式超過収益率というアウトカムに有意な差を与える影響を有するか否かを検証できる。

上記3つの複数の手法で検証することを通じて、より頑健性がある推計結果を得ることを試みる。

4 実証分析

4.1 使用データ

わが国企業に対するESGスコアは複数の会社により提供されているが、本章では市場参加者が比較的容易にアクセスできるという利便性もあり、

---

13 傾向スコアマッチングとは、対象となる群から傾向スコアが一番近いものを探し出し、アウトカムの差をとり、最後に差の総平均（ATE：Average Treatment Effect）を求めて、その総平均が有意にゼロであるか否かを検証するものである。

Bloombergで提供されているESG開示スコアを用いる[14]。同スコアは、あくまでも開示情報スコアであり、各指標の内容（すなわち質）については考慮されていない。ただし、逆にいえば、評価会社による恣意的な評価が入りにくく、関連する開示項目の有無等によって機械的に算出されることから、ESG情報の開示に対する積極性を示す客観的かつ公平なスコアであるともいえる。また、カバーされている企業数が2017年で1,900社を超えており、他社の評価格付（おおむね500社程度）と比べるとかなり多い。

　同スコアは、ESG全体のみならず、環境情報開示スコア（E）、社会情報開示スコア（S）、ガバナンス情報開示スコア（G）の区分について、0.1から、Bloombergが収集する全データポイント（＝データ開示項目）を開示されていることを示す100までの値をとる。各データポイントは、データの重要度に応じて加重され、たとえば、温室効果ガス排出は、他の開示項目よりも大きな比重がかけられる。

　推計期間は、前節で述べた2013年以降の分析対象期間（計5年間）のうち、直近1年間（2017年1月末〜2017年12月末）、3年間（2015年1月末〜2017年12月末）、5年間（2013年1月末〜2017年12月末）の3つに分けた。なお、3・5年間にわたる推計については、スコアを付与された企業が、当該期間を通じて、どのようなパフォーマンスであるかを検証する必要があることから、対象期間の前年スコアをもとに、当該期間のパフォーマンスを検証する。他方、1年ごとの推計については、ESG開示スコアの変化に応じて、1年ごとの対象銘柄のリバランスを行い、当該年の前年スコアを用いた検証を行う。

　対象企業は、TOPIX構成銘柄である東証1部上場企業の2017年12月末時点の2,035社を基準とする[15]。なお、ESG開示スコア以外の株価・企業財務

14　Bloombergによる開示スコアを用いた既存研究も比較的多く、たとえばFatemi *et al.*（2018）、Gutsche *et al.*（2017）、Li *et al.*（2018）などがある。なお、Bloomberg開示スコアの定義等については第3章を参照。

15　2017年12月末に東証1部に上場していたが、過去の時点には未上場であった場合（すなわち、最近のIPO等）等の場合は対象に含まれない。また、過去に上場していたが、上場廃止などにより2017年12月末時点には東証1部には上場していない銘柄も対象外となる。また、集計・開示されていない場合は欠損値となる。

データ等についても、Bloombergから入手した。ただし、Fama-Frenchモデル推計にあたって用いたファクター・データはFrenchのウェブサイトで提供されている日本株分析用の月次データを用いた[16]。

4.2　推計結果

前節で示した３つの分析手法による推計結果は以下のとおりである。

(1)　Fama-Frenchモデルによるα値の推計結果

α（およびαに係る定数項ダミー）の推計結果（図表６−１の上段）をみると、ESG開示スコアの区分別推計では、スコアの上位25％区分は５年間でおおむね有意にプラスとなっているが、区分別ダミー推計では有意ではない。最近の５年間の長期投資は、2013年の株価大幅上昇（異次元金融緩和やコーポレートガバナンス改革期待等を受けたアベノミクスに伴うもの）が初期に含まれていて、その影響が生じている可能性もある。この点を確認するため、最近の５年間の各年別（2013〜2017年）について、１年ごとに同様の推計を行ったところ（図表６−１の下段）[17]、やはり2013年の高ESG開示スコア銘柄群のαがプラスで有意であり、この影響が大きいと推察される。すなわち、高ESG開示スコア銘柄群は時価総額が大きく、海外投資家による売買も大きい銘柄群であることから、2013年のこの時期の特殊要因である可能性があり、必ずしも高ESG開示スコアだから高いαが得られたものではないと考えられる[18]。もっとも、2013年以降のアベノミクスには、コーポレートガバナンス

16　Frenchウェブサイト（http://mba.tuck.dartmouth.edu/pages/faculty/ken.french/data_library.html）（最終閲覧日：2020年６月５日）。同データはドル建てのため、円ドルレートにより円建てリターンに変換。市場リターンも米リスクフリーレートを差し引いているため、この同レートをプラスし調整を行った。

17　なお、５ファクターモデルのみを示したが、３ファクターモデルについてもおおむね同じ結果であった。

18　2012年末〜2013年末にかけての株式投資リターンをみると、東証上場株式のうち、時価総額の高い大型株225銘柄で構成される日経平均株価は57％上昇したのに対し、大型株が除かれ比較的時価総額が小さい銘柄で構成される株価指数TOPIX Smallは45％の上昇にとどまっており、この時期の大型株の上昇が顕著であったことがうかがわれる（なお、TOPIXの同時期の上昇率は51％）。

図表 6 - 1　Fama-Frenchモデルによるαの推計結果

開示スコア区分			区分別推計（a）		区別分ダミー推計（ダミー係数・a）		
			上位25%	上位75%未満	上位25%ダミー	下位25%ダミー	a
ESG開示スコア	1年間	3 F	−0.239	−2.565	0.227	−0.048	−1.312*
		5 F	−0.014	−2.415	0.227	−0.048	−1.225
	3年間	3 F	0.872	−0.544	0.029	−0.013	−0.667
		5 F	0.727	−0.631	0.029	−0.013	−0.757
	5年間	3 F	2.096**	−0.409	0.063	−0.027	−0.376
		5 F	1.777*	−0.428	0.063	−0.027	−0.515
環境情報開示スコア	1年間	3 F	−0.279	−1.790	0.148	0.135	−1.373*
		5 F	0.155	−1.698	0.148	0.135	−1.286
	3年間	3 F	1.032	−1.255	−0.032	−0.128	−0.614
		5 F	0.830	−1.292*	−0.032	−0.128	−0.704
	5年間	3 F	2.230**	−0.499	0.050	0.058	−0.416
		5 F	1.776*	−0.566	0.050	0.058	−0.555
社会情報開示スコア	1年間	3 F	−0.426	−1.582	0.079	−0.196	−1.227
		5 F	−0.151	−1.626	0.079	−0.196	−1.140
	3年間	3 F	0.422	−1.298	−0.062	−0.058	−0.671
		5 F	0.260	−1.334	−0.062	−0.058	−0.761*
	5年間	3 F	2.382**	−1.231	−0.028	−0.051	−0.396
		5 F	1.976**	−1.281	−0.028	−0.051	−0.535
ガバナンス情報開示スコア	1年間	3 F	−0.446	−1.873	0.078	−0.237*	−1.205
		5 F	−0.157	−1.847	0.078	−0.237*	−1.118
	3年間	3 F	0.941	−0.716	−0.023	−0.061	−0.642
		5 F	0.764	−0.783	−0.023	−0.061	−0.731
	5年間	3 F	0.713**	−0.266	−0.059	−0.123*	−0.304
		5 F	0.291	−0.286	−0.059	−0.123*	−0.443
ESG開示スコア	2017年		−0.014	−2.415	0.227	−0.048	−1.225
	2016年		3.070	−1.741	0.001	−0.008	−0.601
	2015年		−0.840	−1.737	0.051	0.242*	−1.734**
	2014年		0.500	2.735	−0.004	−0.264*	0.195
	2013年		5.768**	0.231	0.338	0.223	−0.869
環境情報開示スコア	2017年		0.155	−1.698	0.148	0.135	−1.286
	2016年		3.127	−1.572	−0.095	−0.258	−0.515
	2015年		−0.878	−1.205	−0.048	−0.239	−1.560*
	2014年		0.513	−0.791	0.110	0.092	0.089
	2013年		5.924**	−0.361	0.241	−0.097	−0.751
社会情報開示スコア	2017年		−0.151	−1.626	0.079	−0.196	−1.140
	2016年		−0.212	−1.077	−0.059	−0.184	−0.589
	2015年		0.660	−2.122	−0.207	−0.155	−1.670**
	2014年		0.640	0.050	0.031	0.165	0.106
	2013年		5.804**	−1.786	0.270	−0.356	−0.747
ガバナンス情報開示スコア	2017年		−0.157	−1.847	0.078	−0.237*	−1.118
	2016年		1.396	−1.145	0.206	−0.091	−0.575
	2015年		0.218	−1.192	−0.240	0.123	−1.712**
	2014年		0.501	0.767	0.154	−0.214	0.244
	2013年		1.008	−0.064	0.108	0.033	−0.793

（注1）　***が1％有意水準、**が5％有意水準、*が10％有意水準で有意であることを示す。また、濃い網掛けはプラスで有意、薄い網掛けはマイナスで有意となっていることを示す。表中の3Fは3ファクターモデル、5Fは5ファクターモデルを示す。表下段の結果は、5ファクターモデルのもののみを示す。

（注2）　式(1)および式(2)に関する推計結果の表から、aおよび区分別ダミーの係数の値についてのみ抜粋したもの。なお、区分別ダミーは、上位25％および下位25％に該当するときにそれぞれ1を示す定数項ダミーを示す。区分別ダミー推計では、年次ダミー・業種別の定数項ダミーも入れており有意。また、時価総額と株価ボラティリティを上位から4区分に分けた定数項ダミーも入っており有意であった。

（出所）　筆者計算。

改革期待も主要な要素として含まれており、この影響が初期段階にみられた可能性には留意する必要がある。

　また、2017年のみを対象とした結果をみると、区分別推計の結果（図表6－1の1年間推計）では、aは有意ではないものの、開示スコアが高い区分のほうがよりマイナス幅が小さく、区分別ダミー推計をみても、有意ではないが、上位25%ダミーの係数のほうが下位25%ダミーよりも係数が大きいか、マイナス幅が小さいケースが多い。

　以上から、開示スコアが高い区分のほうが高いaが得られるかどうかは、モデルや推計期間によりまちまちであり、必ずしも頑健性のある結果が得られてはいない。企業が単にESG情報開示を積極的に行ったからといって、必ずしもプラスのaが得られるわけではないことが示唆される。

(2)　ESGファクターモデルによる推計結果

　推計結果（図表6－2の上段）をみると、ESGファクターの係数は、すべての期間において有意でプラスであった。もっとも、ESG開示スコア自体が企業規模（時価総額）と関係していることも指摘されており（El Ghoul *et al.* 2011）、実際にESG開示スコアは企業規模が大きいほどに高い傾向にあることが確認されているため[19]、モデルに内生性の問題が生じている可能性もある。このため、El Ghoul *et al.*（2011）と同様に、各個社のESG開示スコアの操作変数として産業別のESG開示スコアを用いて操作変数法（2段階最小二乗法）による推計も行ったところ、最近1年間（2017年）のESG開示・社会情報開示スコア以外はESGファクターの係数が有意ではなくなった（図表6－2の下段）。以上から考えると、ESG開示スコアは、2017年についてはおおむね有意であるが、長期間については確定的なことはいえない。

(3)　傾向スコアマッチングによる推計結果

　推計結果（図表6－3）をみると、最近1年間（2017年）についてはESG

19　補論のESG開示スコアの区分別の特徴を参照。

図表6－2 ESGファクターモデルによる推計結果

被説明変数：株式超過収益率（年次データ）

	ESGファクター 1年間 ESGS	ENVS	SOCS	GOVS	3年間 ESGS	ENVS	SOCS	GOVS	5年間 ESGS	ENVS	SOCS	GOVS
Constant	21.281 (1.275)	46.411** (2.527)	33.125* (1.923)	−2.491 (−0.136)	−3.236 (−0.380)	1.217 (0.139)	1.774 (0.204)	−12.669 (−1.360)	−11.268 (−1.489)	−16.761** (−2.053)	−11.552 (−1.413)	−24.067*** (−3.109)
各ESGファクター	0.254** (2.293)	0.103 (1.219)	0.286*** (2.605)	0.547* (1.929)	0.114** (2.043)	0.052 (1.234)	0.114** (2.018)	0.191 (1.364)	0.205*** (3.988)	0.049 (1.250)	0.105** (2.059)	0.234** (2.387)
MCAPLNL1	−5.148*** (−5.987)	−5.140*** (−5.759)	−5.123*** (−6.191)	−4.807*** (−5.899)	−2.216*** (−5.035)	−1.316*** (−3.053)	−1.956*** (−4.641)	−1.963*** (−4.726)	−1.982*** (−4.797)	−0.786* (−1.943)	−1.138*** (−2.977)	−1.416*** (−3.784)
PBRL1	−2.087*** (−3.198)	−3.438*** (−2.252)	−2.467*** (−3.126)	−2.133*** (−3.271)	−1.959*** (−5.711)	−3.836*** (−6.042)	−1.490*** (−3.239)	−1.995*** (−5.816)	−3.374*** (−9.793)	−3.289*** (−4.385)	−2.696*** (−5.617)	−3.454*** (−10.042)
DIVRL1	2.990*** (2.857)	1.672 (1.377)	2.281** (2.143)	3.030*** (2.895)	1.773*** (3.220)	1.426** (2.167)	1.919*** (2.994)	1.753*** (3.180)	−0.138** (−1.961)	−0.133*** (−2.584)	−0.126** (−2.323)	−0.138* (−1.959)
KBYNTPNL1	0.062* (1.740)	−0.075 (−1.543)	0.086* (2.392)	0.061* (1.708)	−0.070*** (−4.703)	−0.076*** (−3.812)	−0.061*** (−3.198)	−0.070*** (−4.690)	−0.129*** (−11.768)	−0.069*** (−4.267)	−0.066*** (−4.451)	−0.129*** (−11.705)
VOLUYL1	0.000 (0.102)	0.000 (0.667)	0.000 (0.373)	−0.000 (−0.041)	−0.000 (−0.842)	−0.000 (−0.159)	−0.000 (−0.336)	−0.000 (−0.898)	−0.000 (−1.529)	−0.000 (−1.261)	−0.000 (−1.333)	−0.000 (−1.573)
KBYNVOLL1	0.638*** (19.892)	0.270*** (6.209)	0.396*** (10.979)	0.636*** (19.839)	0.320*** (17.978)	0.099*** (4.329)	0.122*** (5.340)	0.319*** (17.913)	0.624*** (33.584)	0.422*** (13.294)	0.396*** (14.168)	0.624*** (33.570)
LEVL1	0.094 (0.289)	−0.553 (−0.958)	0.043 (0.134)	0.081 (0.249)	0.153 (0.863)	−0.180 (−0.558)	−0.013 (−0.078)	0.163 (0.920)	0.526** (2.265)	0.904*** (3.165)	0.616** (2.230)	0.560** (2.412)
ROA	1.298*** (5.442)	1.990*** (5.573)	1.517*** (6.049)	1.276*** (5.363)	1.022*** (8.720)	0.991*** (5.715)	0.655*** (4.861)	1.009*** (8.621)	1.430*** (12.466)	1.028*** (6.369)	0.952*** (7.123)	1.400*** (12.234)
Indusダミー	Yes	Yes	Yes	Yes	Yes	Yes	Yes	Yes	Yes	Yes	Yes	Yes
Yearダミー	Yes	Yes	Yes	Yes	Yes	Yes	Yes	Yes	Yes	Yes	Yes	Yes
Observations	1,907	1,012	1,502	1,907	5,574	2,998	3,368	5,573	8,669	4,249	4,814	8,664
R-squared	0.272	0.241	0.224	0.272	0.116	0.094	0.082	0.115	0.162	0.090	0.088	0.161
Adj R 2	0.256	0.208	0.202	0.255	0.109	0.0801	0.0702	0.108	0.157	0.0802	0.0797	0.156
2 Step OLS 各ESGファクター	0.463* (1.874)	−0.047 (−0.273)	0.701** (2.230)	0.964 (0.793)	−0.039 (−0.304)	−0.059 (−0.658)	0.041 (0.293)	−0.533 (−0.827)	−0.108 (−0.951)	−0.099 (−1.314)	0.038 (0.314)	−0.451 (−1.144)

（Constant 〜 Adj R 2 は Pooled OLS、最終行は 2 Step OLS）

（注1）係数下のカッコ内は t 値を示す。***が1％有意水準、**が5％有意水準、*が10％有意水準で有意であることを示す。網掛けは、ESGファクターが10％水準で有意で示す。なお、ESGS（ESG開示スコア）、ENVS（環境情報開示スコア）、SOCS（社会情報開示スコア）、GOVS（ガバナンス情報開示スコア）を示す。
（注2）2段階最小二乗法については、ESGファクター項以外は省略。
（注3）ESGファクター項には、各ESG開示スコアが入る。定数項（Constant）・ESGファクター以外の説明変数は、時価総額対数（MCAPLN）、PBR、配当率（DIVR）、株式超過益率（KBYNTPN）、売買高（VOLUY）、ボラティリティ（KBYNVOL）、レバレッジ比率（LEV）、ROAおよび産業（D_INDUS）・年（D_YEAR）ダミーである。1期ラグをとった変数は末尾にL1で表示。
（出所）筆者計算。

図表6-3　傾向スコアマッチング分析による結果

アウトカム	期間	1年間	3年間	5年間
	処置変数（高(1)低(0)）	2016年スコア	2014年スコア	2012年スコア
株式超過収益率	ESG開示スコア	7.392**	2.112	0.608
		(0.023)	(0.188)	(0.730)
	環境情報開示スコア	5.794*	1.915	1.854
		(0.069)	(0.168)	(0.133)
	社会情報開示スコア	7.531**	3.178*	1.482
		(0.019)	(0.073)	(0.406)
	ガバナンス情報開示スコア	19.648	7.249	2.217*
		(0.103)	(0.416)	(0.084)

※ヘッダー「ATE：Average Treatment Effect」は「1年間」「3年間」「5年間」の列を束ねる。

（注1）　係数下のカッコ内はP値を示す。***が1％有意水準、**が5％有意水準、*が10％有意水準で有意であることを示す。有意な推計結果に網掛け。
（注2）　処置変数は各ESG開示スコアを年次ごとの全サンプルで平均値を境に2等分し、上位を1、下位を0としたうえでのダミー変数であり、アウトカムとしては株式超過収益率（各対象期間の年次対TOPIXの株式超過収益率の平均値）、個別コントロール要因は、図表6-2と同じ。
（出所）　筆者計算。

開示、環境、社会スコアについてスコアが高いほうが、株式超過収益率が有意に高いことが示唆された。また、過去3年間・5年間でみた場合には、社会情報開示スコアやガバナンス情報開示スコアでは有意に高いことが示されたが、他の要因については有意な差は示されなかった。

5　考察と残された課題

　最近のわが国金融市場におけるESG情報開示に積極的な企業に対する投資パフォーマンスをみる限り、必ずしも有意にポジティブな関係にあるとはいえないが、マイナスの投資パフォーマンスをもたらしてもいないという結果を得た。すなわち、第2節で示した〈仮説1〉に関しては、ESGファクターモデルによる推計結果から、ESG情報開示に対する積極性は、株式投資におけるポジティブなファクターとして継続的に認識されていないことが示唆された。また、〈仮説2〉に関しても、Fama-Frenchモデルや傾向スコアマッチングによる推計結果により、ESG投資は、通常の投資と比べた場合に必ずしも高い投資パフォーマンスにつながらないことが示唆された。〈仮説1〉と〈仮説2〉はともに支持されない。ただし、2017年については、複数の推

計手法でみて、ESG開示スコアが高いほうが、株式超過収益率が有意にプラスとなっていることが示唆された。この背景としては、2017年以降のコーポレートガバナンス・コードおよびスチュワードシップ・コード改訂に向けた動きを受けたG要素に対する注目の高まり、気候変動に対する取組みであるパリ協定発効（2016年11月）や気候関連財務情報開示タスクフォース（TCFD）の最終提言（2017年6月）などを受け、特にE要素に対する注目が高まったこと、そして、2017年のGPIFによるESG指数の採用などを受けて、ESG銘柄全体に注目が集まったことが影響している可能性も考えられる。しかしながら、今後のさらなる検証が必要である。

　なお、本章は、過去の投資パフォーマンスについての検証であったが、先行研究をみても、対象となる推計期間等によっても結果が異なる可能性がある旨に留意する必要がある。また、本来は長期の投資パフォーマンスを検証する必要があること、ESG開示スコアに加えて質的スコアとの関係を含めて総合的に考えることも必要になろう。さらに、ESG要素と投資パフォーマンスの源泉となる要因の関係についてのさらなる探求（たとえば、投資パフォーマンスの要因をさらに厳密にとらえてキャッシュフロー要因と資本コスト要因等に区分する等）なども課題として残る。ESG投資の考え方は急速に浸透してきており、その投資パフォーマンスとの関係については、今後もさらなる研究の蓄積が望まれる。

6　補　論[20]

(1)　基本統計量

　本章で用いたデータに関する基本統計量は図表6-4のとおりである。環境情報や社会情報の開示スコアには、欠損値、すなわち、開示スコアが示さ

20　湯山・白須・森平（2019）の補論では、本章掲載のほかにESGスコアの概要説明があるが、第3章と重複するため削除し、本章では湯山・白須・森平（2019）の補論3以降を掲載している。

図表6－4　基本統計量（記述統計・相関係数行列）

〈記述統計〉

		観測数	平均値	標準偏差	最小値	最大値
ESG開示スコア	ESGS	1,926	21.57	12.74	7.85	60.74
環境情報開示スコア	ENVS	1,015	25.96	16.26	0.78	74.42
社会情報開示スコア	SOCS	1,512	19.06	12.35	3.13	64.91
ガバナンス情報開示スコア	GOVS	1,926	46.03	4.47	33.93	71.43
株式超過収益率前年比(%)	KBYNTPN	2,000	7.88	30.64	−56.74	362.65
株式売買高	VOLUY	2,027	192,000,000	1,200,000,000	338,500	44,500,000,000
株価前年比変動率（%）	KBYNVOL	2,000	41.03	33.82	1.19	602.93
PER	PER	1,886	29.27	151.69	2.05	4,410.00
PBR	PBR	2,010	1.58	1.97	0.21	33.50
ROE（%）	ROE	2,011	8.19	11.22	−116.18	123.20
ROA（%）	ROA	2,014	4.01	5.52	−71.24	36.23
総資産（百万円）	TOTASSET	2,024	1,371,221	12,400,000	776	298,000,000
時価総額（百万円）	MCAP	2,012	243,182	795,565	1,633	18,100,000
配当率（%）	DIVR	2,010	2.10	1.10	0.00	8.91
レバレッジ比率	LEV	2,024	3.07	4.52	1.03	112.38

〈相関係数行列〉

	ESGS	ENVS	SOCS	GOVS	KBYNTPN	VOLUY	KBYNVOL	PER
ESGS	1.00							
ENVS	0.97	1.00						
SOCS	0.78	0.63	1.00					
GOVS	0.61	0.50	0.51	1.00				
KBYNTPN	−0.09	−0.09	−0.02	−0.11	1.00			
VOLUY	0.17	0.14	0.15	0.27	−0.06	1.00		
KBYNVOL	−0.07	−0.07	−0.04	−0.02	0.20	0.02	1.00	
PER	0.02	0.02	0.02	−0.03	−0.08	−0.02	0.02	1.00
PBR	−0.02	−0.05	0.05	0.00	0.07	−0.02	0.32	0.10
ROE	−0.03	−0.05	0.02	0.05	0.15	0.02	0.24	−0.22
ROA	−0.07	−0.07	−0.01	−0.07	0.20	−0.08	0.19	−0.17
TOTASSET	0.10	0.08	0.08	0.22	−0.08	0.75	−0.02	−0.03
MCAP	0.31	0.27	0.24	0.36	−0.11	0.39	−0.02	−0.02
DIVR	0.04	0.02	0.07	0.08	−0.01	0.10	−0.14	−0.03
LEV	−0.08	−0.10	−0.09	0.08	−0.20	0.27	−0.07	−0.05

	PBR	ROE	ROA	TOTASSET	MCAP	DIVR	LEV
PBR	1.00						
ROE	0.51	1.00					
ROA	0.61	0.69	1.00				
TOTASSET	−0.08	−0.02	−0.15	1.00			
MCAP	0.14	0.15	0.09	0.47	1.00		
DIVR	−0.35	−0.09	−0.11	0.13	0.06	1.00	
LEV	−0.17	−0.06	−0.39	0.45	0.10	0.10	1.00

（注）　TOPIX採用銘柄（東証1部上場企業数）は2017年12月末現在で2,035社を使用。
（出所）　Bloombergより作成。

れていない企業が多い。特に環境情報開示スコアには半数以上の企業について開示スコアが付されていない。他方、ガバナンス情報開示スコアは、有価証券報告書による開示が多いと考えられることから、欠損値は少ないが、他のスコアと比べると標準偏差が小さく、スコアの散らばり幅が小さいといえる[21]。これは、有価証券報告書の記載様式などにより一定の開示基準が存在するためであると推察される。

　ESG開示スコア以外の株価関連、企業財務データなどについて、ESG開示スコアとの相関をみると、他スコアとの関係では環境情報開示スコアとの相関が0.9超と高い一方、ガバナンス情報開示スコアとの相関は0.6〜0.7程度にとどまる。また、ESG開示スコアは、時価総額とは0.3程度のプラスの相関を示す一方で、ROAやROEといった収益指標、PBRといった企業価値を示す指標とはマイナスの相関を示している。ESG開示スコアは、企業規模（時価総額）との関係性が高く、時価総額の大きな企業のESG開示スコアが高くなっている可能性が示唆される。

⑵　ESG開示企業の特徴：開示スコアの区分別比較

　ESG開示スコアの上位から４区分（25％ずつ）に、開示スコアなしの区分を加えた５区分としたうえで、それぞれ対象期間の前年のESG開示スコアの区分に属する銘柄群ごとに、株式超過収益率や財務・株価関連指標を示すことによりESG開示スコア区分別の対象企業の特徴について概観する。

〈株式超過収益率の比較〉

　まず、株式超過収益率（対TOPIX）の単純平均値を比較した（図表６−５）。過去１年、３年、５年（すなわち、2013年１月〜2017年12月の各期間の開始時点から2017年12月末まで）の、各区分における対TOPIXの株式超過収益率（年率リターンおよび月次リターンの各期間平均値）の単純平均およびリス

21　このため、ガバナンス情報開示スコアについては、同点となっている企業数が多く、以下の４区分への分割の際にも、第２・第３区分が同じとならざるをえない期間もある。

図表6－5　株式超過収益率（ESG開示スコアの区分別）

株式超過収益率（対TOPIX、年平均）				開示スコアの区分					合計・平均	平均値のANOVA F-test統計量（カッコ内はP値）
				上位25%	上位25〜50%	上位50〜75%	上位75%未満	開示なし等		
月次データ	ESG開示スコア	1年間	単純平均	0.53	0.65	0.86	0.88	1.95	0.79	1.45 (0.23)
			リスク調整後平均	0.06	0.07	0.07	0.07	0.14	0.07	0.30 (0.82)
		3年間	単純平均	1.24	1.26	1.30	1.62	2.79	1.47	7.29 (0.00)
			リスク調整後平均	0.14	0.14	0.13	0.15	0.15	0.15	1.55 (0.20)
		5年間	単純平均	1.7	1.8	1.6	2.0	2.6	1.9	5.21 (0.00)
			リスク調整後平均	0.20	0.19	0.16	0.19	0.20	0.19	4.06 (0.01)
	環境情報開示スコア	1年間	単純平均	0.46	0.67	0.67	0.54	1.00	0.79	0.35 (0.79)
			リスク調整後平均	0.05	0.07	0.07	0.06	0.08	0.07	0.15 (0.93)
		3年間	単純平均	1.18	1.29	1.29	1.24	1.69	1.47	0.31 (0.82)
			リスク調整後平均	0.14	0.15	0.14	0.14	0.15	0.15	0.07 (0.97)
		5年間	単純平均	1.70	1.77	1.69	1.84	2.02	1.91	0.81 (0.49)
			リスク調整後平均	0.20	0.20	0.19	0.20	0.19	0.19	0.34 (0.80)
	社会情報開示スコア	1年間	単純平均	0.48	0.65	0.95	0.81	1.02	0.79	1.36 (0.25)
			リスク調整後平均	0.05	0.07	0.08	0.07	0.08	0.07	0.55 (0.65)
		3年間	単純平均	1.19	1.48	1.24	1.33	1.70	1.47	1.64 (0.18)
			リスク調整後平均	0.14	0.16	0.14	0.14	0.15	0.15	0.93 (0.43)
		5年間	単純平均	1.69	1.80	1.90	1.68	2.04	1.91	1.80 (0.14)
			リスク調整後平均	0.20	0.20	0.20	0.18	0.19	0.19	1.07 (0.36)
	ガバナンス情報開示スコア	1年間	単純平均	0.58	—	0.65	0.87	1.95	0.79	1.51 (0.22)
			リスク調整後平均	0.06	—	0.06	0.07	0.14	0.07	0.31 (0.73)
		3年間	単純平均	1.16	—	1.35	1.51	2.77	1.47	6.23 (0.00)
			リスク調整後平均	0.13	—	0.15	0.14	0.22	0.15	1.55 (0.21)
		5年間	単純平均	1.68	1.81	—	1.88	2.61	1.91	2.64 (0.07)
			リスク調整後平均	0.19	0.20	—	0.19	0.20	0.19	1.98 (0.14)
年次データ	ESG開示スコア	1年間	単純平均	10.04	10.39	20.36	16.49	36.72	15.45	4.77 (0.00)
			リスク調整後平均	0.17	0.13	0.23	0.19	1.03	0.22	0.78 (0.50)
		3年間	単純平均	5.34	5.93	6.20	11.95	30.17	9.17	10.48 (0.00)
			リスク調整後平均	0.13	0.13	0.07	0.19	0.75	0.17	4.48 (0.00)
		5年間	単純平均	5.0	5.3	3.5	9.5	21.3	8.2	6.87 (0.00)
			リスク調整後平均	0.08	0.05	-0.09	0.06	0.35	0.08	6.39 (0.00)
	環境情報開示スコア	1年間	単純平均	7.37	11.43	10.60	14.87	19.71	15.45	1.72 (0.16)
			リスク調整後平均	0.11	0.18	0.15	0.23	0.27	0.22	0.72 (0.54)
		3年間	単純平均	4.29	6.48	6.03	5.67	12.78	9.17	0.76 (0.52)
			リスク調整後平均	0.11	0.15	0.14	0.13	0.22	0.17	0.25 (0.86)
		5年間	単純平均	4.24	5.54	4.00	6.13	10.68	8.21	1.02 (0.38)
			リスク調整後平均	0.05	0.08	0.04	0.08	0.09	0.08	0.49 (0.69)
	社会情報開示スコア	1年間	単純平均	9.39	12.43	13.25	17.40	20.68	15.45	2.52 (0.06)
			リスク調整後平均	0.17	0.19	0.18	0.19	0.31	0.22	0.05 (0.99)
		3年間	単純平均	4.53	9.11	5.62	6.92	12.90	9.17	2.58 (0.05)
			リスク調整後平均	0.14	0.22	0.14	0.12	0.22	0.17	0.27 (0.85)
		5年間	単純平均	4.38	5.86	7.56	4.00	10.94	8.21	2.57 (0.05)
			リスク調整後平均	0.09	0.08	0.10	0.00	0.09	0.08	3.05 (0.03)
	ガバナンス情報開示スコア	1年間	単純平均	6.48	—	14.11	17.96	36.72	15.45	6.56 (0.00)
			リスク調整後平均	0.08	—	0.21	0.19	1.03	0.22	2.08 (0.13)
		3年間	単純平均	4.28	—	7.12	10.08	29.84	9.17	8.56 (0.00)
			リスク調整後平均	0.09	—	0.16	0.15	0.72	0.17	2.36 (0.19)
		5年間	単純平均	4.07	5.65	—	8.21	21.24	8.21	5.22 (0.01)
			リスク調整後平均	0.05	0.07	—	0.04	0.35	0.08	0.90 (0.41)

（注1） 各推計期間の同一区分内の株式超過収益率（月次・年次）の単純平均値、リスク異調整後平均値（各
個別株データについて、標準偏差で除した値を平均＝シャープ比）を示した。
（注2） ESG開示スコアの区分は、対象期間の前年のESG開示スコアの区分に属する銘柄群を用いている。た
とえば、2017年1年間のケースについては2016年の区分を用いた。ガバナンススコアの「―」は同スコ
アが多くて区分が3区分になってしまったもの（以下の表において同じ）。
（注3） ANOVA F-testは、各区分平均値が、同等かどうかを検定したもの。P値がゼロであることは、各グ
ループの平均値は異なることを示す（網掛けが有意に異なることを示す）。上段が単純平均、下段がリ
スク調整後平均の推計値（以下の表において同じ）。
（注4） 網掛けは、4区分の平均値比較において、最も高い値を示す（以下の表において同じ）。
（注5） 1年間は2017年1～12月、3年間は2015年1月～2017年12月、5年間は2013年1月～2017年12月を示
す（以下の表において同じ）。
（出所） 筆者計算。

ク調整後（各株式超過収益率を超過収益率の標準偏差で除した値）平均値を集計
した[22]。

　単純な株式超過収益率（対TOPIX）の平均値のパフォーマンスをみる限
り、ESG開示スコアが高い銘柄区分のパフォーマンスは、他区分対比で平均
的に高いとはいえない。むしろ、平均的にみたらパフォーマンスは低いとい
える。他方、リスク調整値でみると、どの区分も大きな差はみられず、区分
ごとの格差は大幅に縮小し、おおむね同レベルに収斂している。

　ESG開示スコア自体は時価総額など企業規模と正の相関にあり、一方で、
スコアが低い傾向にある低時価総額銘柄は通常はボラティリティが大きいの
でリスクも大きい。このため、株価上昇局面では、上位区分に属する銘柄の
単純なパフォーマンスは劣後するが、リスク調整値でみると、その傾向は表
れず、どの区分においてもおおむね同程度のパフォーマンスであったのでは
ないかと推察される。

　また、ESG開示スコアがない銘柄区分が高いパフォーマンスとなってい
る。これは一般的には、上場直後（すなわちIPO直後）であったり、株価が基
本的に上昇局面にあったなかで、規模が小さいためにボラティリティが大き
かったりするために、株価の上昇幅が大きかったためであると思われる。

22　本来ならばTOPIX銘柄の対TOPIX株式超過収益率の平均値は、TOPIXのウェイトに
従って加重平均すればほぼゼロであるが、単純平均のため、ウェイトの低い銘柄の上昇
率の影響が大きく出ていると考えられるため、全区分において対TOPIXの株式超過収
益率の平均値が大幅にプラスである。念のため、TOPIXのウェイトによる株式超過収
益率の全銘柄の加重平均値も計算したところほぼゼロであった。

各区分の平均値格差について、ANOVA F-testにより、「開示なし」を除く４区分と全体平均の超過収益率の平均値が、同等かどうかを統計的に検定した（P値がゼロであることは、各グループの平均値は異なることを示す）。単純な株式超過収益率では、平均値に差が生じているとするケースであっても、リスク調整ずみの株式超過収益率とした場合には、各区分の超過収益率が異なるという同等性の仮定を棄却することはできなかったケースが多く、各区分によって平均値に差が生じていないことが示唆され、ANOVA F-testによるF値自体も単純平均値よりも大幅に減少している。また、月次の株式超過収益率でみた場合には、多くのケースにおいて平均値に差がないことが示された。さらに、環境情報開示スコアについては、年次・月次ともに単純な株式超過収益率とリスク調整済株式超過収益率のいずれにも、どの区分・年においても棄却できず、平均値に区分による差がないことが示された。

〈財務・株価指標等の比較〉
　ESG各要素の財務関連指標（ROE、ROA、総資産、配当率）、株価指標（PER、PBR、時価総額、変動率（ボラティリティ）等）などの平均値を示した（図表６−６、図表６−７、図表６−８）。また、株式超過収益率の比較と同様に、ANOVA F-testにより、「開示なし」を除く４区分と全体平均値が、同等かどうかを統計的に検定した。

　企業財務関連指標（ROE、ROA）は、開示スコアが低い区分の企業が単純平均値ベースでみると高い傾向にあり、リスク調整後においてもその傾向はおおむね変わらない（ROEのほうはややその傾向が薄れる）。ANOVA F-testの結果をみても、統計的にも有意な差が生じており、開示スコアが低い区分の企業が単純平均値ベースでみると高い傾向にあることが示唆されている。これは、日本証券アナリスト協会（2010）で示された結果とおおむね同様であるといえる。ただし、環境・社会の開示スコアを中心に１・３年の期間においては平均値に有意な差がみられないと示されている。

　株価のバリュエーション指標の１つであるPBR、PERについてみると、PERについては平均値に有意な差がみられないとする結果が多くの区分で示

図表6−6　ROE・ROA比較（ESG開示スコアの区分別、1・3・5年、年次データ）

			上位25%	上位25~50%	上位50~75%	上位75%未満	開示なし等	合計・平均	平均値のANOVA F-test統計量（カッコ内はP値）	
ROE	ESG開示スコア	1年間	単純平均 7.95	7.78	8.92	9.97	12.42	8.86	4.90	(0.00)
			リスク調整後平均 2.25	2.43	2.30	2.36	3.20	2.37	0.48	(0.69)
		3年間	単純平均 7.43	7.57	7.55	9.38	14.20	8.55	13.70	(0.00)
			リスク調整後平均 2.09	2.31	2.05	2.19	3.93	2.28	3.27	(0.02)
		5年間	単純平均 7.1	7.6	7.3	8.3	14.0	8.4	5.85	(0.00)
			リスク調整後平均 1.97	2.26	1.99	2.07	3.20	2.21	8.13	(0.00)
	環境情報開示スコア	1年間	単純平均 7.77	8.41	7.75	7.61	9.83	8.86	0.47	(0.70)
			リスク調整後平均 2.26	2.22	2.32	2.60	2.40	2.37	1.49	(0.22)
		3年間	単純平均 7.61	7.50	7.64	7.17	9.63	8.55	0.51	(0.67)
			リスク調整後平均 2.14	2.10	2.14	2.42	2.36	2.28	3.81	(0.01)
		5年間	単純平均 6.82	7.19	7.32	7.94	9.28	8.44	2.61	(0.05)
			リスク調整後平均 1.99	1.94	2.20	2.31	2.29	2.21	8.67	(0.00)
	社会情報開示スコア	1年間	単純平均 8.13	7.87	8.30	8.41	10.87	8.86	0.26	(0.85)
			リスク調整後平均 2.41	2.30	2.29	2.11	2.72	2.37	1.18	(0.32)
		3年間	単純平均 7.86	8.15	6.87	7.62	9.81	8.55	2.47	(0.06)
			リスク調整後平均 2.15	2.21	2.12	2.30	2.39	2.28	1.35	(0.26)
		5年間	単純平均 7.34	7.33	7.47	7.88	9.35	8.44	0.81	(0.49)
			リスク調整後平均 2.06	2.12	1.95	2.35	2.30	2.21	8.43	(0.00)
	ガバナンス情報開示スコア	1年間	単純平均 8.18	—	7.91	9.62	12.42	8.86	6.09	(0.00)
			リスク調整後平均 2.22	—	2.38	2.34	3.20	2.37	3.59	(0.01)
		3年間	単純平均 7.70	—	7.45	8.94	14.11	8.55	12.87	(0.00)
			リスク調整後平均 2.05	—	2.28	2.13	3.91	2.28	60.72	(0.00)
		5年間	単純平均 7.29	7.47	—	8.00	13.99	8.44	3.19	(0.04)
			リスク調整後平均 1.95	2.21	—	2.05	3.20	2.21	0.48	(0.62)
ROA	ESG開示スコア	1年間	単純平均 3.76	3.84	4.41	5.11	6.79	4.42	7.66	(0.00)
			リスク調整後平均 0.39	0.46	0.89	0.84	1.94	0.71	11.83	(0.00)
		3年間	単純平均 3.52	3.71	3.28	4.93	6.89	4.20	34.71	(0.00)
			リスク調整後平均 0.36	0.39	0.46	0.73	2.96	0.67	51.14	(0.00)
		5年間	単純平均 3.3	3.6	3.3	4.3	6.4	4.1	28.23	(0.00)
			リスク調整後平均 0.29	0.35	0.42	0.53	1.94	0.59	51.25	(0.00)
	環境情報開示スコア	1年間	単純平均 3.72	3.94	3.71	3.93	5.01	4.42	0.28	(0.84)
			リスク調整後平均 0.35	0.44	0.43	0.55	0.97	0.71	1.66	(0.17)
		3年間	単純平均 3.68	3.43	3.64	3.69	4.80	4.20	0.83	(0.48)
			リスク調整後平均 0.34	0.40	0.36	0.41	0.95	0.67	1.24	(0.29)
		5年間	単純平均 3.31	3.28	3.21	3.78	4.62	4.10	5.42	(0.00)
			リスク調整後平均 0.29	0.30	0.22	0.42	0.80	0.59	23.40	(0.00)
	社会情報開示スコア	1年間	単純平均 3.81	3.84	4.35	4.09	5.66	4.42	0.87	(0.46)
			リスク調整後平均 0.39	0.44	0.72	0.75	1.09	0.71	4.96	(0.00)
		3年間	単純平均 3.64	3.98	3.32	3.86	4.88	4.20	3.35	(0.02)
			リスク調整後平均 0.35	0.38	0.42	0.44	1.00	0.67	2.42	(0.06)
		5年間	単純平均 3.42	3.45	3.68	3.75	4.60	4.10	1.83	(0.14)
			リスク調整後平均 0.28	0.32	0.40	0.39	0.82	0.59	9.70	(0.00)
	ガバナンス情報開示スコア	1年間	単純平均 3.71	—	4.05	4.79	6.79	4.42	7.12	(0.00)
			リスク調整後平均 0.33	—	0.53	0.89	1.94	0.71	17.66	(0.00)
		3年間	単純平均 3.48	—	3.71	4.50	6.84	4.20	21.27	(0.00)
			リスク調整後平均 0.31	—	0.44	0.65	2.94	0.67	54.63	(0.00)
		5年間	単純平均 3.27	3.63	—	4.05	6.38	4.10	16.71	(0.00)
			リスク調整後平均 0.24	0.39	—	0.49	1.93	0.59	60.62	(0.00)

（注）　各推計期間の同一区分内のROE・ROA（年次）の単純平均値、リスク異調整後平均値（各個社ROE・ROAデータについて、標準偏差で除した値を平均）を示した。その他は図表6−5の注と同じ。
（出所）　筆者計算。

				開示スコアの区分					合計・平均	平均値のANOVA F-test統計量	（カッコ内はP値）
				上位25%	上位25～50%	上位50～75%	上位75%未満	開示なし等			
PBR	ESG開示スコア	1年間	単純平均	1.40	1.35	2.02	2.11	3.04	1.79	15.86	(0.00)
			リスク調整後平均	3.90	4.44	3.47	3.62	4.93	3.90	1.02	(0.38)
		3年間	単純平均	1.36	1.32	1.68	1.96	2.69	1.67	38.77	(0.00)
			リスク調整後平均	3.58	3.36	2.96	3.29	8.33	3.62	16.55	(0.00)
		5年間	単純平均	1.3	1.3	1.5	1.6	2.8	1.6	20.40	(0.00)
			リスク調整後平均	3.37	3.16	2.86	3.03	5.31	3.36	21.23	(0.00)
	環境情報開示スコア	1年間	単純平均	1.50	1.27	1.36	1.38	2.21	1.79	2.21	(0.08)
			リスク調整後平均	3.89	3.92	5.10	3.68	3.68	3.90	0.71	(0.55)
		3年間	単純平均	1.40	1.30	1.33	1.26	2.03	1.67	2.49	(0.06)
			リスク調整後平均	3.73	3.52	3.38	3.29	3.76	3.62	6.07	(0.00)
		5年間	単純平均	1.29	1.25	1.23	1.28	1.84	1.59	0.87	(0.46)
			リスク調整後平均	3.56	3.31	3.29	3.05	3.41	3.36	12.72	(0.00)
	社会情報開示スコア	1年間	単純平均	1.55	1.35	2.12	1.53	2.44	1.79	9.54	(0.00)
			リスク調整後平均	4.08	4.55	3.72	3.30	3.94	3.90	1.31	(0.27)
		3年間	単純平均	1.46	1.42	1.28	1.52	1.99	1.67	4.65	(0.00)
			リスク調整後平均	3.50	3.73	3.39	3.29	3.85	3.62	5.48	(0.00)
		5年間	単純平均	1.42	1.29	1.42	1.34	1.80	1.59	2.39	(0.07)
			リスク調整後平均	3.34	3.31	3.28	3.11	3.46	3.36	3.40	(0.02)
	ガバナンス情報開示スコア	1年間	単純平均	1.46	—	1.62	1.93	3.04	1.79	6.86	(0.00)
			リスク調整後平均	3.80	—	4.15	3.59	4.93	3.90	0.74	(0.48)
		3年間	単純平均	1.40	—	1.45	1.82	2.68	1.67	26.65	(0.00)
			リスク調整後平均	3.44	—	3.42	3.18	8.43	3.62	10.32	(0.00)
		5年間	単純平均	1.35	1.31	—	1.55	2.78	1.59	16.59	(0.00)
			リスク調整後平均	3.14	3.27	—	3.04	5.31	3.36	12.53	(0.00)
PER	ESG開示スコア	1年間	単純平均	23.94	21.15	30.43	61.13	34.02	34.65	1.82	(0.14)
			リスク調整後平均	2.05	2.30	2.43	5.50	3.04	3.11	0.94	(0.42)
		3年間	単純平均	26.55	25.47	26.09	39.38	22.46	30.12	1.77	(0.15)
			リスク調整後平均	2.11	2.16	2.06	2.21	12.84	2.79	1.78	(0.15)
		5年間	単純平均	26.3	23.9	28.4	32.0	27.7	28.2	1.11	(0.34)
			リスク調整後平均	2.05	2.12	2.04	2.00	6.18	2.49	2.36	(0.07)
	環境情報開示スコア	1年間	単純平均	22.33	24.25	21.03	23.39	46.66	34.65	0.21	(0.89)
			リスク調整後平均	2.17	1.90	2.10	2.51	4.08	3.11	3.73	(0.01)
		3年間	単純平均	28.55	23.21	24.10	26.70	34.61	30.12	0.30	(0.82)
			リスク調整後平均	2.12	2.06	2.02	2.30	3.47	2.79	4.10	(0.01)
		5年間	単純平均	29.27	24.51	21.63	24.48	30.65	28.16	0.79	(0.50)
			リスク調整後平均	2.02	2.04	2.13	2.17	2.79	2.49	1.91	(0.13)
	社会情報開示スコア	1年間	単純平均	21.76	22.88	31.20	58.45	29.64	34.65	1.18	(0.32)
			リスク調整後平均	2.21	2.21	2.46	2.17	5.72	3.11	0.96	(0.41)
		3年間	単純平均	28.85	21.90	27.90	24.24	35.43	30.12	0.56	(0.64)
			リスク調整後平均	2.13	2.12	2.15	2.17	3.63	2.79	0.08	(0.97)
		5年間	単純平均	27.29	26.62	26.32	23.48	30.36	28.16	0.27	(0.85)
			リスク調整後平均	2.05	2.22	2.00	2.11	2.87	2.49	4.12	(0.01)
	ガバナンス情報開示スコア	1年間	単純平均	20.68	—	26.22	48.99	34.02	34.65	1.55	(0.21)
			リスク調整後平均	2.16	—	2.29	4.33	3.04	3.11	0.73	(0.48)
		3年間	単純平均	26.06	—	26.72	35.84	22.44	30.12	1.41	(0.24)
			リスク調整後平均	2.06	—	2.22	2.14	12.84	2.79	2.99	(0.05)
		5年間	単純平均	25.37	23.78	—	31.71	27.62	28.16	1.99	(0.14)
			リスク調整後平均	2.06	2.09	—	2.01	6.19	2.49	0.10	(0.10)

（注）　各推計期間の同一区分内のPBR・PER（年次）の単純平均値、リスク異調整後平均値（各個社PBR・PERデータについて、標準偏差で除した値を平均）を示した。その他は図表6－5の注と同じ。

（出所）　筆者計算。

図表6－8　その他の経営指標等のESG開示スコアの区分別の平均値比較

開示スコア		開示スコアの区分					合計・平均	平均値のANOVA F-test統計量 (カッコ内はP値)
		上位25%	上位25〜50%	上位50〜75%	上位75%未満	開示なし等		
総資産 (TOTASSET)	ESG	3,334,607	2,047,549	335,538	336,391	323,314	1,439,997	6.06 (0.00)
	環境情報	2,079,668	4,154,587	2,497,444	1,471,734	321,919	1,439,997	1.11 (0.35)
	社会情報	4,997,506	1,744,997	488,829	467,100	390,176	1,439,997	7.20 (0.00)
	ガバナンス情報	5,077,888	—	1,125,680	291,914	323,314	1,439,997	17.31 (0.00)
時価総額 (MCAP)	ESG	767,989	258,868	63,449	68,939	45,387	275,586	77.17 (0.00)
	環境情報	918,626	530,542	375,195	171,857	61,049	275,586	19.50 (0.00)
	社会情報	931,720	338,190	151,549	76,994	74,346	275,586	61.31 (0.00)
	ガバナンス情報	971,110	—	206,950	66,104	45,387	275,586	159.06 (0.00)
配当率 (DIVR)	ESG	1.9	1.9	1.8	1.9	1.6	1.9	17.14 (0.00)
	環境情報	1.9	2.0	1.8	2.0	1.8	1.9	5.11 (0.00)
	社会情報	2.0	1.9	1.8	2.0	1.8	1.9	16.95 (0.00)
	ガバナンス情報	1.9	—	1.8	1.9	1.6	1.9	35.55 (0.00)
レバレッジ比率 (LEV)	ESG	2.6	3.2	3.4	3.3	2.5	3.1	2.76 (0.04)
	環境情報	2.8	2.8	3.0	3.4	3.2	3.1	3.84 (0.01)
	社会情報	2.8	2.7	2.6	3.5	3.3	3.1	3.85 (0.01)
	ガバナンス情報	2.9	—	3.1	3.3	2.5	3.1	6.40 (0.00)
株式売買高 (VOLUY)	ESG	432,000,000	120,600,000	80,891,443	85,752,433	52,768,174	172,400,000	4.67 (0.00)
	環境情報	414,600,000	401,700,000	164,000,000	89,878,222	79,644,159	172,400,000	7.17 (0.00)
	社会情報	553,600,000	151,300,000	71,769,835	96,465,528	76,216,715	172,400,000	9.92 (0.00)
	ガバナンス情報	539,000,000	—	114,500,000	83,250,681	52,768,174	172,400,000	10.46 (0.00)
株価前年比変動率 (KBYNVOL)	ESG	35.0	38.3	46.3	43.0	49.7	41.0	9.4 (0.00)
	環境情報	34.9	35.3	38.6	39.1	45.2	41.0	8.18 (0.00)
	社会情報	35.2	36.6	44.8	42.8	45.2	41.0	7.19 (0.00)
	ガバナンス情報	35.6	—	39.6	43.8	49.7	41.0	7.26 (0.00)

(注)　各推計期間の同一区分内の各指標の単純平均値を示した。2016年の開示区分に基づく2017年の数値より計算。その他は図表6－5の注と同じ。
(出所)　筆者計算。

されているが、PBR（＝トービンQによる企業価値に相当）については、開示スコアが高い区分において高い傾向がみられ、この傾向はリスク調整を行うことによりさらに強くなり、一部では統計的にも有意な差が検出されている。すなわち、株価が高く評価され、同時に企業価値も高く評価されている可能性があると考えられる。

　総資産、時価総額については、開示スコアの高い区分のほうが、大きい（高い）傾向がみられ、統計的にも有意な差がみられている。すなわち、ESG開示スコアの値は、時価総額が大きいほど、すなわち企業規模が大きいほど高い傾向にあることがうかがわれる（図表6－6）。逆にESG開示スコアが低い区分に属する企業は、企業規模が小さいことを意味しており、ESGに対する取組みが企業規模に依存し、大企業ほどESG開示に積極的である傾向

が読み取れるが、これは大企業であるほどESG開示を行う余裕があることを背景としている可能性も考えられる。

　また、株価変動率（ボラティリティ）については、ESG開示スコアが低い区分に属する企業群のほうが大きい傾向にある。ボラティリティは、時価総額にも大きく依存することから、時価総額の小さい企業群が株価のボラティリティが大きい傾向となっているものと推察される。これは、逆にいえば、株価変動リスクは、ESG開示スコアが低い区分に属する企業群のほうが大きいことを意味する。

第 7 章

ESG投資と信用格付[1]

●本章の要約

　本章は、ESG投資と信用格付の間の関係について検証することを目的とする。従来のESG投資パフォーマンスの研究は株式投資リターンを対象としたものが多いが、負債側である融資・債券に着目して、負債調達コストのメルクマールとしての信用格付への影響を検証した例は少なく意義があるものと考えられる。

　具体的な検証に際し、わが国企業の代表的な信用格付機関であるR&Iによる信用格付のほか、ESG要素を示すスコアとしては、FTSE ESG RatingとBloomberg ESG情報開示スコアを用いた。実証分析の結果、2015〜2017年の3年間をみる限り、ESGスコアの係数はおおむね有意にプラスであった。さらに、内生性の問題などを勘案した結果からも、説明変数の外生性の帰無仮説がおおむね棄却されず、ESGスコアは、信用格付とプラスの関係にある可能性を示唆するものが多かった。この結果は、諸外国の研究成果とおおむね同様であり、わが国金融市場においても、ESGに対する取組みやディスクロージャーに優れた企業は、負債調達コストのメルクマールとしての信用格付も優れていたことが示唆される。ただし、内生性を含む統計的な因果関係の検証については、一定の処理は行ったもののやはりむずかしいものがあり、諸外国の研究も含めてこの点で課題は多いと思われる。

　信用格付変更を被説明変数とするモデルでは、一部を除き、ほとんど有意な結果は得られなかったことから、同期間において、ESGスコアは、信用格付の変更までを予測するファクターとしては認識されていなかった。また、リーマンショックや東日本大震災後の期間を対象とした推計結果をみると、ESG情報開示に積極的な場合であっても、危機時における格付下方変更リスクへの耐性が必ずしも強いとはいえないことを示唆したが、これらの時期には、まだESG要素への市場の注目がいまほど高くはなく、この点は割り引いて考える必要があるだろう。

1　はじめに

　近年、年金基金等の機関投資家の資産運用の分野では、ESG投資が潮流となりつつある。わが国では、2017年にGPIF（年金積立金管理運用独立行政法人）が、その運用に際して「ESG指数」を採用するとともに[2]、すべての資産でESGの要素を考慮した投資を進めることを表明したことから特に注目を集めた。そして、ESG投資は、フィデューシャリー・デューティー（受託者責任）や、その投資の持続性の観点などから、経済的価値を伴うことが重視されており、その投資パフォーマンスが注目されている[3]。他方、ESG投資の分野としては、従来からその中心は株式投資が圧倒的に多かった（図表7－1）。しかしながら、最近では、ESG投資のうち債券投資も増えつつあり、銀行融資等においてもESGへの取組みに対して優遇金利を提示するなどの事例もみられ、負債調達コストの観点からのESG投資のメリットも注目されている[4]。

　こうした背景のもと、国連PRI（責任投資原則：Principles for Responsible Investment）も、債券投資におけるESG要因に関する報告書をいくつか公表している。2016年5月には「信用格付でのESGに関するステートメント

1　本章は、日本ファイナンス学会第27回大会（慶應義塾大学三田キャンパス、2019年6月）、日本保険・年金リスク学会第17回研究発表大会（慶應義塾大学矢上キャンパス、2019年11月）、および一橋大学金融研究会における報告論文である湯山・伊藤・森平（2019）を一部修正のうえで掲載したものである。もともとは学術誌に投稿を予定していたものであるが、投稿結果がわかるまでは本書に掲載することもできないことから、時間的制約を考えて、雑誌投稿することはせずに、本書にて出版する扱いとすることとなった。また、両学会・研究会参加者から貴重なコメントをいただいたので、感謝申し上げたい。

　なお、個別論文を一部修正のうえで掲載したものであるため、文献サーベイの部分などを中心に他章と重複するところもあるが、基本的にはその部分は修正せずに掲載しているので、その点はご容赦願いたい。ただし、参考文献は、本書巻末に他章とまとめて掲載することとしたので留意されたい。

2　GPIFプレスリリース「ESG指数を選定しました」（2017年7月3日）。

3　ESG投資のパフォーマンス評価に関する議論については、湯山（2019）を参照。

4　たとえば、翁（2018）には、環境格付融資の具体例がまとめられており、地方銀行等で環境格付に応じて金利優遇などの事例がみられると指摘している。

図表7-1　資産クラスごとのサステナブル投資（ESG投資）残高

投資対象	2017年3月末	2018年3月末
日本株	59,523	137,385
外国株	31,842	80,482
債券	18,301	28,891
プライベート・エクイティ（PE）	190	281
不動産	2,666	4,637
ローン	2,504	10,236
その他	4,759	4,718

（注）　単位：10億円。
（出所）　日本サステナブル投資フォーラム「日本サステナブル投資白書2017」「サステナブル投資残高調査2018」より作成。

（Statement on ESG in Credit Ratings）」を公表し、投資家と信用格付機関が信用リスク分析にあたりESG要因を考慮し、協調的に取り組むことにメリットがあるとの認識を示した[5]。

　これらの動きを受けて、信用格付機関の側も、自社の信用格付を行う際に考慮する要素として、ESG要素を取り込むことを表明しているところが多くみられる。たとえば、わが国の代表的な信用格付機関である、格付投資情報センター（R&I）は、2017年に、上記のPRIステートメントに署名したうえで、自社の信用格付にESGの各要素がどのように考慮されているのかを明確化する取組みを強化すると表明した[6]。また、2018年5月には、「事業法人等の信用格付の基本的な考え方」の定期見直しを行い、産業リスク、個別企業リスクの評価で、E（環境）、S（社会）、G（ガバナンス）の各要素が信用格付に与える影響について拡充することを表明した。さらに、2018年12月には、「格付評価において重要性増す環境要素」を公表し、信用格付付与に際して、温室効果ガス排出量削減などの環境要素を「現状の評価に考慮して

5　「信用格付でのESGに関するステートメント（Statement on ESG in Credit Ratings）」は、16の信用格付機関から支持が表明されている（2019年1月現在、PRIウェブサイトによる）。

6　格付投資情報センタープレスリリース「ESG投資普及へ信用リスク分析を強化〜PRI格付声明への署名〜」（2017年12月5日）。

いるか」だけでなく「３年程度先に考慮する可能性があるか」という将来時点の予想を取り入れているとしている。

　わが国の信用格付機関としてＲ＆Ｉに続く日本格付研究所（JCR）でも、2017年に、信用格付におけるESG要素の考慮の必要性をふまえて、具体的にESG要素のどのような事項が格付に影響を与えるかを説明することを表明した。すなわち、①ESG要素が発行体の持続可能性に影響を与える、②ESG要素が債務償還に必要なキャッシュフロー創出力に影響を与える、③ESGへの取組みが資金調達力に影響を与える、として、これらのESG要素のうち、３年程度の範囲内で顕在化する可能性が高いものを、JCRは格付に織り込むこととした[7]。

　Ｓ＆ＰやMoody's等の海外の信用格付機関も同様に、PRIステートメントに署名して、自社格付にESG要素をどう取り込んでいるかの説明を行っている。このように、株式投資だけではなく、負債調達コストという観点からも、ESG要素に対する注目は高まりつつある状況にある。

　こうした背景のもと、本章では、わが国の金融市場におけるESG投資と負債調達コストの関係、特に信用格付との関係の現状について実証的に分析する。具体的には、わが国金融市場においても、ESGに対する取組みやディスクロージャーに優れた企業は、負債調達コストのメルクマールとしての信用格付も優れているのか、という問いに答えるための実証分析を行うことを目的とする。これをもって、研究の蓄積がきわめて少ない負債調達コストという観点からのESG投資のパフォーマンス評価に関する研究の蓄積に資するよう目指す。

　主な検証結果は、次のとおりである。2015〜2017年の３年間をみる限り、ESGスコアの係数はおおむね有意にプラスであり、わが国金融市場においても、ESGに対する取組みやディスクロージャーに優れた企業は、負債調達コストのメルクマールとしての信用格付も優れていたことが示唆される。ただし、信用格付変更を被説明変数とするモデルでは、一部を除き、ほとんど有

7　日本格付研究所ニュースリリース「信用格付におけるESG要素の考慮の必要性」（2017年９月29日）。

意な結果が得られなかったことから、ESGスコアに、格付変更との関連性が有意にあるとは確認することはできなかった。また、過去の危機期間を対象とした推計結果をみると、ESG情報開示に積極的だからといって、危機時における格付下方変更リスクへの耐性が必ずしも強いとはいえないことが示唆されるが、リーマンショック時や東日本大震災時には、まだESG要素への市場の注目がいまほど高くはなく、この点は割り引いて考える必要があり、さらなる研究の蓄積を要する。

　本章の構成は次のとおりである。まず、第2節でESG投資と負債調達コスト（特に信用格付の観点）に関する先行研究のレビューを行い、第3節で仮説設定、第4節でデータと分析方法を示し、第5節で実証分析の推計結果を示し、第6節において小括と今後の課題を示す。

2 先行研究

(1) 包括的なサーベイ

　ESG投資の対象として株式投資が圧倒的に多い現状を反映して、ESG投資のパフォーマンス評価に関する研究も、その大半は株式投資リターン、CFP（Corporate Financial Performance：企業財務パフォーマンス）、企業価値を対象としたものであり、負債調達コストや債券市場への影響についての学術研究は、海外における研究を見渡しても非常に少ない。特に、わが国を対象としたものは、筆者らの知る限り、ほとんどみられない[8]。

　世界銀行・GPIFによるESG債券投資に関する報告書（世界銀行・GPIF 2018）でも、ESGの債券投資に関する研究は非常に少ないと指摘されている。同報告書は、債券投資とESG投資の関係では、特にESGと信用リスク（信用格付も同様）との関係に関心が高く、研究成果も少ないながらもいくつかみられるが、他方で、債券の抱えるリスクには、市場リスク、流動性リス

8　最近のわが国のESG投資の株式投資リターンの関係についてのサーベイや分析結果については、湯山・白須・森平（2019）、湯山（2019）を参照。

ク、インフレリスクなどがあり、これらとESGに関する研究はきわめて少ないと指摘している。

　また、PRIは、2017年に「変化する展望：ESG、信用リスク、格付け（邦題）」と題する報告書（PRI 2017）を公表している。同報告書によれば、既存の学術研究や市場調査は、ESG要因と借り手の信用度の間には明白な関連性があるとの見方を支持しているが、ほとんどの学術研究では、信用リスクを計測する手段として信用格付を採用しており、これが弱点でもあると指摘している。なぜなら、信用格付は、発行体のデフォルト確率に関する意見であり、ESG要因が当該格付に含まれているかを定量的にテストすることがむずかしいためである。また、信用格付機関からの見方として、ESG要因について信用格付を決める際に考慮することは明白に必要だが、ESGの考慮が信用格付の主たる要因になることはまれであるとの見方も紹介されている[9]。さらに、投資家に対するアンケート結果として、信用格付機関が、ESG要因を自己の格付手法に組み込むべきであるとの見方が多く（75%）、さらにESG要因をどのように組み込んだのかを顧客にも報告すべきである（40%）と考えていると紹介している。

　このほかの包括的なサーベイとしては、Friede *et al.*（2015）があげられるが、この論文が対象とした既存研究2,200のサーベイのうち、債券に関する研究は36にすぎきわめて少ない。このうち23（63.9%）の研究がポジティブな結果（すなわち、高ESG企業は、より有利な資金調達条件（低スプレッド、高信用格付、低調達金利）で調達可能）となる一方、13（36.1%）の研究が中立的もしくは相反する結果を示したとされる。

(2)　個別の既存研究

　以下では、ESG要素と負債調達コストとの関係に関して検証した、既存研究のいくつかを紹介する。

　まず、負債調達コストとしては、主に銀行融資と債券発行のコストがあげ

9　具体的には、Moody'sの見方を紹介している。

られる。このうち、前者の銀行融資の際の調達金利の影響をみたものは、データの利用可能性などの制約からきわめて例が少ないが、Goss and Roberts（2011）がしばしば参照される。同論文では、1991～2006年の米国企業に対する3,996の貸出データを用いて、CSRと企業の銀行借入コストの関係について検証し、CSRへの取組みが高くレーティングが高い企業のほうが、そうでない企業に比べて、銀行借入コストが7～18bp程度低いことを示した。

　後者の債券に関する研究には、債券スプレッドとの関係をみたものと、信用格付との関係をみたものがあるが、債券スプレッドについては、企業本体要因に加えて、対象債券の期間や流動性などの個別要因に伴う影響も大きい。他方、信用格付は、主に発行体格付のことを意味しており、債券スプレッドよりも企業本体との関係性が強いといえる。本章でも、この観点から、各個別企業のESGに対する取組みと、信用格付との関係について中心的に検証する。なお、スプレッドや信用格付のほかに、債券評価の観点からの先行研究に森平・伊藤・小林（2018）がある。

　債券に関する先行研究を全体としてみると、ESG要素と負債調達コストの関係については、ポジティブな関係（すなわち、高ESG企業は、より有利な資金調達条件（低スプレッド、高信用格付、低調達金利）で調達可能）を得ているとする研究が多いものの、統一的な見解はみられない。たとえば、ポジティブな関係を指摘する既存研究としては、Barclays（2016）、Ge and Liu（2015）、Oikonomou *et al.*（2014）、Bauer and Hann（2010）、Bauer *et al.*（2009）等があり、他方、ネガティブもしくは無相関を指摘する既存研究としては、Amiraslani *et al.*（2018）が無相関と指摘し、Menz（2010）はネガティブと指摘している例があげられる。

(3)　信用格付との関係

　このうち、特に信用格付（デフォルト確率を含む）との関係をみたものは、Devalle *et al.*（2017）、Barclays（2016）、Oikonomou *et al.*（2014）、Jiraporn *et al.*（2014）、Attig *et al.*（2013）、Bauer and Hann（2010）、Bauer *et al.*（2009）等であり、おおむねすべての論文において、ESG要素と信用格付の間のポジティブ（プラス）な関係が指摘されている。

Suto and Takehara（2018）は、わが国の2007～2016年の上場企業計8,634社を対象として、Mertonモデルで計測した信用リスク（デフォルト確率）との関係を推計し、大企業・小規模企業に分けて、小規模企業ではCSP（Corporate Social Performance）が高い企業のデフォルト確率が低いことを示した（つまり、本章でいうところのポジティブな関係。ただし、Suto and Takehara（2018）内ではこれはネガティブに相関と表記）。この背景には小規模企業ではCSPへの取組みはコストがかかるものの、CSPへの取組みの改善を通じた負債コスト削減・デフォルト確率の低下が考えられると指摘している。また、大規模企業ではもともとデフォルト確率がきわめて小さいために、CSP上昇はデフォルト確率が上昇するとの関係（ネガティブ）にあると指摘している。なお、CSP指標としては東洋経済データベースを利用している。

Devalle *et al.*（2017）は、Moody'sの信用格付を、Thomson ReutersのESGスコアの各要素（計9要素）、および個別コントロール要因を用いて説明する通常の順序プロビットモデルにより検証した。そのうえで、イタリア・スペインの56個別企業の2015年のESGパフォーマンスと信用格付の関係をみると、社会（S）とガバナンス（G）の要素は、有意に信用格付に影響を与えているものの、環境（E）については影響がみられないとした。なお、同論文では内生性の問題などは考慮していない。

Barclays（2016）は、MSCI ESGスコアとSustainalyticsのESGスコアを用いて、信用格付との関係を分析し（なお、債券スプレッドについても同時に分析）、高ESGスコア会社の信用格付は、高ESG部類がより高い結果を得ているうえに、さらに、特にガバナンス（G）のESGスコアが高い企業は、信用格付がダウングレードとなる割合も低いことを示した。なお、単純な平均値を比較したものであり、詳細は示されていないが、規模等のコントロール要因も考慮してはいない。

Oikonomou *et al.*（2014）は、ESGスコアとしてKLDスコア、信用格付デー

タとしてＳ＆Ｐの信用格付を用いて、米国で1993～2008年の742社が発行した3,240の債券データを分析し、社会面でのよいパフォーマンスを有する企業は、高い信用格付（低い資金調達コスト）であり、逆に社会的に悪影響のある企業は高い負債コストと低い信用格付となっていると示した。なお、分析手法としては、変動効果付きのパネル順序プロビットモデル（Panel-ordered probit using random effects with robust standard errors）、Pooled OLS with clustered standard errors等を使用している。

Jiraporn *et al.*（2014）は、ESGスコアとしてKLDスコア、Ｓ＆Ｐの信用格付を用いて、ESGスコアと信用格付の関係にポジティブな関係があると分析している。内生性の問題についても、２段階最小二乗法や２段階固定効果モデルを用いていて、一定の考慮を行っている。

Chang *et al.*（2013）は、台湾の上場企業を対象として、CSRHUBというCSRスコアが付与される88の台湾企業のデータ（2007年１月～2010年12月）を用いて、デフォルト確率とCSRスコアの関係について検証し、CSRスコアが高いほど、デフォルト確率は小さくなるという関係を指摘した。

Attig *et al.*（2013）は、MSCI（旧KLD）のESGスコアと、Ｓ＆Ｐの信用格付を用いて、米国の1991～2010年の1,585社の計１万1,662のデータをもとに、順序プロビットモデルにより、ESGスコアが信用格付に与える影響を検証し、おおむねポジティブな影響が生じていることを示した。なお、同論文では、内生性の問題も考慮しているが、順序プロビットモデルには操作変数法の適用が困難であるため、単純なプロビットモデルに操作変数法を適用する手法を用いている（すなわち、被説明変数を１と０に変換している）。

Switzer and Wang（2013）は、2001～2010年の米国の銀行・貯蓄金融機関の信用リスク（デフォルト確率）とガバナンス構造の関係について分析し、大規模取締役会と年長のCFOがいる銀行のデフォルト確率は低いこと、機関投資家の所有割合が低く、独立取締役が多い銀行は、デフォルト確率の水準が低いことなどを示した。

Bauer and Hann（2010）は、1995～2006年の米国企業582社を対象とし

て、KLDのESGスコアデータをもとに、信用格付としてはMoody'sとS＆P
を単純平均した信用格付を用いて検証し、Ｅ（環境）面で懸念のある企業の
資金調達コストは、通常コストにプレミアムが乗るため高くなっており、信
用格付も低いと指摘している。なお、年・産業レベルでの固定効果が含まれ
る順序プロビットモデルを用いている。また、Bauer *et al.*（2009）は、同様
のESGスコアと信用格付データを用いて、社会（Ｓ）的な取組みの関連で、
米国の大企業における従業員との関係性と信用格付の関係について年ベース
での固定効果付きの順序プロビットモデルを用いて検証し、より強い従業員
との関係を有する企業は、高い信用格付を得ており、負債調達コストも低い
と指摘している。なお、内生性についても考慮した２段階最小二乗法による
アプローチも行っている（図表７－２）。

図表７－２　ESG投資と債券投資・負債コストの関係に関する既存研究サーベイ

	概　要	使用した ESG評価	結果 (注２)
Amiraslani *et al.* (2018)	2005〜2013年において、米国企業296社が発行した1,989の債券について分析し、企業の社会的責任と債券スプレッドの間に関連はないと指摘する一方で、リーマンショック時の金融危機においては、CSR評価の高い企業は低い債券スプレッドによって恩恵を受けたと指摘。	MSCI (旧KLD (注１))	無相関 ただし、危機時のみポジティブ
森平・伊藤・小林 (2018)	世界銀行発行のSDGs債券の価値を評価した結果、額面100に対して15年満期債券で91.02、20年満期債券で86.90となっており、発行体が投資家から利益を得ている債券（世銀にとっては割安調達）になっていると指摘。	世界銀行発行 SDGs債券	ポジティブ
Suto and Takehara (2018)	わが国の2007〜2016年の上場企業計8,634社を対象として、Mertonモデルで計測した信用リスク（デフォルト確率）との関係を推計し、大企業・小規模企業に分けて、小規模企業ではCSP（Corporate Social Performance）が高い企業のデフォルト確率が低いことを示した。この背景には小規模企業ではCSPへの取組みはコストがかかるものの、CSPへの取組みの改善を通じた負債コスト削減・デフォルト確率の低下が考えられると指摘している。他方、大規模企業ではもともとデフォルト確率がきわめて小さいために、CSP上昇はデフォルト確率が上昇するとの関係（ネガティブ）にあると指摘。	東洋経済データベース	小規模企業ではポジティブ 大企業ではネガティブ

	概　要	使用した ESG評価	結果 （注2）
Devalle *et al.* (2017)	イタリア・スペインの56個別企業のESGパフォーマンスと信用格付の関係について、ESG要素が、企業のキャッシュフローに影響を与え、それがデフォルト確率にも影響を与えているとの仮説のもとで、2015年のESGパフォーマンス・データをもとに検証した。この結果、社会（S）とガバナンス（G）の要素は、有意に信用格付に影響を与えているものの、環境（E）については影響がみられないとした。なお、内生性の問題は考慮していない。	Thomson Reuters ESGスコア	SとGではポジティブだが、Eは有意ではない
Barclays (2016)	ESGスコアと信用格付、債券スプレッドへの影響を分析。MSCIの高ESGスコア会社の債券スプレッドは、低ESGスコア債券よりも38bp低い。SustainalyticsのESGスコアでみても35bp低い。信用格付も、高ESG部類がより高い結果を得ている。ESGの細分についてみると、G要素に対するポジティブな傾向について最も強くみられ、EやS評価が高い発行体を選好してもリターンに有害な影響はみられない。	MSCI、 Sustainalyt- ics	ポジティブ
Ge and Liu (2015)	米国の1992～2009年の2,317社の4,260発行債券データをもとに分析を行い、ESGパフォーマンスの優れた企業が新規に発行する債券のイールドスプレッドは、有意に低くなっていることを示した。	KLDデータ ベース （注1）	ポジティブ
Cooper and Uzun (2015)	2006～2013年の米国大企業（2,000社超）のデータを用いて、CSRに取り組む企業のほうが、負債調達コストが小さいことを示し、特に工業・金融セクターにおいてこの傾向が強いことを指摘。	MSCI （旧KLD）	ポジティブ
Oikonomou *et al.*（2014）	米国で1993～2008年の742社が発行した3,240債券データを分析し、よい社会面でのパフォーマンスを有する企業は、低い資金調達コストと高い信用格付であり、逆に社会的に悪影響のある企業は高いコストと低い信用格付になっていることを示した。内生性の問題にも一定の配慮を行っている。	KLDデータ ベース （注1）	ポジティブ
Jiraporn *et al.*（2014）	S&Pの信用格付を用いて、ESGスコアと信用格付の関係について分析し、ポジティブな影響が生じていると分析。	KLDデータ ベース （注1）	ポジティブ
Attig *et al.* (2013)	米国の1991～2010年の1,585社の計1万1,662のデータをもとに、順序プロビットモデルにより、ESGスコアが信用格付に与える影響を検証し、おおむねプラスのポジティブな影響が生じていることを示した。内生性の問題についても考慮している。	MSCI （旧KLD） （注1）	ポジティブ

	概　要	使用した ESG評価	結果 （注2）
Chang *et al.* (2013)	CSRスコアが付与される88の台湾上場企業の データ（2007年1月～2010年12月）を用いて、デ フォルト確率とCSRスコアの関係について検証 し、CSRスコアが高いほど、デフォルト確率は 小さくなるという関係を指摘した。	CSRHUB	ポジティブ
Switzer and Wang（2013）	2001～2010年の米国の銀行・貯蓄金融機関の信 用リスク（デフォルト確率）とガバナンス構造 の関係について分析し、大規模取締役会と年長 のCFOがいる銀行のデフォルト確率は低い、機 関投資家の所有割合が低く、独立取締役が多い 銀行は、デフォルト確率の水準が低いことなど を示した。	GMI（Gover- nancemetric internatio- nal）rating	ポジティブ
Chen *et al.* (2012)	S評価で、米国において996社を対象として、労 働組合の割合が大きい企業発行債券のイールド スプレッドは、そうではない企業よりも低く、 労働組合のある企業は、より慎重な投資方針や 買収方針のためであると指摘。	Union Mem- bership and Coverage Database	ポジティブ
Goss and Roberts (2011)	1991～2006年の米国企業に対する3,996の貸出 データを用いて、CSRと企業の銀行借入コスト の関係について検証し、CSRへの取組みが高く レーティングが高い企業のほうが、そうでない 企業に比べて、銀行借入コストが7～18bp程度 低いことを示した。	KLDデータ ベース （注1）	ポジティブ
Bauer and Hann（2010）	米国の1995～2006年の582企業の新規発行債券の データをもとに、E（環境）面で懸念のある企 業の資金調達コストは、通常コストにプレミア ムが乗るため高くなっており、信用格付も低い と指摘。	KLDデータ ベース （注1）	ポジティブ
Menz (2010)	ユーロ圏で2004～2007年に発行された498債券を みたところ、スプレッドはCSRに取り組む企業 のほうが高いことを示しており、当時はまだ債 券スプレッドにはCSR活動は織り込まれていな いと指摘。	SAMグルー プの分類	ネガティブ
Bauer *et al.* (2009)	S評価で、米国の大企業における従業員との関 係性と信用格付の関係について検証し、より強 い従業員との関係を有する企業は、高い信用格 付を得ており、負債調達コストも低いと指摘。	KLDデータ ベース （注1）	ポジティブ

（注1）　MSCIは2010年に旧KLDデータベースを買収により取得した。
（注2）　信用力の向上は、信用格付はプラス方向のスコアになり、デフォルト確率ではマイナス方向に作用す
　　　　ることから、ESGスコアとの関係についてポジティブとネガティブと表記する際には、原論文のなかで
　　　　は逆表記となっているケースがあるが、本論文内ではESGスコア上昇と信用リスク低下の関係をポジ
　　　　ティブと表記している。
（出所）　上記論文より筆者作成。

　上記の先行研究から明らかになったことは、ESG要素と負債調達コストの関係については、ポジティブな関係（すなわち、高ESG企業は、より有利な資金調達条件（低スプレッド、高信用格付、低調達金利）で調達可能）を得ているとする研究が多いものの、統一的な見解はみられないというものである。しかしながら、信用格付との関係についてみると、おおむねすべての論文において、ESG要素と信用格付間のポジティブ（プラス）な関係が指摘されている。なお、いずれにおいても、わが国企業を対象とした信用格付との関係についての研究は見当たらない。このため、本章では、わが国においても、こうした状況がみられるか否かを検証することを目的とした。

　ESG要素が負債調達コストに影響を与えるとしたらどのような理由が考えられるだろうか。早い段階では、Friedman（1970）等に代表されるように、経営者は株主価値の最大化が唯一の目的であり、社会的活動は政府や自治体などが行えばよく、そもそも環境投資や社会的活動などのCSR活動は、追加的なコストを要することから企業価値にはマイナスに働き、利益を第1に追求する会社に太刀打ちできなくなり淘汰されるとする見方も一部ではみられた。しかしながら、Freeman（2010）に代表的にみられるようなステークホルダーとの関係を重視したアプローチを通じて、ESG要素が企業価値にプラスの影響を与えうるとの考え方も多くみられる。すなわち、企業にとって、負債提供者（銀行等）、従業員、地域社会、顧客などのステークホルダーの満足度がCSR活動等を通じて向上し、より効果的な契約関係の成立などを通じて、企業のさらなる成長やリスク低減効果に資するとする見方である（Fatemi and Fooladi 2013、Fatemi *et al.* 2015等）。こうした背景のもと、企業の社会的責任は、銀行等の融資などの負債調達においても重要な要素になりつつあるとの指摘もあり（Birindelli *et al.* 2015）、CSRと企業の銀行借入コストの関係について、CSRへの取組みが高い企業のほうが、そうでない企業に比べて、銀行借入コストが低いとの研究などもみられた（Goss and Roberts

2011)。

　また、ガバナンスの観点からも、従来からのコーポレートガバナンスの理論では、Jensen and Meckling（1976）等による「エージェンシー理論」に代表されるように、エージェンシー・コストを最小化するという観点から、ガバナンスの向上は企業価値に影響を与えるとの見方がある。すなわち、企業には経営者と株主などのステークホルダー間での情報の非対称性などを通じて、株式・債券などの外部資本を導入すると必ず、経営者を監視するためやステークホルダーとの関係を強化するためのエージェンシー・コストが発生し、企業価値が減少する。このため、これを最小化するためのインセンティブを有するようなガバナンスの仕組みを構築し、よいガバナンスを構築していくことが企業価値向上につながると考えるわけである[10]。

　これらのことから、企業のESG活動は、ステークホルダーとの関係を向上させることを通じて企業の長期的な維持可能性も向上させ、また従業員等の内部のリソースの効率的な利用のシグナルとして、さらには企業の反社会的活動が招きかねないコストを負担するリスクを減少させることを通じて、負債調達のメルクマールである企業の信用格付にも影響を与える可能性がある（Attig *et al.* 2013）。すなわち、ESGへの取組みが優れた企業は、信用格付が高いということも予想される。このため、以下の〈仮説1〉を設定する。

　〈仮説1〉　わが国において、ESGに対する取組みの優れた企業は、負債
　　　　　　調達コストのメルクマールとしての信用格付も高い。

　また、この背景としては、信用格付は、発行体のデフォルト・リスクに関する意見であることから（PRI 2017）、ESG要素が信用格付に影響を与えるとしたら、まずはESG要素と当該企業のデフォルト・リスクに関係があるはずである。具体的には、ESG要素に優れた企業のデフォルト・リスクは、そうでない企業に比べると低いことが予想される。なぜならば、ESGへの取組みを通じて、環境リスクや社会的なリスクに対処し、ガバナンスにも優れて

10　コーポレートガバナンスにおけるエージェンシー理論の考え方については、江川
　　（2018）を参照。

いることから、企業の存続性に対する長期的なリスクも低いものと評価されると予想されるためである。このため、以下の〈仮説2〉を検証する。

　〈仮説2〉　わが国において、ESGに対する取組みの優れた企業のデフォルト・リスクは、そうでない企業に比べると低い。

　さらに、信用格付は、債券に対して付されることとなるが、債券投資家にとって最も大きなリスクは、デフォルトであり、そのリスクは格下げやデフォルト・リスクの上昇で示されることになる。もし、ESGに対する取組みが、企業の抱える長期的なリスクを緩和する効果があるとしたならば、特にリスクが高い危機時において、ESGに取り組む企業の信用格付の格下げやデフォルト・リスクの上昇に対して耐性を有していることが予想され、このことは債券投資家にとっては貴重な情報となると思われる。株式市場においては、ESG（またはCSR）に優れた企業が、危機時においてリスク耐性があることが指摘されている（Lins *et al.* 2017、呂・中嶋2016）。また、米国の債券市場においても、通常の期間においてはESGに優れた企業とそうでない企業の間のスプレッドの差はみられないが、危機時においては差がみられており、ESG銘柄のほうがスプレッドの拡大が小さいと指摘した研究もある（Amiraslani *et al.* 2018）。わが国においても、ESGに優れた銘柄が、危機時においてデフォルト・リスクに対しても強い耐性を有している可能性がある。こうした観点から、次の〈仮説3〉を設定する。

　〈仮説3〉　わが国において、ESGに対する取組みの優れた企業は、危機時においてリスク耐性を有しており、信用格付の格下げやデフォルト・リスクがより少ない。

　本章では、上記の3つの仮説をもとに、ESGスコアと企業の信用格付の関係について検証する。

4 データと分析方法

4.1 データ

(1) ESG関連データ

　前節の仮説を検証するにあたり、最大の課題は、ESGに対する取組みが優れた企業をどのように判別するかという点である。わが国企業を対象とする、ESGに対する取組みを示すスコアとして、いくつかの評価会社がESGスコアを示しているが、一般にESGスコアについては、いくつかの課題が指摘されている（湯山2019、湯山・白須・森平2020）。すなわち、環境に対する取組み、社会面での取組み、優れたガバナンスが何かという点についても議論が多いことから、優れたESGの取組みが何かの定義も明確ではなく、このため、これらの評価会社によって提示させるESGスコアが本当のESGに対する取組みを示しているかが定かではない。また、こうした見方を反映して、評価会社によって、同一企業に対するESGスコアもバラバラである可能性もあり、ESGスコアを使用する際には注意を要することも指摘されている（湯山・白須・森平2020）。

　本章では、なるべく客観的なスコアを用いるという観点から、FTSEスコアとBloombergのESG開示スコアを用いる。Bloomberg ESG開示スコア（以下、Bloomberg開示スコアともいう。1～100点の間で点数付与）は、単純に関連する開示項目の有無等によって機械的に算出されることから、評価会社による恣意的な評価が入りにくいものであり、ある意味では客観的かつ公平なスコアであるともいえる。また、ESG情報の開示に対する積極性を示す指標とも考えられる。しかしながら、Bloomberg ESG開示スコアは、ESGに対する質的な情報を有してはいない、完全なディスクロージャー・スコアである。このため、FTSEスコアも採用する（以下、FTSEスコアともいう。1～10点の間で点数付与。ただし、ESG全体のスコアは1～100）。FTSEスコアも、必ずしも質的情報を反映したものではないが、取組方針の有無など一定程度

のESGに対する取組みも勘案したスコアとなっており、客観性も保たれていると考えられる。FTSEスコアは、GPIFによるESG指数に採用されるなど代表的なESGスコアであり、Bloomberg開示スコアは、スコア付与企業数が非常に多いうえに、投資家がアクセスしやすいという利点がある。

　既存研究をみると、ESGスコアとしてMSCI（旧KLDデータベース）を用いたものが多いが、MSCIスコアは、ディスクロージャーの状況から導かれるFTSEスコアやBloomberg開示スコアとは大きく乖離していることが指摘されており（湯山・白須・森平2020）、優れたESGへの取組みが何かということが必ずしも明らかではない状況においてはESGスコアとしての客観性は、FTSEやBloombergのほうがより優れているものと考えた。各スコアの概要は図表7－3のとおりである。

図表7－3　FTSEスコアとBloomberg ESG情報開示スコアの概要

	概　要	対象企業数
FTSE ESG Rating （FTSEスコア）	・公開情報に基づいた評価プロセス。 ・環境、社会、ガバナンスに関する個別テーマについて、以下の2つの視点から点数付与。 ①潜在的なESGリスクなどを測定するテーマ・エクスポージャーとして1～3の評価が付与。 ②リスクに対する取組みを評価するテーマ・スコアとして0～5の評価が付与。たとえば、水使用についての事例では、開示がないと0、課題特定で1、使用量削減または改善へのコミットで2などと評価する。 ・ピラー・スコア（Pillar Score）はテーマ・エクスポージャーによって重みづけされたテーマ・スコアのエクスポージャーの加重平均により算出。 ・業種内相対評価が行われ、ESGの3分野は10分位（1～10）の評点が付与。ESG全体のレーティングは1～100で付与。	日本企業は約780社が対象（2018年6月末時点）
Bloomberg ESG 開示スコア （Bloomberg スコア）	・ESG開示情報を点数化した開示スコアであり、いわば開示の積極性を示す指標。定性的スコアではない。 ・Bloombergが収集する全データポイント（＝データ開示項目）のうち、スコアは最低限のESG情報開示を示す0.1から、全項目開示を示す100までの値をとる。 ・各データポイントは、データの重要度に応じて加重される（ウェイトは非公表）。	東証1部上場企業のうち、2016年で1,900社程度

（出所）　FTSE「FTSE Russell ESG Ratingのご紹介」、Bloombergより筆者作成。

（2） 信用格付

　日本企業に対して最も多くの企業に信用格付を付与している格付投資情報センター（以下、R&I ともいう）の付与する信用格付を基本ケースとして用いる。なお、R&I が個別企業に対して付与する信用格付には、発行体格付、長期個別債務格付（個々の債務に対する付与）、短期格付、保証金支払能力等があるが、本章では発行体格付を用いる。発行体格付は、「発行体が負う金融債務についての総合的な債務履行能力や個々の債務等が約定どおりに履行される確実性（信用力）に対する R&I の意見」を示すとされる[11]。

　R&I の発行体格付は、定義上は 9 段階あるが、実際の R&I の格付付与状況をみると、最高が AA、最低が B の記号で示されており、実質的に付与されている格付は 5 段階となっている。なお、JCR のみ AAA 相当を付与しているため実質 6 段階となる。これを反映して、分析に際しては、図表 7 － 4 に示すとおりに、格付記号を数値でもって代替して用いる。海外の先行研究をみると、たとえば Attig *et al.* (2013) では 8 段階と段階が多くなっている。これは、米国では BB 相当以下の下位ランクの格付も多数付与されていることを反映している。なお、R&I 以外の JCR、Moody's、S&P など他の信用格付機関の格付と混ぜて併用することは、各社の付与基準の差が分析結果に影響してしまうため避けることとし、頑健性チェックの一環として、JCR、Moody's、S&P の付与する格付に対する影響をみることとした。

　信用格付の分布状況を図表 7 － 5 に示す。わが国では低位格付があまり付与されていない状況にあり、信用格付付与が BBB 以上（本章で代替する数値スコアで 3 以上）に偏っている。また、信用格付の区分別に、FTSE スコアと Bloomberg 開示スコアの平均値、分布状況をみたものが図表 7 － 6 である。基本的には、信用格付が上昇するにつれて、すべての ESG スコア区分において、それぞれの ESG スコアも上昇していることがわかる。ただし、Bloomberg のガバナンス開示スコアは、信用格付区分ごとの平均値をみても、それほど差が生じていないが、これはガバナンス開示項目が有価証券報

11　R&I ウェブサイトに掲載されている定義より抜粋。

図表7-4 格付記号の定義とモデル上の数値の対応関係（R&I）

格付記号	モデルでの扱い	付与件数（R&I）	R&I での説明
AAA（Aaa）	6	0	信用力は最も高く、多くの優れた要素がある。
AA（Aa）	5	69	信用力はきわめて高く、優れた要素がある。
A	4	267	信用力は高く、部分的に優れた要素がある。
BBB（Baa）	3	105	信用力は十分であるが、将来環境が大きく変化する場合、注意すべき要素がある。
BB（Ba）	2	1	信用力は当面問題ないが、将来環境が変化する場合、十分注意すべき要素がある。
B	1	1	信用力に問題があり、たえず注意すべき要素がある。
CCC（Caa）	—	0	信用力に重大な問題があり、金融債務が不履行に陥る懸念が強い。
CC（Ca）	—	0	発行体のすべての金融債務が不履行に陥る懸念が強い。
D（C）	—	0	発行体のすべての金融債務が不履行に陥っているとR&Iが判断する格付。

（注1）　各記号については、上位格に近いものにプラス、下位格に近いものにマイナスの表示（pなどの符号のケースも）をすることがあり、これらも符号の一部となる。上記定義は、R&Iのものであるが、他社もおおむね同様の定義である。また、格付記号のカッコ内はMoody'sの場合の表記。
（注2）　モデル上での扱いで「—」となっている格付は、対象期間内の付与件数がゼロであったもの。なお、AAA相当の格付を付与しているのは、JCRのみであった。R&Iの付与件数は、2017年12月末時点。
（出所）　R&Iウェブサイト「格付符号と定義」等より作成。

図表7-5 信用格付の分布状況（格付機関別）

信用格付（右：モデル内数字）		R&I	JCR	Moody's	S&P
		CRRI	CRJCR	CRMDY	CRSP
AAA	6	0	20	0	0
AA	5	206	221	21	39
A	4	781	691	99	163
BBB	3	322	328	30	35
BB	2	6	3	8	9
B	1	3	3	0	0
Total		1,318	1,266	158	246

（注）　2015〜2017年の日本企業に対する付与件数（Bloombergで入手できるもの）。
（出所）　Bloombergより作成。

図表7－6　信用格付（R&I）とESGスコアの状況

信用格付 （右：モデル 内数字）		FTSEスコア				Bloomberg開示スコア			
		FTESGS	FTENVS	FTSOCS	FTGOVS	ESGS	ENVS	SOCS	GOVS
		平　均　値							
AA	5	2.4	2.7	2.2	2.4	40.7	40.7	32.5	52.8
A	4	2.0	2.3	1.6	2.2	34.5	33.6	28.4	50.0
BBB	3	1.6	1.7	1.3	1.9	28.3	27.6	24.6	47.9
BB	2	2.1	2.5	2.1	1.8	29.8	23.1	25.6	49.6
B	1	1.2	1.0	0.5	1.7	17.5	8.0	8.3	46.4
Total		2.0	2.3	1.7	2.2	33.9	33.4	28.2	49.9
		件　　数							
AA	5	196	196	196	196	198	203	206	196
A	4	612	612	612	612	712	740	772	612
BBB	3	92	92	92	92	258	279	313	92
BB	2	1	1	1	1	5	5	5	1
B	1	3	3	3	3	3	3	3	3
Total		904	904	904	904	1,299	1,176	1,230	1,299

（注）　2015～2017年データで計算。ただし、ESGスコアは1期前のものとの対応関係を示す。
（出所）　Bloomberg、FTSE ESGスコアより作成。

告書で法定されていて、各社で大きな差がないことを反映していると思われる。

　また、格付の変更状況の推移を示したものが図表7－7である。リーマンショックや東日本大震災が起こった時期には、下方変更が目立つが、最近は上方変更のほうが多い。しかしながら、基本的には変更なしの区分が多いといえる。

(3)　デフォルト・リスクを示すデータ

　デフォルト・リスクを示す指標としては、期待債務超過確率（EDP：Expected Default Probability）や社債の理論スプレッドなどの信用リスク指標を考えることができるが、それらはいずれも以下の式(1)で示される t 期の

年	1段階 格上げ	変更なし	1段階 格下げ	2段階 格下げ	計
	1	0	－ 1	－ 2	
2008	7	414	2	—	423
2009	2	410	11	—	423
2010	3	418	3	—	424
2011	1	427	10	1	439
2012	19	376	25	—	420
2013	2	419	7	—	428
2014	7	419	2	—	428
2015	5	420	3	—	428
2016	8	419	5	—	432
2017	6	426	3	—	435
2018	21	412	2	—	435
合計	81	4,560	73	1	4,715

(注)　R&I の信用格付の前年比変更の件数を示したもの。
(出所)　Bloombergより作成。

デフォルト距離（DD_t：Distance to Default）の関数として表示できることもあり、本章では以下で定義される実確率の世界のもとでもデフォルト距離を用いる。

$$DD_t = \frac{log_e\left(\dfrac{A_t}{D_T}\right) + \left(\mu_{A,t} - \dfrac{\sigma_{A,t}^2}{2}\right)T}{\sigma_{A,t}\sqrt{T}} \tag{1}$$

　デフォルト距離（DD_t）とは、t時点からみて、$T=1$年後の対数表示の期待資産（$E[log_e A_T]$）から$T=1$年後の対数表示の負債（$log_e D_T$）額を差し引いたものを、その資産変化率（$log_e(A_T/A_t)$）のボラティリティ（$\sigma_A \sqrt{T}$）で割ることで、リスク調整後値のデフォルト距離値として定義される[12]。デフォルト距離が大きい（小さい）ほど、信用リスクは低い（高い）。式(1)の推計にあたっては、リスク中立世界でなく、実確率世界を想定しており、資産の期待成長率は無リスク金利rでなく、投資家が予想する資産成長率（μ_A）

を用いている。もしリスク中立世界を想定することになると、信用リスクやESGスコアの水準にかかわらず、企業資産の成長率は、無リスク金利想定することにより、すべての企業で同一となる。そのことは実証結果にバイアスをもたらすことになろう。

(4) 企業の財務データ・市場データ（個別コントロール要因等）

Bloombergから得られる企業の財務データ・市場データを用いる。2017年末東証１部所属企業2,035社を基準として取得する。なお、Bloombergの財務データでの欠損値の扱いについては、可能な限り類似データで代替することとするが、それでもむずかしい場合は対象から除いた[13]。この結果、具体的な対象企業件数は、基本統計として示した図表７－８（後述）に示すとおりであり、具体的な採用指標とその定義は図表７－10（後述）のとおりである。

(5) 分析期間・対象企業等

分析期間は、2015～2017年の３年間とし、その期間におけるデフォルト・リスクや信用格付に対する影響をみることとする。ただし、実質的には説明変数・コントロール変数の多くで、ラグ付き変数として、前年データを用いているため2014年データも用いられる。年次データで、各年12月末を基準時点とする。市場データやデフォルト・リスク・信用格付・ESGスコアについては、各年12月末時点で取得できるデータとなる。つまり、財務データについては、日本企業は年度決算が多いため、基本的に12月時点で取得できるデータを用いる。すなわち１～３月決算企業の場合は、同年の決算データ、それ以外の場合は前年データを用いることとする。

---

12 デフォルト距離の詳しい説明と導出については、森平（2009）第５章を参照。ここでのデフォルト距離の推計手続の詳細については金融データソリューションズ「デフォルト確率を用いたNPMServices「クレジットリスク・インデックス®」の計算について」（https://fdsol.co.jp/doc/Announce_20160624.pdf）（最終閲覧日2020年６月５日）で説明されている。
13 基本的に2019年１月末時点でBloombergから入手できたデータを用いている。

対象企業は、TOPIX採用企業（東証１部上場）とするが、信用格付が付与されている企業数が非常に少ないため、データもこの制限を受ける。ESGスコアについても、Bloomberg開示スコアは比較的多くの企業が付与されているが、FTSEスコアの付与対象はBloombergと比べると少ないため（2018年６月末でも約780社）、ESGスコア付与対象企業数によるデータ制限も受ける。

　これらの制約を受ける結果、最終的には、３年間のサンプル数で、FTSEスコアに関する推計では最大882件、Bloomberg　ESGスコアに関する推計では、最大1,271件が対象となった。最も大きな制約要因は、信用格付である。

4.2　基本統計量

　基本統計量は図表７－８のとおりである。記述統計をみると、信用格付の格付付与銘柄が少ない。また、ESGスコアに関しては、Bloomberg開示スコアに比べると、FTSE ESGスコアの件数が少ない。さらに、ESGスコアの標準偏差をみると、Bloombergのガバナンス情報開示スコアの標準偏差が、全体・環境・社会情報スコアに比べると小さい。これは、Bloomberg開示スコアが、単純な開示スコアであり、有価証券報告書で一定のガバナンス情報開示が義務づけられていることを反映して、ガバナンス開示情報には、上場企業間では大きな差がないことが背景として考えられる。

　しばしばESGスコア間の差が指摘されているため（湯山2019等）、本章で用いたFTSEスコアとBloomberg　ESG情報開示スコアの分布状況をみたところ、図表７－９に示すとおりであり、基本的には一定の相関関係がみられるといえる。FTSEスコアを被説明変数、Bloomberg開示スコアを説明変数とする回帰式を推計したところ、係数は有意であった。このため、本章による分析の結果は、必ずしも特定のESGスコアによる特有の結果とは限らず、ESGスコアの全体的な傾向と信用格付のおおまかな関係性を把握することができると思われる。

図表 7 － 8 　基本統計量（記述統計・相関係数行列）

〈記述統計〉

	変数		Obs	Mean	Std.Dev	Min	Max
信用格付	CRRI	R＆I 発行体格付	437	3.9	0.7	1.0	5.0
	CRJCR	JCR優先格付	414	3.9	0.7	1.0	6.0
	CRMDY	Moody's 長期格付	49	3.9	0.7	2.0	5.0
	CRSP	S＆P 自国発行格付	82	3.9	0.7	2.0	5.0
デフォルト・リスク	DD	デフォルト距離	1,864	5.16	1.87	1.38	16.17
FTSE ESG Rating （FTSEスコア）	FTESGS	ESG全体	1,419	2.01	0.87	0.20	4.50
	FTENVS	環境	1,419	2.15	1.22	0.00	5.00
	FTSOCS	社会	1,419	1.65	1.07	0.00	4.60
	FTRGOVS	ガバナンス	1,419	2.30	0.86	0.00	5.00
Bloomberg ESG情報 開示スコア	ESGS	ESG全体	5,762	22.17	12.57	3.72	61.89
	ENVS	環境	3,389	24.12	16.64	0.78	74.42
	SOCS	社会	4,819	19.40	12.04	3.13	67.19
	GOVS	ガバナンス	5,762	46.56	4.46	3.57	71.43
コントロール 変数	TASTLN	総資産（対数）	6,052	11.58	1.86	6.18	19.53
	COVRG	カバレッジ比率	5,634	1,303.8	33,994.9	−7,678.5	2,441,870.0
	FXASTTA	固定資産比率	6,051	0.26	0.19	0.00	0.94
	EQASR	自己資本比率	6,052	49.80	21.23	−3.88	97.53
	BETA	ベータ	6,062	0.85	0.31	−3.88	6.73
	ROA	総資産収益率	6,018	4.20	5.24	−71.24	37.59

〈相関係数行列〉

	CRRI	CRJCR	CRMDY	CRSP	DD	FTESGS	FTENVS	FTSOCS	FTGOVS	ESGS
CRRI	1.00									
CRJCR	0.75	1.00								
CRMDY	0.66	0.86	1.00							
CRSP	0.68	0.70	0.86	1.00						
DD	0.34	0.23	0.34	0.41	1.00					
FTESGS	0.26	0.26	0.10	0.16	−0.05	1.00				
FTENVS	0.24	0.28	0.10	0.15	−0.12	0.84	1.00			
FTSOCS	0.25	0.18	0.02	0.12	−0.07	0.90	0.73	1.00		
FTGOVS	0.16	0.14	0.18	0.08	0.09	0.67	0.34	0.53	1.00	
ESGS	0.31	0.43	0.03	0.13	0.00	0.68	0.71	0.60	0.33	1.00
ENVS	0.28	0.34	0.13	0.17	−0.02	0.57	0.62	0.48	0.28	0.97
SOCS	0.23	0.29	−0.19	0.05	0.03	0.60	0.53	0.56	0.35	0.84
GOVS	0.30	0.37	−0.06	0.10	0.03	0.62	0.57	0.57	0.37	0.73
TASTLN	0.43	0.54	0.01	0.05	−0.04	0.32	0.38	0.31	0.09	0.53
COVRG	0.12	0.07	0.10	0.14	0.07	0.00	−0.03	0.00	0.02	−0.02
FXASTTA	−0.05	0.07	0.34	0.10	−0.08	−0.05	−0.04	−0.10	0.07	0.12
EQASR	0.18	0.04	0.35	0.33	0.56	−0.06	−0.11	−0.05	−0.01	−0.07
BETA	0.09	0.11	−0.28	−0.11	−0.23	0.18	0.26	0.18	−0.06	0.24
ROA	0.22	0.13	0.30	0.27	0.28	−0.11	−0.18	−0.09	0.01	−0.08

	ENVS	SOCS	GOVS	TASTLN	COVRG	FXASTTA	EQASR	BETA	ROA
ENVS	1.00								
SOCS	0.64	1.00							
GOVS	0.51	0.60	1.00						
TASTLN	0.43	0.46	0.47	1.00					
COVRG	−0.03	−0.02	−0.02	−0.02	1.00				
FXASTTA	0.10	0.06	0.04	0.04	−0.03	1.00			
EQASR	−0.03	−0.04	−0.09	−0.45	0.05	−0.03	1.00		
BETA	0.22	0.20	0.19	0.34	−0.01	−0.12	−0.15	1.00	
ROA	−0.03	−0.04	−0.07	−0.21	0.11	−0.13	0.35	−0.07	1.00

（注 1 ）　2015〜2017年の 3 年間のデータを使用。2017年12月末における東証 1 部上場企業（TOPIX銘柄） 2,035社を基準にしている。

（注 2 ）　相関係数は、それぞれの対象となる 2 変数間の 3 年間のサンプル数をもとに計算している。つまり、 たとえば信用格付付与対象件数が少ないとしても、信用格付以外の相関係数は、対象となる 2 変数の 3 年間の総サンプルで相関係数を計算している（信用格付のサンプルが少ないことの影響は受けない）。

（出所）　Bloombergより作成。

図表 7 - 9　FTSEスコアとBloomberg開示スコアの散布図

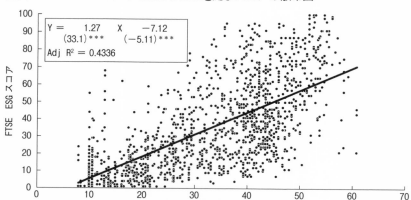

(注)　数式は、近似直線の回帰式であり、カッコ内は t 値、***は 1 ％有意水準を示す。Adj R²は、自由度調整済決定係数を示す。

(出所)　2015〜2017年の各スコアにより作成。

4.3　分析方法

(1)　基本モデル（2015〜2017年）

　信用格付・デフォルト距離・格付変更とESGの各個別要素と間の関係について、以下の式(2)(3)(4)を基本として検証する。具体的には、被説明変数として、(2)信用格付（$CRRI_{i,t}$）、(3)格付変更（$CRRID_{i,t}$：上方変更は＋ 1 、変更なし 0 、下方変更− 1 ）、(4)デフォルト距離（$DD_{i,t}$）をとる。

　説明変数としては、対象期間の直前期のESGスコア（$ESGfactor_{i,t-1}$）、さらに個別コントロール要因（$Cont_{i,t-1}$）も説明変数（基本的に直前期の 1 期ラグ値を使用）とし、信用格付等と有意に関係があるか否かを検証する。なお、i は個別企業、t は期を示し、$u_{i,t}$は誤差項である。このほかに、東証33業種分類に即した産業別ダミー（$D_{Indus,t}$）と年次ダミー（$D_{Year,t}$　3 年間のケースのみ）が含まれる。推計期間は、2015〜2017年の 3 年間としたが、説明変数の多くは 1 期ラグのある変数であることから、実質的には2014〜2016年の 3 年間のデータとなる。

$$CRRI_{i,t} = a_1 + \beta_1 ESGfactor_{i,t-1,} + \beta_2 Cont_{i,t-1} + \beta_3 D_{Year,t} + \beta_4 D_{Indus,t} + u_{i,t} \quad (2)$$

$$CRRID_{i,t} = a_1 + \beta_1 ESGfactor_{i,t-1,} + \beta_2 Cont_{i,t-1} + \beta_3 D_{Year,t} + \beta_4 D_{Indus,t} + u_{i,t} \quad (3)$$

$$DD_{i,t} = a_1 + \beta_1 ESGfactor_{i,t-1,} + \beta_2 Cont_{i,t-1} + \beta_3 D_{Year,t} + \beta_4 D_{Indus,t} + u_{i,t} \quad (4)$$

　ESGスコアについては、全体スコアのかわりに、各個別要素（E、S、G）のESGスコアを入れるケースも採用する。個別コントロール要因としては、既存文献のなかで信用格付とESGスコアの関係について分析して比較的多く参照されているAttig *et al.*（2013）等を参考として以下を採用する。コントロール変数のうち、総資産対数（TASTLN）は、企業規模の影響をコントロールするための変数である。カバレッジ比率（COVRG）は、支払利息をどの程度利益でカバーできているかを示す指標であり、これが小さいと企業の信用力に影響を与えると考えられる。固定資産比率（FXASTTA）は、資産のうちどの程度が長期資産で固定されているかを示し、流動性等の観点から企業信用力に影響を与え、自己資本比率（EQASR）、ベータ（つまりリスク）（BETA）、総資産利益率（ROA）についても、安定性等の観点から企業の信用力に影響を与えると考える（図表7-10）。

図表7-10　変数定義等

記号	定　義
TASTLN	総資産対数（1期ラグ）
COVRG	カバレッジ比率：（経常）利益／支払利息比率で計算（1期ラグ）
FXASTTA	固定資産比率：長期投資／総資産で計算（1期ラグ）
EQASR	自己資本比率（1期ラグ）
BETA	ベータ：対象となる1年間（1～12月）のデータを利用し対TOPIXで計算
ROA	総資産利益率（1期ラグ）：純利益／総資産

（出所）　各データはBloombergにより計算された値を使用。

(2)　危機時におけるデフォルト距離・格付変更リスク

〈仮説 3〉の危機時におけるリスク耐性や信用格付の下落リスクをみる観点から、①リーマンショック後の株価最安値時（2009年 3 月10日）および東日本大震災後の株価最安値時（2011年 3 月15日）におけるデフォルト距離を被説明変数として用いた推計、②2009〜2011年における格付変更を被説明変数とした推計、も行う[14]。ただし、この期間のESGスコアとしてはBloomberg開示スコアのみ利用可能のため、Bloomberg開示スコアのみの推計となる。

(3)　推計手法

①　順序プロビットモデル、プロビットモデル、Pooled OLS

信用格付が被説明変数となるモデルでは、被説明変数がカテゴリカル・データであるため、順序プロビット（ロジット）モデルを用いるケースが多く、先行研究をみても、Attig *et al.*（2013）、Oikonomou *et al.*（2014）では順序プロビットモデル（産業ダミー・年ダミー付き）を用いている。さらに、Attig *et al.*（2013）では、内生性の問題を考慮する際に通常のプロビットモデルの操作変数法（IVプロビット）を用いており、後述するように本章においてもIVプロビットを行うことから、内生性を考慮しない当初分析でも通常のプロビットモデルも用いる。その際には、被説明変数が 1 と 0 となる必要があるため、一定閾値をもとに 1 と 0 に変換するが、本章では、付与企業数をもとに、なるべく等分に近いものとするため、信用格付のAA（スコア 5 ）以上とそれ以外（スコア 1 〜 4 ）で区分した。複数の手法を用いる理由は、より頑健な結果を得るためである。

デフォルト距離が被説明変数となるモデルでは、通常のPooled OLS（産業ダミー・年ダミー付き）による推計を行う。

14　2009年、2011年の各年の格付変更のみを対象としなかったのは、サンプル数が少ないためである（2009年＝10、2011年＝11）。2009〜2012年における格付変更とすることで格付下方変更数は49となる。

② 2段階OLS（操作変数法）、IVプロビットモデル

順序プロビットモデル等によって因果関係を求めようとしても、これらの説明変数間に内生性の問題や同時性バイアスが生じている場合には、推計されたパラメーターが統計的な意味で一致性を有せず、仮に有意であったとしても、みせかけの因果関係が生じている可能性もある。すなわち、ESGに対する取組みが優れているから信用格付がよい（デフォルト距離が大きい）のか、信用格付がよい（デフォルト距離が大きい）からESGへの取組みが優れているのか、の識別がむずかしい。

特に、ESGスコアは、企業規模が大きい銘柄が高い傾向にあるが、仮に信用格付が高い（デフォルト距離が大きい）場合にはそれはESGスコアが高いからではなく、企業規模が大きいためである可能性もある。実際、既存研究による実証分析をみると、ESG要因と信用格付にはポジティブな関係を指摘する研究が多かったが、それが本当にESG要因を抽出できていたか、みせかけの相関ではないのか、と疑問が残るものも散見される。

このため、統計手法的には、二段階OLS、操作変数法やGMM等の手法を用いて因果関係を計測することで対処することが多いが（なかには、これすらも実施していない研究もみられる）、必ずしも明確に識別できるとは限らない。この問題は、常に付きまとう問題であるため、実証分析を検証する際には注意してみていく必要がある[15]。

本章のモデルでも、内生性の問題、同時性バイアスの問題に対処するため、①の推計で有意となったモデルを中心に、デフォルト距離が被説明変数となるモデルでは2段階OLS（操作変数法）、カテゴリカル・データである信用格付を被説明変数とするモデルではIVプロビットモデルの2つの方法による推計を行う。本来は、順序プロビットモデルに操作変数法を適用することが望ましいが、順序プロビットモデルでは同時性バイアスを解決する方法が実施困難であるため（Attig *et al.* 2013でも指摘）、被説明変数の一定閾値を

---

15 同様の問題は、ESG投資に限らず、コーポレートガバナンスと企業業績の間の関係の実証分析などでも、常に指摘され続けてきた問題である。たとえば、宮島編（2017）などを参照。

区分に１と０に変換して、IVプロビットモデルを用いたものである。

5 推計結果

(1) 基本モデルの推計結果

　第一段階として、基本モデル(2)(3)(4)に従って、第4.3節の(3)①に示したとおり、順序プロビット・通常のプロビットモデル・Pooled OLSの３方式による推計を行った（図表7 - 11）。結果表示は、順序プロビットの係数についてはコントロール変数を含めてすべての推計パラメーターを示し、残りの手法については、紙幅の関係からESG要因の係数の推計結果のみを示した。

　まず、2015～2017年の３年間のケースについては、ESGスコアに関する係数は、FTSEスコアとBloomberg 開示スコアの両方とも、ほとんどが信用格付に対してプラスで有意であり、E・S・Gの各区分に分類した推計でも同様であった（図表7 - 11：Panel A）。ただし、被説明変数となる信用格付について、区分５以上と４以下で１と０に２区分にすることにより、プロビットモデルで推計した結果をみると、若干情報量が落ちることもあるためか、有意ではなかった係数もあったが、全体としてはプラスで有意であった（図表7 - 11： Panel B）。既述のとおり、単純に信用格付の区分別にESGスコアの平均値を比べてもプラスとなっている結果（図表7 - 6）を勘案してみても、一見、プラスの影響が生じているかのようにみえ、この結果とも整合的であるといえる。

　ただし、信用格付変更を被説明変数とするモデルを順序プロビットモデルで推計したモデルでは、一部を除き、ほとんど有意な結果は得られなかった（一部、FTSEの環境スコアのみが有意）。現段階では、ESGスコアは、格付変更との関連性が有意にあるとはいえない（図表7 - 11：Panel C）。

　他方、デフォルト距離が被説明変数となるモデルでは、やはり信用格付がデフォルト・リスクを反映したものであることから、信用格付と同様に、有意である係数が多かった（図表7 - 11：Panel D）。

図表 7 −11　順序プロビットモデル、プロビットモデル、Pooled OLSによる結果

○期間：2015〜2017年の 3 年間

		FTSE　ESGスコア				Bloomberg ESG開示スコア			
		FTESG	FTENVS	FTSOCS	FTGOVS	BLESGS	BLENVS	BLSOCS	BLGOVS
		Panel A：被説明変数＝信用格付（ 1 〜 6 ）、推計方法＝順序プロビットモデル							
ESGスコア		0.466***	0.295***	0.311***	0.218***	0.020***	0.014***	0.012***	0.022**
		(0.000)	(0.000)	(0.000)	(0.001)	(0.000)	(0.000)	(0.003)	(0.032)
TASTLN		0.716***	0.759***	0.751***	0.810***	0.914***	0.956***	0.983***	0.957***
		(0.000)	(0.000)	(0.000)	(0.000)	(0.000)	(0.000)	(0.000)	(0.000)
	COVRG	0.000	0.000	0.000	0.000	0.000	0.000	0.000	0.000
		(0.237)	(0.160)	(0.195)	(0.228)	(0.287)	(0.399)	(0.443)	(0.308)
	FXASTTA	0.068	− 0.187	0.102	− 0.105	− 0.073	− 0.561	− 0.256	− 0.109
		(0.894)	(0.708)	(0.840)	(0.832)	(0.830)	(0.135)	(0.478)	(0.746)
	EQASR	0.065***	0.065***	0.065***	0.064***	0.063***	0.068***	0.067***	0.063***
		(0.000)	(0.000)	(0.000)	(0.000)	(0.000)	(0.000)	(0.000)	(0.000)
	BETA	0.086	0.073	0.057	0.091	0.034	− 0.105	− 0.056	0.023
		(0.737)	(0.776)	(0.824)	(0.720)	(0.867)	(0.623)	(0.789)	(0.909)
	ROA	0.020	0.017	0.011	0.015	0.030**	0.028*	0.026*	0.026*
		(0.276)	(0.353)	(0.523)	(0.409)	(0.042)	(0.066)	(0.072)	(0.070)
	Yearダミー	No	No	No	No	No	No	No	No
	Indusダミー	Yes	Yes	Yes	Yes	Yes	Yes	Yes	Yes
	Observations	882	882	882	882	1,271	1,155	1,207	1,271
		Panel B：被説明変数＝信用格付（ 1 と 0 に 2 区分）、推計方法＝プロビットモデル							
ESGスコア		0.022***	0.019***	0.004	0.018	0.373***	0.225***	0.288***	0.122
		(0.002)	(0.001)	(0.535)	(0.205)	(0.000)	(0.000)	(0.000)	(0.165)
		Panel C：被説明変数＝格付変更（上方 1 、変更なし 0 、下方− 1 に 3 区分）、推計方法＝順序プロビットモデル							
ESGスコア		0.177	0.167*	− 0.050	0.153	0.004	− 0.001	0.011	− 0.006
		(0.132)	(0.071)	(0.587)	(0.164)	(0.539)	(0.869)	(0.190)	(0.722)
		Panel D：被説明変数＝デフォルト距離（DD）、推計方法＝Pooled OLS（年・産業固定効果付き）							
ESGスコア		0.125*	0.102**	0.062	0.054	0.011***	0.008***	0.009***	0.004
		(0.054)	(0.041)	(0.229)	(0.321)	(0.000)	(0.000)	(0.001)	(0.586)

（注 1 ）　カッコ内はＰ値。*** p＜0.01、** p＜0.05、* p＜0.1。網掛けは、ESGスコアに対する係数で有意な場合を示す。結果表示は、Panel Aの順序プロビットモデルの係数がわかりやすいため、これについてはコントロール変数を含めてすべての推計パラメーターを示し、残りの手法については、紙幅の関係からESG要因の係数の推計結果のみを示した。

（注 2 ）　Panel Aの被説明変数は、R&I 信用格付（ 1 〜 6 でカテゴライズ化）。Panel Bの被説明変数は、R&I 信用格付の区分 5 以上と 4 以下で 1 と 0 に 2 区分にしたもの。Panel Cの被説明変数は、R&I 信用格付の前年比で上方変更が 1 、変更なしが 0 、下方変更が− 1 としたもの。Panel Dの被説明変数は、デフォルト距離。

　　　　説明変数は、ESGスコア、コントロール変数ともに、 1 期ラグをつけた値が多いため、実質2014〜2016年のデータが多い。定数項（Constant）・各ESG要因以外の説明変数は、総資産対数（TASTLN）、カバレッジ比率（COVRG）、固定資産比率（FXASTTA）、自己資本比率（EQASR）、ベータ（BETA）、総資産利益率（ROA）および産業（INDUS）・年（YEAR）ダミーであり、ベータ以外は 1 期ラグをとった変数。

（出所）　筆者推計。

(2)　操作変数法等を用いた推計（頑健性チェック①）

　ただし、ESGスコアと信用格付は、両方とも、規模要因の影響を多く受けると考えられるため、内生性の問題なども勘案する必要がある。このため、第二段階として、操作変数を用いた推計を通常の2段階OLS（操作変数法）、IVプロビットモデルにより行った（図表7－12）。なお、操作変数としては、Attig *et al.*（2013）、El Ghoul *et al.*（2011）、Jiraporn *et al.*（2014）と同様に、ESGスコアの操作変数として産業別のESGスコア平均値をとった。

　操作変数法等によって、内生性の問題には対処できているのかを検証するために、内生性検定として、Durbin（Score）chi2検定およびWu-Hausman F検定の結果、IV（操作変数）プロビットモデルにおけるWaldの外生性検定の結果を示した。ここで、カッコ内係数はP値を示し、たとえば、P値が0.05より小さい場合は、変数は外生的（内生性がない）という帰無仮説を有意水準5％で棄却することを示し、2段階OLS等の内生性を考慮した手法が適切であることを示し、他方、棄却できない場合には、内生性を考慮した推計方法をとる必要はないことを示すと考えられる。

　今回の内生性の検定の結果をみると、デフォルト距離を被説明変数とするBloomberg開示スコアによるモデルを除き、すべての推計において内生性がない（外生変数である）という帰無仮説を棄却できなかった。このため、もともとの推計において説明変数は外生変数とみなすことができ、基本的に2段階OLS等の方法をとる必要はないと考えられる。ただし、内生性があるとされた推計についても、ESGスコアの係数は有意でなかったものが多かった（Bloombergの社会スコアのみがプラスで有意であった）。

　以上より、内生性の問題を考慮した分析結果は、内生性を否定するものが多く、ESGスコアは、信用格付に対してプラスの関係性を有している可能性を引き続き示唆するといえる。もっとも、海外の先行研究（Attig *et al.* 2013等）では、内生性の問題を考慮したモデルにおいて、ESGスコアの係数が有意にプラスを示していることをふまえると[16]、本章の分析結果はやや弱いも

16　ただし、Attig *et al.*（2013）では、2段階OLSは実施しているものの、内生性の有無の検定は行っていないことに留意する必要があると思われる。

のといえるかもしれない。

図表7－12　2段階OLS（操作変数法）、IVプロビットモデルによる推計結果
○期間：2015～2017年の3年間

		FTSE　ESGスコア			Bloomberg ESG開示スコア			
		FTESG	FTENVS	FTSOCS	FTGOVS	ESGS	ENVS	SOCS	GOVS
	Panel E：被説明変数＝信用格付（1と0に2区分）、推計方法＝IVプロビット								
ESGスコア		−0.233	−0.163	−0.089	−0.113	−0.104	−0.005	0.008	−0.208
		(0.797)	(0.827)	(0.901)	(0.882)	(0.747)	(0.988)	(0.952)	(0.884)
Wald test of exogeneity（P-val）		(0.521)	(0.617)	(0.605)	(0.758)	(0.932)	(0.944)	(0.980)	(0.939)
	Panel F：被説明変数＝デフォルト距離（DD）、推計方法＝2 step OLS								
ESGスコア		0.104	0.477	−0.008	−0.314	−0.771	0.556	0.140*	1.131
		(0.848)	(0.367)	(0.986)	(0.409)	(0.677)	(0.692)	(0.086)	(0.799)
Control Variables	TASTLN	0.120	−0.047	0.158	0.215**	4.064	−2.725	−0.161	−1.420
		(0.525)	(0.838)	(0.351)	(0.012)	(0.646)	(0.732)	(0.640)	(0.840)
	COVRG	−0.000	−0.000	0.000	0.000	0.000	0.000	0.000	0.000
		(0.994)	(0.847)	(0.943)	(0.865)	(0.840)	(0.606)	(0.124)	(0.360)
	FXASTTA	0.534	0.589	0.489	0.549	−1.797	−2.249	0.529	1.380
		(0.205)	(0.132)	(0.319)	(0.150)	(0.687)	(0.683)	(0.120)	(0.793)
	EQASR	0.078***	0.078***	0.077***	0.076***	0.080***	0.051	0.077***	0.070***
		(0.000)	(0.000)	(0.000)	(0.000)	(0.000)	(0.441)	(0.000)	(0.004)
	BETA	−2.496***	−2.494***	−2.493***	−2.561***	−0.655	−2.453***	−2.343***	−1.782*
		(0.000)	(0.000)	(0.000)	(0.000)	(0.844)	(0.006)	(0.000)	(0.073)
	ROA	0.122***	0.126***	0.122***	0.123***	0.027	0.184	0.078***	0.093
		(0.000)	(0.000)	(0.000)	(0.000)	(0.785)	(0.452)	(0.000)	(0.372)
	Constant	4.505***	5.567***	4.308***	4.428***	−22.431	22.543	3.433	−33.164
		(0.766)	(0.941)	(0.770)	(0.819)	(0.736)	(0.631)	(0.302)	(0.423)
Yearダミー		Yes	Yes	Yes	Yes	Yes	Yes	Yes	Yes
Indusダミー		Yes	Yes	Yes	Yes	Yes	Yes	Yes	Yes
Observations		1,146	1,146	1,146	1,146	4,952	2,868	3,728	4,952
R-squared		0.760	0.747	0.759	0.749			0.379	
Durbin chi2（P-val）		(0.968)	(0.466)	(0.869)	(0.319)	(0.059)	(0.062)	(0.043)	(0.497)
Wu-Hausman F（P-val）		(0.968)	(0.473)	(0.871)	(0.327)	(0.060)	(0.064)	(0.044)	(0.499)

（注1）　カッコ内はP値。*** p＜0.01、** p＜0.05、* p＜0.1。網掛けは、ESGスコアに対する係数で有意な場合を示す。結果表示は、Panel FのPooled OLSの推計については、コントロール変数を含めてすべての推計パラメーターを示し、残りの手法については、紙幅の関係からESG要因の係数の推計結果のみを示した。

（注2）　Panel Eの被説明変数は、R&I信用格付の区分5以上と4以下で1と0に2区分したもの。Panel Fの被説明変数はデフォルト距離。説明変数については、図表7－11の注と同様。

（注3）　IV（操作変数）には、Attig et al.（2013）、El Ghoul et al.（2011）、Jiraporn et al.（2014）と同様にESGスコアの産業平均を使用。各推計方法における内生性検定として、Durbin（Score）chi2検定およびWu-Hausman F検定の結果、IV（操作変数）プロビットモデルにおけるWald外生性検定の結果を示し、カッコ内係数はP値を示す。たとえば、P値が0.05より小さい場合は、変数は外生的（内生性がない）という帰無仮説を有意水準5％で棄却することを示し、2段階OLS等の内生性を考慮した手法が適切であることを示すと考えられる。

（注4）　変数の定義は図表7－10あるいは図表7－11の注を参照のこと。

（出所）　筆者計算。

(3) 信用格付機関の違いについて（頑健性チェック②）

　上記の結果は、R＆Iの信用格付をもとに行ったものであるが、他の信用格付機関が付与した信用格付にも同じような傾向がみられることを確認した。基本モデルで3年間のケースについての推計結果は、図表7－13に示すとおりである。サンプル数が少ないMoody'sやS＆Pについては、ESGスコアに有意なプラスの値が得られなかったケースもみられたものの、JCRとMoody's（FTSEスコアのみ）については、おおむねR＆Iと同じで、有意でプラスとの結果が得られた。

(4) 危機時における推計結果

　最後に、①リーマンショック後の株価最安値時（2009年3月10日）および東日本大震災後の株価最安値時（2011年3月15日）におけるデフォルト距離を被説明変数として用いた推計、②2009～2011年における格付変更を被説明変数とした推計、も行ったところ、②については、ほとんど有意な値は得られなかったが、①については、両時期ともに、ESG総合スコア・社会スコアについては有意な値が得られた（図表7－14）。

　このことは、ESG情報開示に積極的だからといって、危機時における格付下方変更リスクへの耐性が必ずしも強いとはいえないことを示唆する。他方、デフォルト距離は、ESG情報開示に積極的である企業のほうが大きいので、デフォルト・リスク自体は小さいことを示唆する。これは通常期間と同じ結果であり、危機時に特有の状況ではないといえるが、リーマンショック時はまだESG要素への市場の注目がいまほど高くはなく（実質的には、GPIFによるPRI署名などを受けて2015年あたりから注目が高まった）、この点は割り引いて考える必要がある。

　なお、今回の分析では危機時のESGスコアはデータ制約からBloomberg開示スコアのみ用いたが、これ以外の複数のスコアを用いて株価急落期に対するリスク耐性を検証することがさらなる課題として考えられる。

図表 7 －13　他の信用格付機関のスコアによる検証

	Panel G：被説明変数＝信用格付、推計手法＝順序プロビットモデル					
	FTSE　ESGスコア			Bloomberg ESG開示スコア		
被説明変数	JCR	Moody' s	S & P	JCR	Moody' s	S & P
ESGスコア （ESG総合スコア）	0.491*** (0.000)	0.320 (0.236)	0.500** (0.023)	0.030*** (0.000)	0.044 (0.123)	0.012 (0.420)
TASTLN	0.988*** (0.000)	0.818** (0.011)	0.932*** (0.000)	1.085*** (0.000)	0.834*** (0.008)	0.815*** (0.000)
COVRG	－ 0.000 (0.564)	0.000** (0.048)	0.000 (0.300)	0.000 (0.631)	0.000** (0.015)	0.000 (0.799)
FXASTTA	1.747*** (0.001)	5.128** (0.048)	2.957** (0.028)	0.350 (0.287)	3.275 (0.248)	1.516 (0.221)
EQASR	0.067*** (0.000)	0.215*** (0.000)	0.144*** (0.000)	0.062*** (0.000)	0.217*** (0.000)	0.125*** (0.000)
BETA	－ 0.233 (0.430)	－ 0.203 (0.818)	0.196 (0.778)	－ 0.179 (0.358)	0.073 (0.937)	－ 0.171 (0.791)
ROA	0.012 (0.645)	－ 0.014 (0.894)	0.004 (0.969)	0.049** (0.010)	0.031 (0.748)	0.014 (0.902)
Constant	0.031 (0.822)	－ 0.009 (0.978)	0.100 (0.689)	0.010 (0.915)	－ 0.024 (0.944)	0.140 (0.550)
年ダミー	No	No	No	No	No	No
産業ダミー	Yes	Yes	Yes	Yes	Yes	Yes
Observations	615	148	221	1,223	153	242

（左端に縦書き：Control Variables）

（注 1)　カッコ内はP値。*** p＜0.01、** p＜0.05、* p＜0.1。網掛け部分は、ESGスコアに対する係数で有意な場合を示す。結果はPooled　OLS以外の手法については、紙幅の関係からESG要因の係数の推計結果のみを示した。

（注 2)　被説明変数は、各信用格付機関の信用格付（ 1 ～ 6 でカテゴライズ化）。説明変数は、ESGスコア、コントロール変数ともに、 1 期ラグをつけた値が多いため、実質2014～2016年データが多い。説明変数の説明については、図表 7 －11の注と同様。

　　　ただし、R&I 信用格付の区分 5 以上と 4 以下で 1 と 0 に 2 区分にした被説明変数を用いたプロビットモデルについては、サンプル数が少ないことから、完全に被説明変数を判別できてしまう産業ダミーが多数生じてしまうため、行っていない。

（注 3)　変数の定義は図表 7 －10あるいは図表 7 －11の注を参照のこと。

（出所)　筆者計算。

図表 7 －14　危機時における推計結果

	リーマンショック後最安値（2009年3月10日）				東日本大震災後最安値（2011年3月15日）			
	BLESGS	BLENVS	BLSOCS	BLGOVS	BLESGS	BLENVS	BLSOCS	BLGOVS
	Panel H：被説明変数＝デフォルト距離（DD）、推計方法＝Pooled OLS（産業固定効果付き）							
Bloomberg ESGスコア	0.004** (0.029)	0.002 (0.259)	0.004* (0.065)	0.002 (0.547)	0.005*** (0.000)	0.002 (0.152)	0.003* (0.070)	0.003 (0.162)
TASTLN	0.002 (0.926)	0.030 (0.111)	0.016 (0.399)	0.021 (0.195)	0.163*** (0.000)	0.175*** (0.000)	0.173*** (0.000)	0.183*** (0.000)
COVRG	0.000 (0.214)	0.000 (0.238)	0.000 (0.179)	0.000 (0.195)	−0.000 (0.607)	−0.000 (0.949)	−0.000 (0.860)	−0.000 (0.624)
FXASTTA	0.272* (0.060)	0.138 (0.482)	0.247 (0.174)	0.261* (0.071)	−0.135 (0.130)	−0.141 (0.313)	−0.191 (0.132)	−0.145 (0.106)
EQASR	0.024*** (0.000)	0.022*** (0.000)	0.024*** (0.000)	0.024*** (0.000)	0.028*** (0.000)	0.030*** (0.000)	0.031*** (0.000)	0.028*** (0.000)
BETA	−1.309*** (0.000)	−1.374*** (0.000)	−1.291*** (0.000)	−1.309*** (0.000)	−0.511*** (0.000)	−0.512*** (0.000)	−0.465*** (0.000)	−0.507*** (0.000)
ROA	0.024*** (0.000)	0.029*** (0.000)	0.021*** (0.000)	0.024*** (0.000)	0.029*** (0.000)	0.035*** (0.000)	0.034*** (0.000)	0.029*** (0.000)
Constant	2.102*** (0.000)	2.031*** (0.000)	1.972*** (0.000)	1.926*** (0.000)	−1.120*** (0.000)	−1.295*** (0.000)	−1.291*** (0.000)	−1.378*** (0.000)
Yearダミー	Yes	Yes	Yes	Yes	Yes	Yes	Yes	Yes
Indusダミー	Yes	Yes	Yes	Yes	Yes	Yes	Yes	Yes
Observations	1,128	679	761	1,128	1,351	743	822	1,351
R-squared	0.650	0.714	0.691	0.649	0.707	0.748	0.738	0.704

（EQASR〜ROAの左側に縦書きで「Control Variables」）

対象期間：2009〜2012年の信用格付変更

	BLESGS	BLENVS	BLSOCS	BLGOVS
Panel I：被説明変数＝格付変更（上方1、変更なし0、下方−1に3区分）、推計方法＝順序プロビットモデル				
Bloomberg ESGスコア	0.002 (0.751)	−0.000 (0.993)	0.001 (0.927)	−0.001 (0.949)	— — — —
Observations	1,617	1,376	1,436	1,617

（注1）　カッコ内はP値。*** p＜0.01、** p＜0.05、* p＜0.1。網掛け部分は、ESGスコアに対する係数で有意な場合を示す。結果表示は、Panel HのPooled OLSの推計については、コントロール変数を含めてすべての推計パラメーターを示し、残りの手法については、紙幅の関係からESG要因の係数の推計結果のみを示した。

（注2）　Panel Hの被説明変数はデフォルト距離。Panel Iの被説明変数は、R&I信用格付の前年比で上方変更が1、変更なしが0、下方変更が−1としたもの。説明変数の説明については、図表7－11の注と同様。

（出所）　筆者計算。

6 小括と今後の課題

　本章は、ESG投資と信用格付の間の関係について検証することを目的とした。従来のESG投資パフォーマンスの研究は株式投資リターンを対象としたものが多かったため、負債側である融資・債券に着目して、ESGに対する取組みやディスクロージャーが、負債調達コストのメルクマールとしての信用格付にどのような効果をもたらしているかを検証することには意義があるものと考えられる。特にわが国の企業を対象とした信用格付に関し、こうした検証をした研究は、筆者らの知る限り見当たらず、重要な研究の蓄積に資するものと考えられる。

　具体的な検証に際し、信用格付としては、わが国企業を対象とした代表的な信用格付機関である格付投資情報センター（R＆I）による信用格付を中心に分析を行った。また、ESGスコアには、FTSEのESG Rating（FTSEスコア）とBloombergのESG情報開示スコア（Bloomberg開示スコア）を用いた。FTSEスコアはESGに対する取組みも勘案したスコア、Bloomberg開示スコアはディスクロージャーの度合いを示すスコアであり、いわば企業のESG情報開示に対する積極性を示すスコアであり、ともに代表的なESGスコアである。これらのESG要素（ファクター）の信用格付との関係について検証した。

　また、信用格付は、発行体のデフォルト・リスクに関する意見であることから、ESG要素が信用格付に影響を与えるとしたら、まずはESG要素と当該企業のデフォルト・リスクに関係があるはずである。具体的には、ESG要素に優れた企業のデフォルト・リスクは、そうでない企業に比べると低いことが予想される。このことから、デフォルト・リスクを示す指標としてデフォルト距離を用いて、ESGスコアとの関係についても検証した。

　さらに、ESGに優れた銘柄が、危機時においてデフォルト・リスクに対しても強い耐性を有している可能性があるとの先行研究もふまえ、わが国における状況を検証するために、①リーマンショック後の株価最安値時（2009年

3月10日）および東日本大震災後の株価最安値時（2011年3月15日）における
デフォルト距離を被説明変数とする推計、②2009〜2011年における格付変更
を被説明変数とした推計、も行った。

　実証分析の結果によれば、2015〜2017年の3年間をみる限り、ESGスコア
の係数はおおむね有意にプラスであった。内生性の問題などを勘案した結果
からも、説明変数の外生性の帰無仮説が棄却されなかったことから、ESGス
コアは、信用格付とプラスの関係にある可能性を示唆するものが多かった。
さらに、R＆I以外の信用格付機関の付与する格付との関係についても検証
した結果、十分なサンプル数が得られるJCRについてはおおむね同様のプラ
スの関係がある可能性が示唆された。ESG要素が、信用格付に対してプラス
の関係を有しているとの結果は、諸外国の研究成果（Attig *et al.* 2013等）と
おおむね同様であった。

　ただし、信用格付変更を被説明変数とするモデルを順序プロビットモデル
で推計したモデルでは、一部を除き、ほとんど有意な結果は得られず、同期
間において、ESGスコアは、格付変更との関連性が有意にあるとは確認する
ことはできなかった。現段階では、ESGスコアは、信用格付の変更までを予
測するファクターとしてはほとんど認識されていないと考えられる。

　また、過去の危機期間を対象とした推計結果をみると、ESG情報開示に積
極的だからといって、危機時における格付下方変更リスクへの耐性が必ずし
も強いとはいえないことを示唆する。他方、デフォルト距離は、ESG情報開
示に積極的である企業のほうが大きいので、デフォルト・リスク自体は小さ
いことを示唆する。これは通常期間と同じ結果であり、危機時に特有の状況
ではないといえるが、リーマンショック時はまだESG要素への市場の注目が
いまほど高くはなく（実質的には、GPIFによるPRI署名などを受けて2015年あた
りから）、この点は割り引いて考える必要がある。

　総括すると、少なくとも今回の分析対象期間においては、わが国金融市場
においても、ESGに対する取組みやディスクロージャーに積極的な企業は、
負債調達コストのメルクマールとしての信用格付も優れていたことが示唆さ
れた（すなわち、おおむね〈仮説1〉が採択）。この背景としては、信用格付

のもととなるデフォルト・リスクとの間でも同様であり、プラスの関係が一部みられたことが考えられる（すなわち、〈仮説2〉もおおむね採択）。ただし、海外の先行研究では内生性を考慮した分析等でも有意にプラスとなっており、この点ではわが国における結果は、頑健性という観点からはやや弱い可能性もあり、一部ではモデルにより結果も異なることから、さらなる検証を要する。内生性を含む統計的な因果関係の検証については、一定の処理は行ったもののやはりむずかしいものがあり、諸外国の研究も含めてこの点で課題は多いと思われる。

　また、過去の危機期間をみる限り、格付下方変更リスクへの耐性といった観点からのリスク耐性が必ずしも強いとはいえないことを示唆する（すなわち、〈仮説3〉は採択されず）。この点では、株式リターンなどからみられた過去の先行研究（Lins *et al.* 2017等）とは異なる。もっとも、リーマンショックや東日本大震災の時期は、わが国においてはまだESG要素への市場の注目がいまほど高くはなかったことも理由としては考えられる。

　本章には、いくつかの課題も残る。まず、ESG要素を信用格付に反映させていくという潮流は、PRIの動きなども受けて、まさに動き出したところであり、今後の展開も注視していく必要がある。こうした展開をふまえて、さらなるデータの蓄積がなされた段階で、今回の分析対象期間のみならず、信用格付に対してESG要素が安定的なプラスファクターとなりうるのかを、あらためて検証していく意義は大きいと思われる。また、なぜ今回の推計期間においては、ESG要素が、信用力・信用格付に対してプラスに作用した可能性があるのか（コスト負担等々の影響か）という観点からの検証も必要であろう。さらに、通常の企業の負債としては、債券ではなく銀行融資のほうが大きい。特に、信用格付は、そもそも付与される企業が大企業に限られることから、中小企業等への影響を検証することはできない。このため、データの制約があるが、より幅広い企業を対象として、銀行融資の際のコスト（金利）とESG要因の関係について検証することが、負債調達という観点からは最も求められる課題であろう。

第 8 章

コロナショックと
ESG投資パフォーマンス

●本章の要約

　本章では、ESGに積極的に取り組み、高ESG評価を得ている銘柄は、危機時のリスク耐性が強いという先行研究（Lins *et al.* 2017ほか）などを背景に、コロナ禍の株価下落時における、ESG投資のパフォーマンスを確認した。結果は、①ESG指数のパフォーマンス、②ESGスコアの3分位（高・中・低）における超過リターン、③業種や銘柄特性などを調整した後の超過リターンのいずれでみても、結局は投資パフォーマンスとの関係は、ESGスコアによってまちまちであった。

　一部のESGスコアについては、業種・銘柄特性を調整した後であっても、たしかに高ESGスコアの銘柄群の下落率は、相対的に小さいといえる。もっとも、すべてのESGスコアにおいていえるわけではなかった。つまり、実際にESG要因によってリスク耐性があり下落程度が小さかったかどうかは、有意な結果が出たESGスコアが実際のESGの状況を反映しているスコアなのかに依存する。

　ESGスコアに統一性がみられないことからすると、ある意味で当然の結果であるといえるが、ではその一部のESGスコアはどういうスコアだったのか、なぜリスク耐性があったのか、そのESGスコアがもつ特徴をより掘り下げてみていくことが必要であろう。ESG投資は、サステナブルな社会を見据えた長期志向を有するので、短期的な株価下落（リスク）には反応しないため（つまり売らない）、危機時における株価下落幅が相対的に小さいという可能性も考えられよう。ESG投資のパフォーマンスについては、時期や対象地域、推計方法などによっても異なることはすでに指摘したとおりであり、こうした危機時の状況も含めて、さらなる研究の蓄積が求められるだろう。

1 予想されなかったコロナ禍の発生とESG投資

　2020年2月以降、コロナウイルスによる感染症対策により世界主要都市での都市ロックダウン、わが国においても緊急事態宣言発出（2020年4月7日）に伴う休業要請、移動制限などのために、経済活動が大きな制約を受けることとなった。こうした悪影響を見通して、同年3月には日経平均株価が急激に下落し、金融市場も大きな影響を受けた（一時期は年初比3割強下落）[1]。リーマンショック後の金融危機や東日本大震災後を超える規模の経済停滞をもたらしかねないとの指摘も一部では聞かれたことは記憶に新しい。このことはおそらく年初には世界のだれも予想していなかったリスクだろう。ちなみに、毎年、その年の世界市場にとっての10大リスクを発表して話題になっているユーラシア・グループによれば、2020年の10大リスクは、7位に気候変動があげられているが、世界的な感染症拡大のようなリスクはなかった[2]。また、毎年1月に開催されるダボス会議では、ESG的な世界である「ステークホルダーがつくる持続可能で結束した世界」がテーマとなり、最大のトピックは気候変動やサステナビリティに関するものであった。つまり、想定外の巨大リスクが発生したわけである。

　では、コロナ禍のなかでESG要素は徐々に注目を失っていくのかというと実はそうでもない。なぜならば、ESGのうちのSは社会に着目した項目であり、従業員の健康や労働環境、社会との適切な関係性の構築などは実はおおいに注目される対象だからである。これまでのESG投資はどちらかというとEやGの面が注目を集めていたが、コロナ禍やコロナ後の世界では社会や従業員との関係にどのようにかかわっていくか、すなわちESGのうちのSへの

1　日経平均終値では3月19日が最安値（16,552円）。もっとも株価はその後持ち直し、2020年6月時点では年初比1割減程度にまで回復。
2　Bremmer and Kupchan（2020）参照。これによれば2020年10大リスクは ①米大統領選挙の行方、②超大国間の技術分断、③米中関係、④頼りにならない多国籍企業、⑤モディ政権が推し進めるインドの変貌、⑥地政学的変動下にある欧州、⑦政治対気候変動の経済学、⑧シーア派の高揚、⑨不満が渦巻く中南米、⑩トルコ問題、であった。

取組みが重要なESG評価項目になっていくと予想される。従業員の感染リスク・健康にどれだけ配慮しているのか、解雇・給与減少への対応、職場のIT化推進による生産性向上など、ESG投資に際しても、その企業のSに注目した取組みの評価のウェイトが高まっていく可能性がある。国連PRI（責任投資原則）は2020年3月にコロナ禍をふまえ、責任のある投資家の行動を提言しており、従業員の抱える問題や危機に関連する問題に対するエンゲージメントなどが含まれる[3]。

　また、予想がされなかった巨大リスクであるという点では、まさに危機に直面したということであるから、ESG要素のもつリスク低減効果に着目することもできる。なぜESGに積極的な企業がリスク耐性を有するとされるのだろうか。比較的有名なものとしては、Freeman（2010）に代表的にみられるようなステークホルダーとの関係を重視したアプローチがある。第2章でも指摘したとおり、企業にとって、株主、負債提供者（銀行等）、従業員、地域社会、顧客などのステークホルダーの満足度がCSR活動等を通じて向上し、より効果的な契約関係の成立などを通じて、企業のさらなる成長やリスク低減効果に資し、これにより企業価値向上につながるとする見方である。ESG投資はサステナブルな社会を見据えた長期志向を有するものなので、短期的な株価下落（リスク）には反応せず（つまり売らない）、危機時における株価下落幅が相対的に小さいという可能性も考えられよう。

　そして、やはり第5章でも示したとおり、株式市場においては、ESG（またはCSR）に優れた企業が、危機時においてリスク耐性があることがいくつかの論文で指摘されている（Lins *et al.* 2017、呂・中嶋2016）。つまり、ESGに優れた企業は、コロナ禍に伴う金融市場の混乱に際しても、それなりのリスク耐性を有していた可能性があるわけである。

　特に、Lins *et al.*（2017）は *The Journal of Finance* という著名学術誌に掲載されたことからも非常に有名である。危機時以外の期間においてはESGファクターに株式リターンとの有意な関係性はみられないが、リーマン

3　PRI "How Responsible Investors Should Respond to the COVID-19 Coronavirus Crisis"（2020）.

ショック後の金融危機時においては、CSRで計測される高い社会資本（Social Capital）を有する企業（ここではMSCIのESGスコアで計測したもの）が、コントロール要因を考慮した後であっても、低いCSRの企業よりも相対的に高いリターンをあげた、すなわち相対的に下落程度が小さかったと指摘している。そして、この理由としては、CSRの高い企業は、高い生産性、従業員当り売上高、成長性を有しているためであると指摘している。

さらに、わが国における既存研究としても、第5章で既述のとおり、呂・中嶋（2016）は、MSCI ESG Ratingsの産業調整後スコアを用いて、わが国企業に関するESGと株価急落リスクの関係を検証している。この結果、ESGスコアの低い企業については株価急落リスクが高い傾向がみられる、逆にいえば、このような急落リスクを有するのはESGスコアが低い企業であると指摘する。

今回のコロナ禍においても同じような傾向がみられたのだろうかという疑問が、最大のリサーチ・クエスチョンである。そこで、本章では、コロナ禍における株価大幅下落期間を含む、いわゆるコロナショック時におけるESG投資のパフォーマンスを検証する。

2 ESG指数のパフォーマンス

まずGPIFが採用しているESG指数について、2019年末以降のパフォーマンスを確認してみたところ、図表8−1に示すとおり、明白に有意な差が生じているとまではいえない。それほど大きな差が生じているわけではないものの、TOPIXと同水準程度か若干上回る程度で推移しているともいえる。

この理由としてはいろいろ考えられるが、TOPIXのパフォーマンスを上回った指数の一例として、MSCIジャパン・ESGセレクト・リーダーズ指数（以下、MSCI ESG指数という）を取り上げる。まず、その構成銘柄、東証33業種でみた時価総額ウェイト、業種別のTOPIX（東証株価指数）対比の超過リターン（以下、超過リターンという）平均値（2019年12月末〜2020年3月末）

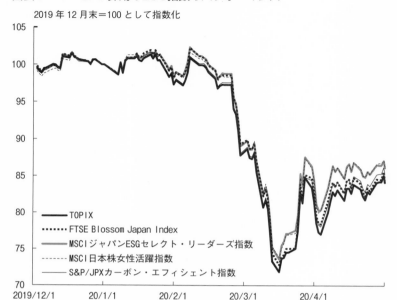

図表8－1　GPIF採用のESG指数のパフォーマンス

2019年12月末＝100として指数化

凡例:
— TOPIX
····· FTSE Blossom Japan Index
— MSCIジャパンESGセレクト・リーダーズ指数
--- MSCI日本株女性活躍指数
— S&P/JPXカーボン・エフィシェント指数

	TOPIX	FTSE Blossom Japan Index	MSCIジャパンESGセレクト・リーダーズ指数	MSCI日本株女性活躍指数	S＆P/JPXカーボン・エフィシェント指数
2020/ 1 /31	97.9	98.9	99.0	98.8	98.1
2020/ 2 /28	87.8	89.3	89.0	89.0	88.0
2020/ 3 /31	81.5	82.7	84.4	84.2	82.5
2020/ 4 /30	85.1	85.6	87.1	87.1	86.2

（注）　2019年12月末＝100として指数化したもの。
（出所）　Bloombergより筆者作成。

を集計したものが図表8－2である[4]。さらに、TOPIX構成銘柄とMSCI
ESG指数構成銘柄を業種別に比較して、時価総額ウェイトと超過リターンが
ともに上回るほう、すなわち超過リターンが高い業種のウェイトを高くして
いるほうの、時価総額ウェイトを合計したものを一番下の欄に示した。

4　MSCI ESG指数は、本来はその親指数（MSCIジャパンIMIトップ700指数：時価総額
　上位700銘柄）と比較することが適当であるが、わが国における一般的なパフォーマン
　ス比較であることをふまえ、比較対象（ベンチマーク）はTOPIXとした。

図表8－2　業種別の株式リターン（株式平均リターンが高い順）

業種コード	業種名（東証33業種）	TOPIX構成銘柄			MSCIジャパンESGセレクト・リーダーズ構成銘柄		
		企業数	時価総額ウェイト(%)	株式超過リターン平均値	企業数	時価総額ウェイト(%)	株式超過リターン平均値
3250	医薬品	38	6.1	11.12	14	8.0	10.30
3050	食料品	83	4.2	10.69	14	3.1	17.04
4050	電気・ガス業	22	1.7	9.22	6	1.6	18.48
3150	パルプ・紙	12	0.3	5.55	2	0.1	10.61
5200	倉庫・運輸関連業	24	0.2	5.33	0	0.0	―
50	水産・農林業	7	0.1	5.16	1	0.0	－0.72
5050	陸運業	43	4.4	3.80	19	7.0	5.14
3100	繊維製品	41	0.6	2.29	2	0.6	－5.12
6050	卸売業	174	4.6	1.10	9	0.9	7.50
2050	建設業	98	2.6	0.20	13	3.6	－0.94
3800	その他製品	53	1.8	－0.51	6	2.9	－2.99
3200	化学	146	6.9	－0.62	24	9.7	0.80
6100	小売業	200	6.1	－0.85	13	2.3	－0.58
7050	銀行業	82	5.6	－1.77	8	3.7	－8.55
5250	情報・通信業	220	11.2	－2.32	9	6.5	11.39
3750	精密機器	33	1.9	－2.63	3	0.6	－7.75
7150	保険業	9	2.1	－3.20	5	4.1	－6.09
3550	金属製品	41	0.6	－3.71	0	0.0	―
7100	証券・商品先物取引業	23	0.6	－4.19	1	0.0	－29.66
7200	その他金融業	27	1.2	－5.18	7	1.8	－7.80
3300	石油・石炭製品	9	0.5	－5.96	1	0.7	－7.16
3600	機械	142	4.6	－6.93	15	5.5	－3.60
5100	海運業	8	0.1	－7.19	2	0.3	－20.17
3650	電気機器	159	11.6	－7.33	30	17.9	－1.50
3400	ガラス・土石製品	33	0.8	－7.43	5	1.0	－8.80
3450	鉄鋼	31	0.9	－7.95	2	0.5	－9.99
3350	ゴム製品	11	0.7	－8.61	0	0.0	―
1050	鉱業	6	0.3	－8.62	1	0.5	－27.94
3500	非鉄金属	24	0.7	－10.29	3	0.5	－11.97
8050	不動産業	72	2.4	－10.63	6	2.6	－8.89
9050	サービス業	215	5.8	－11.40	13	5.5	－3.70
3700	輸送用機器	62	8.0	－12.11	4	8.7	－14.07
5150	空運業	3	0.5	－12.84	0	0.0	―
	全体	2,151	100.0	―	238	100.0	―
時価総額・株式超過リターン平均値のともに上回ったケース（太線で囲われた部分）の時価総額ウェイト合計値		9.8%			42.7%		

(注1)　2020年第1四半期（2019年12月末～2020年3月末）の期間における東証1部構成銘柄の東証33業種別の東証1部構成銘柄およびMSCIジャパン・ESGセレクト・リーダーズ構成銘柄（以下、MSCI ESG指数という）の企業数、ウェイト、株式超過リターン平均値（単純平均）を集計し、東証1部構成銘柄の株式超過リターン平均値が高い順から並べたもの。超過リターンは、TOPIX対比の超過リターンを示す。時価総額は2019年12月末時点のもの。

(注2)　MSCI ESG指数構成銘柄のうち東証1部構成銘柄以外（ジャスダック、REIT等）を除いて集計。

(注3)　東証1部とMSCI ESG指数で比較して、時価総額ウェイトが大きいほう、および平均リターンが高いほうに網掛け。

(出所)　Bloomberg、MSCI ESG指数のファクトシート・構成銘柄情報（MSCIウェブサイト）等より作成。

これをみると、MSCI ESG指数のほうは、超過リターンが高い業種のウェイトを高くしているケースが42％の時価総額ウェイトを占めている（TOPIX構成銘柄では９％）。つまり、業種別ウェイトを高くしつつ、かつ超過リターンもベンチマークを上回るようなかたちでの銘柄選択に成功した業種が相対的に多かったことを意味する。具体的には、MSCI ESG指数のほうが陸運業、化学、機械、電気機器などのウェイトが高いが、これらの業種ではいずれも業種平均の超過リターンがTOPIX構成銘柄平均よりも高かった（または下落幅が低かった）。MSCI ESG指数は、MSCIジャパンIMIトップ700指数のうち各業種内で相対的にMSCIにおけるESG評価の高い企業をその業種の時価総額50％をカバーするよう構築される指数である。つまり、業種を考慮して高ESGスコアの銘柄を選抜することで特定業種への偏りが少なくなるよう配慮している。MSCI ESG指数が、この期間においてTOPIXを若干であれ上回るパフォーマンスをあげた背景としては、一定程度はMSCIのESGスコアの評価が貢献した可能性も示唆される[5]。ただし、問題はこのESGスコアが、真のESG貢献度合いに基づくものなのか、あるいは株価パフォーマンスや業績が上がりそうな銘柄が選択された結果なのか、という点は判断のしようがない。

　なお、MSCI指数については、海外のいくつかのMSCI ESG指数[6]でもコロナ禍の期間でアウトパフォームしたと、MSCI自身のリサーチによって報告されている（MSCI 2020）。

5　MSCIジャパン・ESGセレクト・リーダーズ指数の説明については、MSCIウェブサイトの同指数のメソドロジーおよびファクトシートを参考とした。

6　具体的には2019年12月末〜2020年３月末の期間におけるMSCI ESG Universal Index、MSCI ESG Leaders、MSCI ACWI ESG Focus、MSCI ACWI SRIがそれぞれの親指数であるMSCI ACWIをアウトパフォームしたと報告している（MSCI 2020）。

ESGスコアの3分位（高・中・低評価）区分別の超過リターン

　次に、まさにコロナ禍による大幅株価下落時を含む2020年第1四半期（2019年12月末～2020年3月末）において、銘柄や業種による補正を行わないかたちで、ESGスコアを高・中・低評価の3分位に分けた区分別に、投資パフォーマンス（超過リターン）を確認した。使用したESGスコアは、Bloomberg端末およびFTSEから入手して使用可能であった図表8-3に示したスコアである（Bloomberg開示スコア、Sustainalytics、RobecoSAM、ISSスコア（ガバナンススコアのみ）、FTSEスコアの5スコア）[7]。

図表8-3　使用するESGスコア

	記　号	内　　容
Bloomberg	BLESGS	ESG開示スコア
	BLENV	環境情報開示スコア
	BLSOCS	社会情報開示スコア
	BLGOVS	ガバナンス情報開示スコア
Sustainalytics	SUSS	総合
	SUSENV	環境スコア
	SUSSOC	社会スコア
	SUSGOV	ガバナンススコア
RobecoSAM	ROBS	総合スコア
	ROBENV	環境スコア
	ROVSOC	社会スコア
	ROVECO	経済スコア
ISS	ISSQ	ISSクオリティ・スコア
FTSE	FTESGS	総合スコア
	FTENVS	環境スコア
	FTSOCS	社会スコア
	FTGOVS	ガバナンススコア

（注）　各スコアの説明・基本統計量は第3章（図表3-10）を参照（2019年データ）。
（出所）　Bloomberg、FTSE。

図表8－4は、各ESGスコアについてスコアの高いものから順に3分割し、第3分位（高ESGスコア区分）、第2分位（中ESGスコア区分）、第1分位（低ESGスコア区分）、全体平均の4つに分けて、その超過リターンの単純平均値を示したものである。仮にESG要素にリスク耐性があるのならば、高ESGスコア区分に属する銘柄群の平均超過リターンは、相対的にみて株価下落度合いが小さいはずである。結果をみると、比較的わかりやすいかたちで高ESGスコア区分の下落率が低いのが、RobecoSAMとISSスコア（ガバナンススコア）による区分である。特に、ISSスコアについては、高ESGスコア区分ではプラスのリターンをあげており、かなり明確である。他方で、その他ESGスコアでは、それほど明確な区別がつかないか、なかには高ESGスコア区分が相対的な下落率が高いケースもみられた。

　次に、リスク調整済超過リターンの平均値（超過リターンを標準偏差で除したものの平均値）をみたものが図表8－5である。これをみると、やはり比較的わかりやすいかたちで高ESGスコア区分（第3分位）の下落率が低いのが、RobecoSAMとISSスコアによる区分である。やはりISSスコアについては、高ESGスコア区分ではプラスのリターンをあげており、かなり明確である。他方で、BloombergやFTSEなどのESG情報開示を重視したスコアはほとんどESGスコア区分による差はないか、むしろ高ESGスコア区分の相対的な下落率が高いケースもみられた。

7　本来はMSCI指数も含めることが望ましかったが、MSCIスコアは購入に多額の費用がかかることから本章分析用としては使用できなかった。なお、FTSEからは、本研究を含むESG研究のために、ESGスコアの提供をいただき感謝申し上げる。

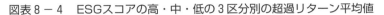

図表 8 － 4　ESGスコアの高・中・低の3区分別の超過リターン平均値

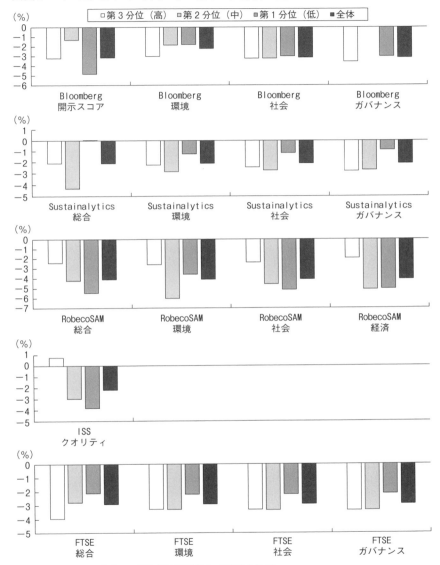

(注)　推計期間は2020年第1四半期（2019年12月末〜2020年3月末）。
(出所)　Bloomberg、FTSEデータより筆者計算。

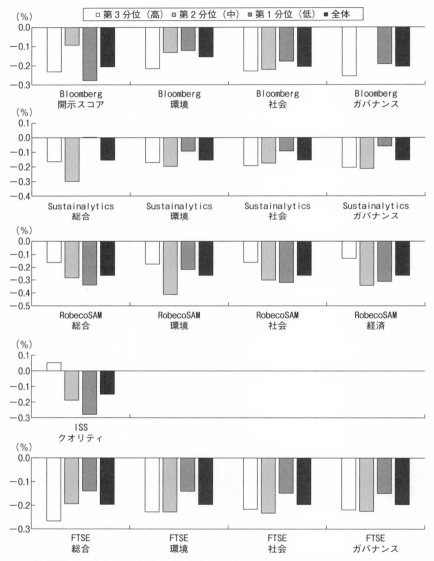

図表 8 − 5　ESGスコアの高・中・低の 3 区分別のリスク調整済超過リターン平均値

□ 第 3 分位（高）　▨ 第 2 分位（中）　▨ 第 1 分位（低）　■ 全体

（注）　推計期間は2020年第 1 四半期（2019年12月末〜2020年 3 月末）。リスク調整済リターンは、単純な投資リターンを標準偏差で割ったもの。
（出所）　Bloomberg、FTSEデータより筆者計算。

4 業種・銘柄要因等を考慮した後の超過リターン

4.1 推計の考え方と使用データ

　最後に、業種要因の影響や、企業規模や利益要因といった個別企業の要因をコントロール変数として調整した後の、ESGスコアの高低による投資パフォーマンスを検証する（2020年第1四半期（2019年12月末〜2020年3月末））（図表8−6）。

　モデルは、以下の2つの式のとおりであり、被説明変数はTOPIXに対する超過リターン（$ER_{i,t} - MR_{i,t}$）とする。また、ESG要因を示す説明変数として(1)式は、2019年12月末時点におけるESGスコア（$ESGfactor_{i,2019}$）を用い、Bloomberg端末から入手可能であった4スコア（Bloomberg開示スコア、Sustainalytics、RobecoSAM、ISSスコア（ガバナンススコアのみ））に、FTSEスコ

図表8−6　株式リターンとコントロール変数の記述統計（上）・相関係数行列（下）

〈記述統計〉

	記号	数	平均	中央値	標準偏差	最大値	最小値
超過リターン	SPRER	2,151	−2.97	−3.44	15.66	106.73	−49.90
株式単純リターン	SPR	2,151	−21.46	−21.94	15.66	88.24	−68.40
マーケットリターン	TPXR	2,154	−18.49	−18.49	0.00	−18.49	−18.49
総資産（対数）	TOTASETLN	2,154	11.58	11.33	1.88	19.56	7.43
自己資本比率	EQRATIO	2,154	0.52	0.54	0.21	0.97	0.00
ボラティリティ	VOLA	2,147	34.04	31.82	11.02	106.72	0.19
総資産利益率	ROA	2,149	4.33	3.92	5.96	35.52	−81.60

〈相関係数行列〉

	SPRER	SPR	TOTASETLN	EQRATIO	VOLA	ROA
SPRER	1.000					
SPR	1.000	1.000				
TOTASETLN	0.042	0.042	1.000			
EQRATIO	0.107	0.107	−0.441	1.000		
VOLA	−0.309	−0.309	−0.402	0.066	1.000	
ROA	−0.001	−0.001	−0.168	0.352	0.092	1.000

（注）　2019年データを使用。マーケットリターンはTOPIXリターンを示し、超過リターンは、株式単純リターンからTOPIXを差し引いたものとなる。

（出所）　Bloombergより作成。

アを加えた5スコアを使用する（図表8-3）。ここで、ESG要因の係数がプラスで有意ならば、高いESGスコアを有する企業の超過リターンが有意に高いことを示唆する。

　また、(2)式は、さらに各ESGスコアについて、評価値を上位・中位・下位の3分割を行い、上位の場合に1、低位の場合の1とするダミー変数（$ESGdum3_{i,2019}$、$ESGdumi1_{i,2019}$）を説明変数にする。すなわち、これらのダミー変数の係数 β_1 有意でプラス、β_2 が有意でマイナスであれば、より高ESGスコア区分に属する銘柄群の超過リターンが有意に高いことを示唆する。

　コントロール変数としては、湯山・白須・森平（2019）を参考に、総資産（対数）、自己資本比率、ボラティリティ、ROA（総資産利益率）を用いることとし、いずれも2019年末時点で使用できるデータ（2019年3月末等）を用いる[8]。業種の影響も考慮するための業種ダミーとしては、東証33業種のダミー変数を用いた。推計期間は2020年第1四半期（2019年12月末～2020年3月末）であり、期間は1期間のみであるから t は1であり、パネルデータにはならない[9]。

$$ER_{i,t} - MR_{i,t} = a_1 + \beta_1 ESGfactor_{i,2019} + \beta_2 Cont_{i,2019} \\ + \beta_3 D_{Indus,t} + u_{i,t} \tag{1}$$

$$ER_{i,t} - MR_{i,t} = a_1 + \beta_1 ESGdum3_{i,2019} + \beta_2 ESGdum1_{i,2019} \\ + \beta_{3,i} Cont_{i,2019} + \beta_{4,Indus} D_{Indus,t} + u_{i,t} \tag{2}$$

4.2　推計結果

　(1)式の推計結果をみると（図表8-7）、ESGファクターが、有意にプラス

8　湯山・白須・森平（2019）では、リスク指標としてボラティリティではなくベータを用いたが、本章では2019年1年間（2019年12月31日時点の過去360日ボラティリティ）を用いた。基本的に、ベータもボラティリティも同様の傾向を示すものであり変わりはない。

9　推計方法はOLSを用いたが、誤差項の分散不均一性を考慮してHuber-Whiteによるロバスト回帰で推計した。

図表 8 － 7　推計結果　(ESGファクターを説明変数として含む推計式(1))

		ESGスコア	TOTASSETLN	EQRATIO	VOLA	ROA	Constant	Obs	R-sqrd
Bloomberg	BLESGS	-0.070* (0.085)	-0.257 (0.417)	9.374*** (0.000)	-0.411*** (0.000)	-0.023 (0.701)	-2.938 (0.507)	1,891	0.216
	BLENV	-0.045 (0.122)	-0.591* (0.091)	9.509*** (0.000)	-0.431*** (0.000)	-0.078 (0.544)	-0.128 (0.980)	1,324	0.248
	BLSOC	-0.067* (0.053)	-0.327 (0.238)	9.225*** (0.000)	-0.411*** (0.000)	-0.021 (0.725)	-2.573 (0.552)	1,891	0.216
	BLGOV	-0.145* (0.098)	-0.360 (0.211)	9.337*** (0.000)	-0.410*** (0.000)	-0.023 (0.709)	3.697 (0.463)	1,890	0.215
Sustainalytics	SUSS	0.037 (0.221)	0.220 (0.778)	16.275*** (0.006)	-0.164 (0.231)	0.166 (0.479)	-59.261*** (0.000)	343	0.365
	SUSENV	0.032 (0.312)	0.269 (0.729)	16.079*** (0.007)	-0.175 (0.199)	0.179 (0.440)	-59.043*** (0.000)	343	0.364
	SUSSOC	0.041 (0.125)	0.181 (0.813)	16.380*** (0.006)	-0.169 (0.213)	0.155 (0.508)	-58.536*** (0.000)	343	0.366
	SUSGOV	0.013 (0.664)	0.476 (0.529)	15.880*** (0.008)	-0.176 (0.200)	0.191 (0.413)	-60.124*** (0.000)	343	0.362
RobecoSAM	ROBS	0.024 (0.275)	0.004 (0.995)	12.739*** (0.000)	-0.351*** (0.000)	0.124 (0.146)	-13.777 (0.138)	794	0.261
	ROBENV	0.012 (0.584)	0.160 (0.773)	12.750*** (0.000)	-0.348*** (0.000)	0.126 (0.143)	-15.741* (0.086)	794	0.261
	ROVSOC	0.026 (0.249)	-0.007 (0.991)	12.719*** (0.000)	-0.351*** (0.000)	0.124 (0.147)	-13.668 (0.141)	794	0.261
	ROVECON	0.017 (0.416)	0.113 (0.833)	12.807*** (0.000)	-0.350*** (0.000)	0.124 (0.146)	-15.064* (0.094)	794	0.261
ISS クオリティ	ISSQ	0.485* (0.054)	0.501 (0.501)	14.882*** (0.005)	-0.250** (0.040)	0.018 (0.930)	-30.442** (0.020)	439	0.291
FTSE	FTESGS	-0.849 (0.108)	0.157 (0.709)	12.171*** (0.000)	-0.414*** (0.000)	0.072 (0.406)	-10.837* (0.092)	1,267	0.270
	FTENVS	-0.456 (0.268)	0.070 (0.873)	12.116*** (0.000)	-0.416*** (0.000)	0.070 (0.423)	-10.420 (0.119)	1,267	0.269
	FTSOCS	-0.354 (0.427)	-0.009 (0.984)	12.049*** (0.000)	-0.414*** (0.000)	0.070 (0.425)	-9.670 (0.145)	1,267	0.269
	FTGOVS	-0.898* (0.069)	-0.036 (0.920)	12.124*** (0.000)	-0.412*** (0.000)	0.065 (0.455)	-7.731 (0.206)	1,267	0.270

(注1)　被説明変数は株式超過リターン、説明変数はESGスコア (実際に使用したESGスコアが最左列)、総資産対数 (TOTASSETLN)、自己資本比率 (EQRATIO)、ボラティリティ (VOLA)、総資産利益率 (ROA) である。推計方法はOLSであるが、誤差項の分散不均一性を考慮してHuber-Whiteによるロバスト回帰で推計している。

(注2)　カッコ内はP値を示し、*** p<0.01、** p<0.05、* p<0.1を示す。網掛けは、符号条件が合致 (すなわち、株価リターンにはプラスに有意) して有意であった項目を示す。
(出所)　筆者計算。

に寄与したのはISSスコアだけであり、その他のESGスコアについては有意な結果は得られなかった。ISSスコアは、ガバナンススコアであることから、ISSの評価するガバナンススコアでは危機時の株価リスクに対してプラスの耐性を有していることが示唆される。もっとも、Bloomberg開示スコアとFTSEスコアのガバナンススコアではマイナスで有意となっており、一概にガバナンススコアが有効であるということもいえない。もっとも、Bloomberg開示スコアとFTSEスコアがディスクロージャーを重視したスコアであることを勘案すれば、ガバナンス関連の開示が多いほど逆に危機時の株価にはマイナスになっている可能性も考えられる。他方でISSスコアは、ISSが議決権行使助言などで有名であることから推察しても、ISSスコアが低い企業は、株価が低迷していて問題が多い会社であり、議決権行使などのエンゲージメントがより必要と助言される会社である可能性も考えられる。こうなると、スコアと株価の間で、どちらの因果関係を考えればよいかわからなくなり、まさにトートロジーに陥りかねない。

　また、ESGスコアの評価値の３分位ダミー変数を用いたモデル（(2)式）の結果をみると（図表8－8）、ISSスコアについては、符号条件が、高評価区分がプラス、低評価区分がマイナスで合致していたが、有意な値ではなかった。このほかに、SustainalyticsとRobecoSAMの総合・環境スコアで高ESGスコア区分がプラスで有意であったが、そのほかは有意な値は得られなかった。

　このことは、ESGスコアと危機時の株価リターンの関係は、ESGスコアによってバラバラであることも示唆するものであり、ESGへの取組みと危機時におけるリスク耐性の関係については一概には判断しがたい。

　なお、コントロール変数は、多くの推計式でボラティリティがマイナスで有意であり、このほかに自己資本比率がプラスで有意であった。ボラティリティは、リスクを示すものと考えられることから、リスクが高い銘柄の下落幅が大きく、自己資本比率も、低いほど債務超過リスクが高まるので株価にはマイナスに働くものと考えられ、理論的に整合的であると考えられる。危機時には、このような財務的なリスク指標が重視される傾向にあり、総資産

図表 8－8　推計結果（ESGスコアの3分位ダミー変数（高評価区分、低評価区分）を説明変数として含む推計式(2)）

		ESGダミー－3 (第3分位：高評価区分)	ESGダミー－1 (第1分位：低評価区分)	TOTAS-SETLN	EQRATIO	VOLA	ROA	Constant	Obs	R-sqrd
Bloomberg	BLESGS	-2.512*** (0.003)	-1.688* (0.051)	-0.361 (0.197)	9.172*** (0.000)	-0.402*** (0.000)	-0.021 (0.722)	16.721*** (0.000)	1,891	0.218
	BLENV	-1.257 (0.194)	0.612 (0.494)	-0.603* (0.065)	9.532*** (0.000)	-0.431*** (0.000)	-0.081 (0.529)	17.988*** (0.001)	1,324	0.248
	BLSOC	-0.640 (0.419)	0.819 (0.325)	-0.400 (0.125)	9.189*** (0.000)	-0.412*** (0.000)	-0.023 (0.706)	15.434*** (0.000)	1,891	0.216
	BLGOV	-1.536* (0.066)	—	-0.358 (0.197)	9.323*** (0.000)	-0.410*** (0.000)	-0.022 (0.713)	15.667*** (0.000)	1,890	0.216
Sustainalytics	SUSS	4.307** (0.017)	3.434* (0.057)	0.384 (0.614)	17.699*** (0.003)	-0.168 (0.214)	0.152 (0.527)	-44.831*** (0.006)	343	0.377
	SUSENV	3.312** (0.049)	1.450 (0.416)	0.280 (0.715)	16.497*** (0.005)	-0.189 (0.168)	0.152 (0.521)	-40.741** (0.012)	343	0.369
	SUSSOC	0.478 (0.790)	-0.918 (0.617)	0.344 (0.655)	15.882*** (0.007)	-0.179 (0.190)	0.174 (0.456)	-38.837*** (0.017)	343	0.363
	SUSGOV	1.592 (0.348)	2.786 (0.103)	0.675 (0.377)	16.158*** (0.007)	-0.208 (0.123)	0.205 (0.372)	44.322*** (0.007)	343	0.368
RobecoSAM	ROBS	2.726* (0.058)	2.688* (0.052)	0.161 (0.766)	12.911*** (0.000)	-0.364*** (0.000)	0.118 (0.162)	1.946 (0.828)	794	0.266
	ROBENV	2.656** (0.045)	3.667*** (0.006)	0.261 (0.622)	12.990*** (0.000)	-0.355*** (0.000)	0.113 (0.181)	-1.598 (0.858)	794	0.269
	ROVSOC	1.840 (0.193)	0.851 (0.516)	0.086 (0.882)	12.880*** (0.000)	-0.350*** (0.000)	0.127 (0.138)	2.983 (0.756)	794	0.262
	ROVECON	1.218 (0.365)	2.485* (0.057)	0.397 (0.448)	13.278*** (0.000)	-0.356*** (0.000)	0.117 (0.166)	-0.922 (0.916)	794	0.264
ISS クオリティ	ISSQ	2.373 (0.172)	-1.473 (0.379)	0.515 (0.481)	15.028*** (0.005)	-0.239* (0.049)	0.016 (0.939)	-9.568 (0.439)	439	0.293
FTSE	FTESGS	-1.583 (0.118)	0.439 (0.643)	0.136 (0.734)	12.064*** (0.000)	-0.415*** (0.000)	0.071 (0.410)	6.774 (0.305)	1,267	0.271
	FTENVS	-0.028 (0.978)	0.708 (0.475)	-0.098 (0.814)	12.023*** (0.000)	-0.415*** (0.000)	0.067 (0.442)	9.241 (0.165)	1,267	0.269
	FTSOCS	-0.242 (0.810)	0.596 (0.529)	-0.067 (0.870)	11.963*** (0.000)	-0.413*** (0.000)	0.069 (0.431)	8.971 (0.173)	1,267	0.269
	FTGOVS	-0.386 (0.704)	1.066 (0.220)	-0.082 (0.826)	12.006*** (0.000)	-0.414*** (0.000)	0.065 (0.156)	8.876 (0.156)	1,267	0.270

(注1)　被説明変数は株式超過リターン、説明変数はESGスコアダミー－3（第3分位・高評価区分）、ESGスコアダミー－1（第1分位・低評価区分）、総資産対数（TOTASSETLN）、自己資本比率（EQRATIO）、ボラティリティ（VOLA）、総資産利益率（ROA）である。なお、実際に使用したESGスコアが最左列。推計方法はOLSであるが、誤差項の分散不均一性を考慮してHuber-Whiteによるロバスト回帰により推計している。
(注2)　カッコ内はP値を示し、*** p<0.01、** p<0.05、* p<0.1を示す。網掛けは、符号条件が合致（すなわち、株価リターンにはプラスに有意）して有意であった項目を示す。
(出所)　筆者計算。

（規模）とROAはほとんど有意なものはなく、コロナ禍のような危機時にはそれほど重視されないことが示唆される。

5 ## おわりに

　本章では、ESGに積極的に取り組み、高ESG評価を得ている銘柄は、危機時のリスク耐性が強いという先行研究（Lins *et al.* 2017ほか）や、ESG投資はサステナブルな社会を見据えた長期志向を有するものなので、短期的な株価下落（リスク）には反応せず（つまり売らない）、危機時における株価下落幅が相対的に小さいという可能性、さらにはESGへの取組みは、企業にとって、株主、負債提供者（銀行等）、従業員、地域社会、顧客などのステークホルダーとの関係性向上を通じて、より効果的な契約関係の成立などを通じて、企業のさらなる成長やリスク低減効果に資するとの見方（Freeman 2010等）などを背景に、コロナ禍における株価大幅下落期間を含む、いわゆるコロナショック時におけるESG投資のパフォーマンスを確認した。

　結果は、①ESG指数のパフォーマンス、②ESGスコアの３分位（高・中・低評価）区分における超過リターン、③業種や銘柄特性などを調整した後の超過リターン、のいずれでみても、結局は投資パフォーマンスとの関係は、ESGスコアによってまちまちであった。ESGスコアの評価に関するコンセンサスがなく、どのスコアがESGの度合いを的確に示しているかが定かではないなかでは、評価を行いづらいが、いずれにせよESGスコアによって株式リターンとの関係もまちまちであることはあらためて示唆された。

　ESGスコアの特徴でみると、少なくともコロナ禍の期間（2020年第１四半期）においては、ISSスコアやRobecoSAMのスコアについては、高い評価を得ている銘柄の超過リターンは有意に高いケースがいくつか確認できた。また、GPIFの採用したESG指数の単純パフォーマンスをみるとMSCIスコアをもとにした指数がいくぶんだけ単純なパフォーマンスは高かった。ただし、いずれも、すべてのケースというわけでもないことから、頑健性が十分に高

いとはいえない。さらに、ほとんどESGスコアと株式超過リターンとは関係がみられないというケースも多くみられた。

　総括すると、一部のESGスコアについては、業種・銘柄特性を補正した後であっても、たしかに高い評価に属する銘柄群の下落率は、相対的に小さいといえるが、すべてのESGスコアにおいていえるわけではなかった。ESGスコアに統一性がみられないことからすると、ある意味で当然の結果であるといえるが、ではその一部のESGスコアはどういうスコアだったのか、なぜリスク耐性があったのか、そのESGスコアがもつ特徴をより掘り下げてみていくことが今後の課題として残される。

　ESG投資は、本来的には長期的な効果を目指したものであり、より長期的な観点から、経済的価値と両立する投資となっているかを検証していくことが課題であろう。ESG投資のパフォーマンスについては、時期や対象銘柄、推計方法によっても異なることは本書でも指摘しているとおりであり、こうした危機時の状況も含めて、さらなる研究の蓄積が求められる。いずれにせよ、単純に、ESG投資だからといって、必然的に高いパフォーマンスを生む、あるいはリスク耐性を有することは考えにくい。むろん、だからといって、ESG投資が重要でないわけではない。特に、「ベータの向上」として、エンゲージメント（対話、働きかけ）を通じて、長期的な視野で市場全体のリターンを向上させることは、上場企業すべてが投資対象となるユニバーサル・オーナーにとって有効な方法であり、社会的にも意義があるといえる。さらに、SDGsに代表されるような持続的な社会への方向性を考えれば、むしろ、さらに進化を遂げていくべきものともいえるかもしれない。ESG投資がさらに進化し、長期的な観点から、地球が抱えるさまざまな課題やSociety 5.0 を担う課題解決イノベーションにも貢献し、長期的な観点からESG課題の解決と経済的価値が両立するものとなっていくことでもって、金融面からSDGsにも貢献していくことが期待される[10]。

10　ESG投資の進化という観点から、東京大学は、経団連・GPIFと共同研究を行い、「ESG投資の進化、Society 5.0の実現、そしてSDGsの達成へ」とする報告書を公表し、アクションプランに合意した（経団連・東京大学・GPIF 2020）。

参考文献

浅野礼美子、佐々木隆文「社会的責任投資（SRI）ファンドのパフォーマンスに関する実証研究」『証券アナリストジャーナル』49(5)：29-38、日本証券アナリスト協会、2011年

有吉尚哉、三本俊介「ESG投資と受託者責任」西村あさひ法律事務所金融ニュースレター、2019年9月30日号

池尾和人「金融危機と市場型金融の将来」『フィナンシャル・レビュー』平成22年第3号（通巻第101号）、財務省財務総合政策研究所、2010年

伊藤正晴「ESGファクターと株式リターンとの関係」『証券アナリストジャーナル』54(7)：39-48、日本証券アナリスト協会、2016年

伊藤桂一「ESG評価と株価」、（加藤康之編『ESG投資の研究　理論と実践の最前線』内第2章所収）、一灯舎、2018年

伊藤友則「ESG投資と企業価値：CSR to CSVの観点から」『証券アナリストジャーナル』56(1)：18-29、日本証券アナリスト協会、2018年

岩村充『企業金融講義』東洋経済新報社、2005年

岩村充『コーポレートファイナンス―CFOを志す人のために』中央経済社、2013年

ESG検討会「持続可能性を巡る課題を考慮した投資に関する検討会（ESG検討会）報告書」環境省、2017年

ESG金融懇談会「ESG　金融懇談会提言～ESG金融大国を目指して～」環境省、2018年

内田交謹「取締役会構成変化の決定要因と企業パフォーマンスへの影響」『旬刊　商事法務』No.1874：15-22、商事法務研究会、2009年

江川雅子「現代コーポレートガバナンス　戦略・制度・市場」日本経済新聞出版社、2018年

太田珠美「拡大するESG投資の評価項目　気候変動への対応に加え、新型コロナウイルスへの対応も」大和総研、2020年

小方信幸『社会的責任投資の投資哲学とパフォーマンス―ESG投資の本質を歴史からたどる―』同文舘出版、2016年

岡本卓万、渡邊清香「ESGインテグレーションの現在」三菱UFJ信託銀行、2019年

翁百合「ESG推進と金融システムの役割―間接金融にも求められるSDGsの視点―」『Viewpoint』No.2018-006、日本総合研究所、2018年

小野傑「「顧客本位の業務運営」原則」公法と私法の接点」（神作裕之・小野傑・湯山智教編著『金融資本市場のフロンティア』内第10章所収）、中央経済社、2019年

カーボントラッカー・東京大学未来ビジョン研究センター・CDP「日本における石炭火力発電の座礁資産リスク」報告書、2019年10月

柿沼英理子「社会的インパクト投資シリーズ②インパクト評価をどのように行うか―実施の流れと共通指標を活用した評価事例の紹介―」大和総研、2020年

梶原真紀「「債券投資へのESG要素の統合」研究報告書の概要〜世界銀行グループ・GPIF共同研究報告書」『資本市場リサーチ』2018年春季Vol.48、みずほ証券株式会社・日本投資環境研究所

加藤康之編『ESG投資の研究　理論と実践の最前線』一灯舎、2018年

加藤康之「ESG投資とパフォーマンス評価」『証券アナリストジャーナル』58(4)：47-51、日本証券アナリスト協会、2020年

神作裕之編『フィデューシャリー・デューティーと利益相反』岩波書店、2019年

神作裕之、大崎貞和、小野傑、湯山智教「イノベーションとベンチャーファイナンスの現状と課題―年金基金等の機関投資家参入、規模拡大、非上場株式市場のビジネスモデル多様化などが望まれる―」『月刊資本市場』2019年10月号、資本市場研究会

神作裕之、大崎貞和、小野傑、湯山智教「フィデュシャリー・デューティーとESG投資」『月刊資本市場』2020年5月号、資本市場研究会

経済産業省「価値協創のための統合的開示・対話ガイダンス―ESG・非財務情報と無形資産投資―（価値協創ガイダンス）」（2017年5月29日）

経団連、東京大学、GPIF共同研究報告書「ESG投資の進化、Society 5.0の実現、そしてSDGsの達成へ」2020年3月

小出篤「フィデューシャリー・デューティーの観点からみたESG投資」（2020年）（東京大学公共政策大学院「第6回金融資本市場のあり方に関する産官学フォーラム（2020年2月28日）」における報告資料・議事概要内所収）、東京大学公共政策大学院「資本市場と公共政策（みずほ証券寄付講座）」ウェブサイト内（http://www.pp.u-tokyo.ac.jp/CMPP/forum/2020-02-28/）最終閲覧日2020年6月5日）

齋藤卓爾「日本企業による社外取締役の導入の決定要因とその効果」（宮島英昭編著『日本の企業統治：その再設計と競争力の回復に向けて』内所収）、東洋経済新報社、2011年

齋藤卓爾「取締役会に関する実証分析　会社法改正（平成27年）・コーポレートガバナンス・コードの影響」平成29年9月6日　法制審議会会社法制（企業統治等関係）部会第5回会議、2017年

GPIF「2018年度ESG活動報告」2019年

渋沢栄一、（守屋淳訳）『現代語訳 論語と算盤』ちくま新書、2010年

渋澤健『SDGs投資 資産運用しながら社会貢献』あさひ選書、2020年

島貫まどか、山田裕章「スチュワードシップ・コード再改訂の概要」『月刊資本市

場』2020年5月号、資本市場研究会

白須洋子「SRI関連株の中長期パフォーマンスの特徴について」『証券アナリスト
　　ジャーナル』49(5)：19-28、日本証券アナリスト協会、2011年

首藤惠、竹原均「企業の社会的責任とコーポレートガバナンス」Waseda Univer-
　　sity Institute of Finance Working Paper series、WIF-07-006、早稲田大学、
　　2007年

世界銀行、GPIF「債券投資への環境・社会・ガバナンス（ESG）要素の統合」世
　　界銀行グループ、2018年（Inderst, Georg, and Fiona Stewart. "Incorporating
　　Environmental, Social and Governance Factors into Fixed Income Investment."
　　The World Bank Group（2018）.）

東京大学公共政策大学院「第6回金融資本市場のあり方に関する産官学フォーラム
　　（2020年2月28日）」（テーマ：ESG投資とフィデューシャリー・デューティー）
　　における報告資料・議事概要（東京大学公共政策大学院「資本市場と公共政策
　　（みずほ証券寄付講座）」ウェブサイト内所収（http://www.pp.u-tokyo.ac.jp/
　　CMPP/forum/2020-02-28/）最終閲覧日2020年6月5日）

日興リサーチセンター「平成27年度　資本市場における女性活躍状況の見える化と
　　女性活躍情報を中心とした非財務情報の投資における活用状況に関する調査」報
　　告書、内閣府男女共同参画局平成27年度事業報告書、2016年

ニッセイアセットマネジメント「ESGに関する情報開示についての調査研究」
　　GPIF委託調査研究、2019年

ニッセイアセットマネジメント「上場株式投資におけるインパクト投資活動に関す
　　る調査 報告書」金融庁委託調査、2020年

日本サステナブル投資フォーラム「日本サステナブル投資白書2017」（2018年3月
　　31日発行）

日本サステナブル投資フォーラム「サステナブル投資残高調査2018」（2019年3月
　　31日発行）

日本サステナブル投資フォーラム「サステナブル投資残高調査2019」（2020年3月
　　31日発行）

日本証券アナリスト協会（企業価値分析におけるESG要因研究会）「企業価値分析
　　におけるESG要因」2010年

日本証券アナリスト協会編『新・証券投資論 理論篇』日本経済新聞社、2009年

年金シニアプラン総合研究機構「年金資金によるESG投資に対する一般国民の意識
　　に関する調査研究」2018年

林寿和「ユニバーサル・オーナーシップ理論の展開と課題」（北川哲雄編著『ガバ
　　ナンス革命の新たなロードマップ』内第8章所収）、東洋経済新報社、2017年

林寿和「多様化するESG情報開示基準等の果たす役割と課題〜GRI・IIRC・

SASB・TCFDの比較分析を通じて〜」『月刊資本市場』2019年7月号、資本市場研究会

樋口範雄、神作裕之編『現代の信託法』弘文社、2018年

藤田勉『日本企業のためのコーポレートガバナンス講座』東洋経済新報社、2015年

又吉由香「投資家によるESG評価機関の評価〜ESG投資のエコシステムの現況とESG評価に潜む課題〜」『資本市場リサーチ』2020年春季vol.55、みずほ証券・日本投資環境研究所

マルキール、バートン著（井手正介訳）『ウォール街のランダム・ウォーカー（原著第12版）株式投資の不滅の真理』日本経済新聞出版社、2019年

水口剛「ESG通信：個人向けESG投資の時代」2018年10月5日、QUICK ESG研究所

水口剛(a)「ESG通信：企業価値からサステナビリティ選好へ—ESG投資の新しい論理」2019年4月17日、QUICK ESG研究所

水口剛(b)「気候変動とESG投資」『証券アナリストジャーナル』57(4)：6-15、日本証券アナリスト協会、2019年

三菱UFJリサーチコンサルティング「ESG格付け方法論の事例　環境サステナブル企業評価検討会（第1回）」2019年

宮井博「ESGファクターのパフォーマンス効果研究サーベイ」『NFI リサーチレビュー』2008年5月号

宮井博、菊池俊博、白須洋子「わが国企業の社会的パフォーマンスと財務パフォーマンスの関係分析に基づくESG投資の検討」（『サステイナブル投資と年金—持続可能な経済社会とこれからの年金運用—』内第3章所収）、年金シニアプラン総合研究機構、2014年

宮島英昭・新田敬祐「日本型取締役会の多元的進化：その決定要因とパフォーマンス効果」早稲田大学ファイナンス研究所ワーキング・ペーパー、WIF-06-003、2006年

宮島英昭・小川亮「日本企業の取締役会構成の変化をいかに理解するか？：取締役会構成の決定要因と社外取締役の導入効果」RIETI Policy Discussion Paper Series 12-P-013、経済産業研究所、2012年

宮島英昭編『企業統治と成長戦略』東洋経済新報社、2017年

物江陽子「ESG 投資と受託者責任　米英における議論と日本への示唆」大和総研、2017年

森平爽一郎、伊藤晴祥、小林弘樹「持続可能な開発目標推進企業の株価に連動する世銀債の価値分析」『リアルオプションと戦略』10(1)：29-41、日本リアルオプション学会、2018年

森平爽一郎　「信用リスクモデリング：測定と管理」朝倉書店、2009年

山田剛志「格付会社への規制」金融商品取引法研究会研究記録第36号、日本証券経済研究所、2012年

湯山智教「ESG投資のパフォーマンス評価を巡る現状と課題」『資本市場リサーチ』2019年冬季vol.50、みずほ証券・日本投資環境研究所（東京大学公共政策大学院ワーキングペーパーシリーズ GraSPP-DP-J-19-001としても所収）

湯山智教、白須洋子、森平爽一郎「ESG開示スコアと投資パフォーマンス」『証券アナリストジャーナル』57⑽：72-83、日本証券アナリスト協会、2019年

湯山智教、白須洋子、森平爽一郎「ESGスコアに関する実証分析」青山学院大学経済学部経済研究所ワーキングペーパー第13号2020-4、2020年（日本経営財務研究学会（2019年9月）、日本金融学会（同年10月）、一橋大学金融研究会（同年10月）報告論文）

湯山智教、伊藤晴祥、森平爽一郎「ESG投資と信用格付」日本ファイナンス学会・日本保険年金リスク学会（2019年6月・11月）、一橋大学金融研究会（2019年10月）報告論文

湯山智教⒜「ESG投資と受託者責任を巡る議論と論点」『ディスクロージャー＆IR』2020年2月号、vol.12、78〜89頁、ディスクロージャー＆IR総合研究所

湯山智教⒝「ESG投資と受託者責任」日本金融学会2020年春季大会（中央大学、2020年5月（※大会は開催されずメール等により報告・討論で代替）報告論文

呂潔、中嶋幹「ESGと株価急落リスク」『証券アナリストジャーナル』54⑺：26-38、日本証券アナリスト協会、2016年

Adams, Renée B., and Daniel Ferreira. "A Theory of Friendly Boards." The *Journal of Finance* 62.1（2007）：217-250.

Agrawal, Anirudh, and Kai Hockerts. "Impact Investing：Review and Research Agenda." *Journal of Small Business and Entrepreneurship*, 2019.

Amel-Zadeh, Amir, and George Serafeim. "Why and How Investors Use ESG Information：Evidence from a Global Survey." *Financial Analysts Journal* 74.3（2018）：87-103.

Amiraslani, Hami, Karl V. Lins, Henri Servaes, and Ane Tamayo. "The Bond Market Benefits of Corporate Social Capital." ECGI Finance Working Paper Series in Finance N535/2017（2018）.

Attig, Najah, Sadok El Ghoul, and Omrane Guedhami. "Corporate Social Responsibility and Credit Ratings." *Journal of Business Ethics* 117.4（2013）：679-694.

Auer, Benjamin R., and Frank Schuhmacher. "Do Socially（ir）Responsible Investments Pay? New Evidence from International ESG Data." *The Quarterly Review of Economics and Finance* 59（2016）：51-62.

Barclays. "Sustainable Investing and Bond Returns：Research Study into the

Impact of ESG on Credit Portfolio Performance." (2016).

Barillas, Francisco, and Jay Shanken. "Comparing Asset Pricing Models." *The Journal of Finance* 73.2 (2018) : 715-754.

Bauer, Rob, Jeroen Derwall, and Daniel Hann. "Employee Relations and Credit Risk." (2009).
Available at SSRN : https://ssrn.com/abstract=1483112.

Bauer, Rob, and Daniel Hann. "Corporate Environmental Management and Credit Risk." (2010).
Available at SSRN : https://ssrn.com/abstract=1660470.

Bauer, Rob, Tobias Ruof, and Paul Smeets. "Get Real! Individuals Prefer More Sustainable Investments" (February 21, 2019).
Available at SSRN : https://ssrn.com/abstract=3287430.

Bénabou, Roland, and Jean Tirole. "Individual and Corporate Social Responsibility." *Economica* 77.305 (2010) : 1-19.

Berg, Florian, Julian F. Koelbel, and Roberto Rigobon. "Aggregate Confusion : The Divergence of ESG Ratings." MIT Sloan Research Paper No.5822-19(2019).

Berwart, Erik, Massimo Guidolin, and Andreas Milidonis. "An Empirical Analysis of Changes in the Relative Timeliness of Issuer-paid vs. Investor-paid Ratings." *Journal of Corporate Finance* 59 (2019) : 88-118.

Birindelli, Giuliana, Paola Ferretti, Mariantonietta Intonti, and Antonia Patrizia Iannuzzi. "On the Drivers of Corporate Social Responsibility in Banks : Evidence from an Ethical Rating Model." *Journal of Management & Governance* 19.2 (2015) : 303-340.

Bremmer, Ian, and Cliff Kupchan. "Top Risks 2020." EurasiaGroup (2020).

Cantino, Valter, Alain Devalle, and Simona Fiandrino. "ESG Sustainability and Financial Capital Structure : Where They Stand Nowadays." *International Journal of Business and Social Science* 8.5 (2017) : 116-126.

Carhart, Mark M. "On Persistence in Mutual Fund Performance." *The Journal of Finance* 52.1 (1997) : 57-82.

Chang, Ta-Cheng, Yun-Chia Yan, and Li-Chuan Chou. "Is Default Probability Associated with Corporate Social Responsibility?" *Asia-Pacific Journal of Accounting & Economics* 20.4 (2013) : 457-472.

Chatterji, Aaron K., David I. Levine, and Michael W. Toffel. "How Well Do Social Ratings Actually Measure Corporate Social Responsibility?" *Journal of Economics and Management Strategy* 18.1 (2009) : 125-169.

Chatterji, Aaron K., Rodolphe Durand, David I. Levine, and Samuel Touboul. "Do

Ratings of Firms Converge? Implications for Managers, Investors and Strategy Researchers." *Strategic Management Journal* 37.8 (2016): 1597-1614.

Chen, Huafeng, Marcin Kacperczyk, and Hernán Ortiz-Molina. "Do Nonfinancial Stakeholders Affect the Pricing of Risky Debt? Evidence from Unionized Workers." *Review of Finance* 16.2 (2012): 347-383.

Cheng, Beiting, Ioannis Ioannou, and George Serafeim. "Corporate Social Responsibility and Access to Finance." *Strategic Management Journal* 35.1 (2014): 1-23.

Cho, Seong Y., Cheol Lee, and Ray J. Pfeiffer Jr. "Corporate Social Responsibility Performance and Information Asymmetry." *Journal of Accounting and Public Policy* 32.1 (2013): 71-83.

Clark, Gordon L., and Michael Viehs. "The Implications of Corporate Social Responsibility for Investors: An Overview and Evaluation of the Existing CSR Literature." (2014).
Available at SSRN: https://ssrn.com/abstract=2481877

Clarkson, Peter M., Xiaohua Fang, Yue Li, and Gordon Richardson. "The Relevance of Environmental Disclosures: Are Such Disclosures Incrementally Informative?." *Journal of Accounting and Public Policy* 32.5 (2013): 410-431.

Coles, Jeffrey L., Naveen D. Daniel, and Lalitha Naveen. "Boards: Does One Size Fit All?" *Journal of Financial Economics* 87.2 (2008): 329-356.

Coles, Jeffrey L. and Konari Uchida. "Power of Tournament Incentives: Evidence from Japanese Corporate Boards". Asian Finance Association Conference (2018).
Available at SSRN: https://ssrn.com/abstract=3100444

Cooper, Elizabeth W., and Hatice Uzun. "Corporate Social Responsibility and the Cost of Debt." *Journal of Accounting and Finance* 15.8 (2015): 11-30.

Cornaggia, Jess, and Kimberly J. Cornaggia. "Estimating the Costs of Issuer-paid Credit Ratings." *The Review of Financial Studies* 26.9 (2013): 2229-2269.

Delmas, Magali, and Vered Doctori Blass. "Measuring Corporate Environmental Performance: the Trade-offs of Sustainability Ratings." *Business Strategy and the Environment* 19.4 (2010): 245-260.

Delmas, Magali A., Dror Etzion, and Nicholas Nairn-Birch. "Triangulating Environmental Performance: What Do Corporate Social Responsibility Ratings Really Capture?." *Academy of Management Perspectives* 27.3 (2013): 255-267.

Devalle, Alain, Simona Fiandrino, and Valter Cantino. "The Linkage between ESG Performance and Credit Ratings: A Firm-Level Perspective Analysis." *Interna-*

tional Journal of Business and Management 12.9 (2017) : 53-65.

Dhaliwal, Dan S., Oliver Zhen Li, Albert Tsang, and Yong George Yang. "Voluntary Nonfinancial Disclosure and the Cost of Equity Capital : The Initiation of Corporate Social Responsibility Reporting." *The Accounting Review* 86.1 (2011) : 59-100.

Dhaliwal, Dan, Oliver Zhen Li, Albert Tsang, and Yong George Yang. "Corporate Social Responsibility Disclosure and the Cost of Equity Capital : The Roles of Stakeholder Orientation and Financial Transparency." *Journal of Accounting and Public Policy* 33.4 (2014) : 328-355.

Dimson, Elroy, Oguzhan Karakaş, and Xi Li. "Active Ownership." *Review of Financial Studies* 28.12 (2015) : 3225-3268.

Dorfleitner, Gregor, Gerhard Halbritter, and Mai Nguyen. "Measuring the Level and Risk of Corporate Responsibility—An Empirical Comparison of Different ESG Rating Approaches." *Journal of Asset Management* 16.7 (2015) : 450-466.

Drempetic, Samuel, Christian Klein, and Bernhard Zwergel. "The Influence of Firm Size on the ESG Score : Corporate Sustainability Ratings under Review." *Journal of Business Ethics* : Published online 27 April 2019.

Eccles, Robert G., Ioannis Ioannou, and George Serafeim. "The Impact of Corporate Sustainability on Organizational Processes and Performance." *Management Science* 60.11 (2014) : 2835-2857.

Edmans, Alex. "Does the Stock Market Fully Value Intangibles? Employee Satisfaction and Equity Prices." *Journal of Financial Economics* 101.3 (2011) : 621-640.

Edmans, Alex, Lucius Li, and Chendi Zhang. "Employee Satisfaction, Labor Market Flexibility, and Stock Returns around the World." *NBER WORKING PAPER SERIES* No. w20300. National Bureau of Economic Research, (2014).

El Ghoul, Sadok, Omrane Guedhami, Chuck C.Y.Kwok, and Dev R.Mishra. "Does Corporate Social Responsibility Affect the Cost of Capital?" *Journal of Banking & Finance* 35.9 (2011) : 2388-2406.

European Commission. "Action Plan : Financing Sustainable Growth", March 2018. (「サステナブル・ファイナンス行動計画」(2018年3月))

Fama, Eugene F., and James D. MacBeth. "Risk, Return, and Equilibrium : Empirical Tests." *Journal of Political Economy* 81.3 (1973) : 607-636.

Fama, Eugene F., and Kenneth R. French. "Common Risk Factors in the Returns on Stocks and Bonds." *Journal of Financial Economics* 33.1 (1993) : 3-56.

Fama, Eugene F., and Kenneth R. French. "A Five-factor Asset Pricing Model"

Journal of Financial Economics 116.1 (2015)：1 -22.

Fatemi, Ali M., and Iraj J. Fooladi. "Sustainable Finance：A New Paradigm." *Global Finance Journal* 24.2 (2013)：101-113.

Fatemi, Ali M., Iraj J. Fooladi, and Hassan Tehranian. "Valuation Effects of Corporate Social Responsibility." *Journal of Banking & Finance* 59 (2015)：182-192.

Fatemi, Ali, Martin Glaum, and Stefanie Kaiser. "ESG Performance and Firm Value：The Moderating Role of Disclosure." *Global Finance Journal* 38 (2018)：45-64.

Freeman, R. Edward. "Strategic Management：A Stakeholder Approach." Cambridge university press (2010) (This was first published in 1984 as a part of the Pitman series in Business and Public Policy).

Friede, Gunnar, Timo Busch, and Alexander Bassen. "ESG and Financial Performance：Aggregated Evidence from more than 2000 Empirical Studies." *Journal of Sustainable Finance & Investment* 5.4 (2015)：210-233.

Friedman, Milton. "The Social Responsibility of Business is to Increase its Profits." The New York Times Magazine, September 13 (1970) :122-126.

Ge, Wenxia, and Mingzhi Liu. "Corporate Social Responsibility and the Cost of Corporate Bonds." *Journal of Accounting and Public Policy* 34.6 (2015)：597-624.

Global Social Impact Investment Steering Group (GSG) 国内諮問委員会「日本における社会的インパクト投資の現状2019」2020年.

Goss, Allen, and Gordon S. Roberts. "The Impact of Corporate Social Responsibility on the Cost of Bank Loans." *Journal of Banking & Finance* 35.7 (2011)：1794-1810.

Goto, Gen. "The Logic and Limits of Stewardship Codes：The Case of Japan." *Berkeley Business Law Journal* 15.2 (2018).

Goto, Gen. "Japanese Stewardship Code：Its Resemblance and Non-Resemblance to the UK Code." (2020).

Grossman, Sanford J., and Oliver D. Hart. "The Costs and Benefits of Ownership：A Theory of Vertical and Lateral Integration." *Journal of Political Economy* 94.4 (1986)：691-719.

Gutsche, Robert, Jan Frederic Schulz, and Michael Gratwohl. "Firm Value Effects of CSR Disclosure and CSR Performance." *Indonesian Journal of Sustainability Accounting and Management* 1.2 (2017)：80-89.

Halbritter, Gerhard, and Gregor Dorfleitner. "The Wages of Social Responsibility —Where are They? A Critical Review of ESG Investing." *Review of Financial*

Economics 26 (2015)：25-35.

Hong, Harrison, and Marcin Kacperczyk. "The Price of Sin：The Effects of Social Norms on Markets." *Journal of Financial Economics* 93.1 (2009)：15-36.

Howard, Andrew. "Painting by Numbers-the Difficulties of Measuring Sustainability." Market Insights, Schroders, London (2016).

IMF (International Monetary Fund). "Global Financial Stability Report." October 2019.

Jensen, Michael C., and William H. Meckling. "Theory of the Firm：Managerial Behavior, Agency Costs and Ownership Structure." *Journal of Financial Economics* 3.4 (1976)：305-360.

Jiraporn, Pornsit, Napatsorn Jiraporn, Adisak Boeprasert, and Kiyoung Chang. "Does Corporate Social Responsibility (CSR) Improve Credit Ratings? Evidence from Geographic Identification." *Financial Management* 43.3 (2014)：505-531.

Khan, Mozaffar, George Serafeim, and Aaron Yoon. "Corporate Sustainability：First Evidence on Materiality." *The Accounting Review* 91.6 (2016)：1697-1724.

Krüger, Philipp. "Corporate Goodness and Shareholder Wealth." *Journal of Financial Economics* 115.2 (2015)：304-329.

Laux, Volker. "Board Independence and CEO Turnover." *Journal of Accounting Research* 46.1 (2008)：137-171.

Leite, Paulo, and Maria Céu Cortez. "Style and Performance of International Socially Responsible Funds in Europe." *Research in International Business and Finance* 30 (2014)：248-267.

Leite, Paulo, and Maria Céu Cortez. "Performance of European Socially Responsible Funds during Market Crises：Evidence from France." *International Review of Financial Analysis* 40 (2015)：132-141.

Li, Yiwei, Mengfeng Gong, Xiu-Ye Zhang, and Lenny Koh. "The Impact of Environmental, Social, and Governance Disclosure on Firm Value：The Role of CEO Power." *The British Accounting Review* 50.1 (2018)：60-75.

Lins, Karl V., Henri Servaes, and Ane Tamayo. "Social Capital, Trust, and Firm Performance：The Value of Corporate Social Responsibility During the Financial Crisis." *The Journal of Finance* 72.4 (2017)：1785-1824.

Lo, Andrew W. "The Adaptive Markets Hypothesis." *The Journal of Portfolio Management* 30.5 (2004)：15-29.

Lo, Andrew W. "Adaptive Markets：Financial Evolution at the Speed of

Thought." Princeton University Press, 2017.（日本語版：アンドリュー・W.
ロー、望月衛・千葉敏生訳『Adaptive Markets 適応的市場仮説：危機の時代の
金融常識』東洋経済新報社、2020年）

Menz, Klaus-Michael. "Corporate Social Responsibility：Is It Rewarded by the
Corporate Bond Market? A Critical Note." *Journal of Business Ethics* 96.1
(2010)：117-134.

MSCI (Nagy, Zoltan, Altaf Kassam, and Linda-Eling Lee). "Can ESG Add Alpha?
An Analysis of ESG Tilt and Momentum strategies" MSCI Research Insight,
June 2015.

MSCI (Giese, Guido, and Zoltan Nagy). "How Markets Price ESG have Changes
in ESG Scores Affected Stock Prices?" MSCI Research Insight, November 2018.

MSCI (Giese, Guido, and Zoltan Nagy). "Weighting the Evidence：ESG and
Equity Returns" MSCI Research Insight, April 2019.

MSCI (Nagy, Zoltan, and Guido Giese). "MSCI ESG Indexes during the Coronavi-
rus Crisis" MSCI Website blog, April 2020.
(https://www.msci.com/www/blog-posts/msci-esg-indexes-during-the/0178123
5361)（最終閲覧日：2020年6月5日）

Nguyen, Phuong-Anh, Ambrus Kecskés, and Sattar Mansi. "Does Corporate
Social Responsibility Create Shareholder Value? The Importance of Long-term
Investors." *Journal of Banking & Finance*, 112 (2020)：105217.

Oikonomou, Ioannis, Chris Brooks, and Stephen Pavelin. "The Effects of Corpo-
rate Social Performance on the Cost of Corporate Debt and Credit Ratings."
The Financial Review 49 (2014)：49-75.

PRI. "Shifting Perceptions：ESG, Credit Risk and Ratings (Part 1：The State of
Play)." (2017).（邦訳：国連責任投資原則「変化する展望：ESG、信用リスク、
格付け（第1部：現状）」）

PRI. "Financial performance of ESG integration in US investing" (2018).

PRI. "How Can a Passive Investor be a Responsible Investor?" (2019).

PRI. "How Responsible Investors should Respond to the COVID-19 Coronavirus
Crisis." (2020).

Porter, Michael E., and Mark R. Kramer. "The Big Idea：Creating Shared Value.
How to Reinvent Capitalism—and Unleash a Wave of Innovation and Growth."
Harvard Business Review 89.1-2 (2011).

Plumlee, Marlene, Darrell Brownb, Rachel M.Hayesa, and R. Scott Marshallb.
"Voluntary Environmental Disclosure Quality and Firm Value：Further Evi-
dence." *Journal of Accounting and Public Policy* 34.4 (2015)：336-361.

Renneboog, Luc, Jenke Ter Horst, and Chendi Zhang. "The Price of Ethics and Stakeholder Governance：The Performance of Socially Responsible Mutual Funds." *Journal of Corporate Finance* 14.3 (2008a)：302-322.

Renneboog, Luc, Jenke Ter Horst, and Chendi Zhang. "Socially Responsible Investments：Institutional Aspects, Performance, and Investor Behavior." *Journal of Banking & Finance* 32.9 (2008b)：1723-1742.

Riedl, Arno, and Paul Smeets. "Why Do Investors Hold Socially Responsible Mutual Funds?." The *Journal of Finance* 72.6 (2017)：2505-2550.

Romano, Roberta. "The Sarbanes-Oxley Act and the Making of Quack Corporate Governance." *Yale Law Journal* 114 (2005)：1521.

Sacconi, Lorenzo. "A Social Contract Account for CSR as an Extended Model of Corporate Governance (I)：Rational Bargaining and Justification." *Journal of Business Ethics* 68.3 (2006)：259-281.

Schanzenbach, Max M., and Robert H. Sitkoff. "Reconciling Fiduciary Duty and Social Conscience：The Law and Economics of ESG Investing by a Trustee." Stanford Law Review 72 (2020)：381.

Schoenmaker, Dirk, and Willem Schramade. "Principles of Sustainable Finance." Oxford University Press, 2019.

Semenova, Natalia, and Lars G. Hassel. "On the Validity of Environmental Performance Metrics." *Journal of Business Ethics*, 132.2 (2015)：249-258.

Shirasu, Yoko and Hidetaka Kawakita "Long-term Financial Performance of Corporate Social Responsibility," *Global Finance Journal*, forthcoming (2020).

Statman, Meir. "The Diversification Puzzle." *Financial Analysts Journal* 60.4 (2004)：44-53.

Statman, Meir, and Denys Glushkov. "The Wages of Social Responsibility." *Financial Analysts Journal* 65.4 (2009)：33-46.

Stein, Guido, and Salvador Plaza. "The Role of Independent Directors on CEO Monitoring and Turnover." IESE Business School Working Paper No.133(2011).

SustainAbility (Wong, Christina, Aiste Brackley, and Erika Petroy). "Rate the Raters 2019：Expert Views on ESG Ratings." February, 2019.

SustainAbility (Wong, Christina, and Erika Petroy). "Rate the Raters 2019：Investor Survey and Interview Results." May, 2020.

Suto, Megumi, and Hitoshi Takehara. "Effects of Corporate Social Performance on Default Risk：Structural Model-Based Analysis on Japanese Firms." Corporate Social Responsibility and Corporate Finance in Japan. Springer, Singapore, (2018) :179-199.

Switzer, Lorne N., and Jun Wang. "Default Risk estimation, Bank Credit Risk, and Corporate Governance." *Financial Markets, Institutions & Instruments* 22.2 (2013)：91-112.

UNEP-FI, "Demystifying Responsible Investment Performance：A Review of Key Academic and Broker Research on ESG Factors." A Joint Report by UNEPFI AMWG and Mercer (2007).

UNEP-FIほか「21世紀の受託者責任（日本語版）」2015年.

UNEP-FI, PRI. "Fiduciary Duty in the 21st Century：Final Report", 2019.

Wu, Meng-Wen, and Chung-Hua Shen. "Corporate Social Responsibility in the Banking Industry：Motives and Financial Performance." *Journal of Banking & Finance* 37.9 (2013)：3529-3547.

[編著者]

湯山智教（ゆやまとものり）［全章執筆、編集］

東京大学公共政策大学院特任教授（2017〜2020年7月）。

博士（商学）、早稲田大学。慶應義塾大学大学院修了（政策メディア研究科修士）。1997年株式会社三菱総合研究所、2001年金融庁入庁後、監督局、証券取引等監視委員会事務局、日本銀行金融市場局、財務省理財局、米国通貨監督局（OCC）等を経て、2017年東京大学、2020年7月に金融庁に帰任。

日本証券アナリスト協会認定アナリスト。

（主な著書等）

『金融資本市場と公共政策―進化するテクノロジーとガバナンス』金融財政事情研究会、2020年（共編著）

「金商法166条1項5号における「職務に関し知った」の意義」商事判例研究No.3380『ジュリスト』2020年5月号No.1545、有斐閣

『金融資本市場のフロンティア―東京大学で学ぶFinTech、金融規制、資本市場』中央経済社、2019年（共編著）

「リスクプレミアムを勘案した市場における期待インフレ率の抽出に関する実証分析」『現代ファイナンス』No. 39、1-30、2017年（共著）

Using Survey Data to Correct the Bias in Policy Expectations Extracted from Fed Funds Futures, *Journal of Money, Credit and Banking* 41(8)（2009）：1631-1647（共著）

[共著者]

伊藤晴祥（いとうはるよし）［第7章共著］

青山学院大学大学院 国際マネジメント研究科国際マネジメント専攻准教授。博士（国際経営学）、ハワイ大学。博士（政策・メディア）、慶應義塾大学。

白須洋子（しらすようこ）［第6章共著］

青山学院大学経済学部教授。博士（経済学）、横浜国立大学。

森平爽一郎（もりだいらそういちろう）［第6・7章共著］

慶應義塾大学名誉教授。元早稲田大学大学院ファイナンス研究科教授。Ph.D.（ファイナンス）、テキサス大学オースチン校経営大学院。

ESG投資とパフォーマンス
――SDGs・持続可能な社会に向けた投資はどうあるべきか

2020年10月8日　第1刷発行

編著者　湯　山　智　教
発行者　加　藤　一　浩

〒160-8520　東京都新宿区南元町19
発　行　所　一般社団法人 金融財政事情研究会
企画・制作・販売　株式会社きんざい
出　版　部　TEL 03(3355)2251　FAX 03(3357)7416
販売受付　TEL 03(3358)2891　FAX 03(3358)0037
URL https://www.kinzai.jp/

校正：株式会社友人社／印刷：三松堂株式会社

ISBN978-4-322-13576-3